8[E] CONFÉRENCE INTERNATIONALE DES ÉDITEURS DE DOCUMENTS DIPLOMATIQUES

DES ÉTATS ET DE L'ONU

8TH CONFERENCE OF EDITORS OF DIPLOMATIC DOCUMENTS

ABOUT STATES AND UNO

P.I.E. Peter Lang

Bruxelles · Bern · Berlin · Frankfurt am Main · New York · Oxford · Wien

Gabriel ROBIN (dir.)

8^{E} CONFÉRENCE INTERNATIONALE DES ÉDITEURS DE DOCUMENTS DIPLOMATIQUES

DES ÉTATS ET DE L'ONU

8TH CONFERENCE OF EDITORS OF DIPLOMATIC DOCUMENTS

ABOUT STATES AND UNO

Collection « Diplomatie et Histoire »

Direction des Archives
Ministère des Affaires étrangères

Illustration de couverture : archives du ministère des Affaires étrangères.

Éditeur : P.I.E. PETER LANG S.A.
Éditions scientifiques internationales
Bruxelles, 2008
1 avenue Maurice, B-1050 Bruxelles, Belgique
info@peterlang.com ; www.peterlang.com

ISSN 1377-8765
ISBN 978-90-5201-389-3
D/2008/5678/07

Dépôt légal : Bibliothèque Nationale de France (1er trimestre 2008)

« Die Deutsche Bibliothek » répertorie cette publication dans la « Deutsche Nationalbibliografie » ; les données bibliographiques détaillées sont disponibles sur le site <http://dnb.ddb.de>.

PRÉFACE

Voilà plus de quinze ans maintenant qu'un certain nombre de pays éditeurs de documents diplomatiques ont décidé de se rencontrer pour confronter leurs expériences et comparer leurs résultats. Lancée en 1989 à l'initiative de la Grande-Bretagne, l'entreprise n'a cessé de grandir et de prospérer ; elle a trouvé un nom et s'est dotée d'une périodicité régulière ; car ce qui au départ n'était qu'une rencontre informelle sans lendemain assuré ni dessein clairement défini est désormais une institution durablement installée dans le paysage diplomatique international. Avec sa huitième session à Paris, à l'automne 2005, on peut dire que la Conférence internationale des pays éditeurs de documents diplomatiques a atteint l'âge adulte. Le moment paraît donc venu de prendre la mesure de son succès et d'en dégager la signification.

*

Pour qui a eu le privilège d'être personnellement associé à plusieurs des sessions successives de la Conférence, le signe le plus visible du succès consiste dans l'accroissement continu du nombre des pays participants. À Londres, ils étaient à peine une douzaine ; à Bonn, il y a près de dix ans, ils étaient déjà une vingtaine ; Paris en a accueilli une bonne trentaine et tout porte à croire que cette progression est destinée à se poursuivre.

Il ne s'agit pas là d'un simple phénomène arithmétique. En même temps qu'augmentait le nombre des pays participants, la Conférence a vu s'élargir sa composition et se diversifier ses horizons géographiques. À l'origine, ce fut à un petit groupe de pays occidentaux que revint, pour l'essentiel, l'honneur d'inaugurer l'entreprise ; ces pays n'ont, certes, pas cessé d'en être les piliers mais petit à petit se sont joints à eux d'autres pays venant aussi bien de ce qui constituait naguère l'empire soviétique que de ce qu'on a longtemps appelé le Tiers-Monde. Bien entendu, la Conférence est encore loin d'atteindre à l'universalité onusienne mais le sens de l'évolution est clair : par son ouverture croissante, sinon déjà par sa composition, la Conférence tend à l'universel.

Le fait, d'ailleurs, trouverait confirmation, s'il en était besoin, dans l'évolution parallèle qui se manifeste dans le choix des sujets mis à l'ordre du jour des conférences successives. À Londres, le projecteur avait été braqué sur le seul cas de l'Allemagne mais, très vite, l'attention s'est déplacée vers les grands moments de l'affrontement Est-Ouest ; avec le tournant du siècle, à Washington, ce fut au tour de l'Asie de faire son entrée dans le champ des réflexions ; à Paris, pour finir, le thème du monde entier lui-même s'est imposé à travers celui de l'ONU. Du cas particulier de l'Allemagne aux problèmes de la communauté mondiale, de ce qui est européen à ce qui relève de l'universel, le passage s'est opéré par un mouvement plus instinctif que délibéré et n'en est par là que plus révélateur d'une pente naturelle.

Le tropisme de l'universel correspond à l'un des axes de la Conférence des pays éditeurs de documents diplomatiques ; il y en a un second qu'on ne pourra manquer de découvrir en parcourant les actes de la session de Paris qui, sur ce point aussi, s'inscrit dans la continuité des précédentes : l'axe national.

L'impulsion qui conduit les États à se ressaisir de leur mémoire diplomatique a quelque chose de contagieux parce qu'elle répond à un instinct qui leur est commun à tous mais la façon dont chacun y réagit est foncièrement individuelle et spécifique. Unanimes à reconnaître dans la conscience de leur passé un élément fondamental de leur identité, il leur faut bien admettre qu'elle est en même temps un facteur irréductible de leur différence. Chaque pays n'a pas seulement sa propre histoire ; il a aussi, sur cette histoire, un regard qui n'appartient qu'à lui.

Selon que les États sont petits ou grands, anciens ou plus récents, selon qu'ils ont subi les tragédies de l'Histoire ou qu'ils y ont échappé, le fond et la forme, la substance et la manière de leurs publications s'en ressentent. Comme on le voit par les contributions de chaque délégation, les expériences nationales sont comparables mais jamais interchangeables : tantôt c'est la période couverte par les publications qui varie, tantôt c'est l'objectif qui, ici, vise à l'exhaustivité et, là, à la sélectivité, tantôt encore c'est la méthode qui, pour l'un est thématique quand, pour l'autre, elle est chronologique. En ce domaine comme dans les autres, les nations sont singulières et leur inépuisable diversité n'est pas le fait du hasard ou des circonstances ; elle répond à une nécessité intrinsèque.

Universalité de principe et diversité de fait sont bien les deux visages indissociables des conférences de pays éditeurs de documents diplomatiques. On pourrait se borner à constater qu'en cela elles sont simplement à l'image du monde qui les a vu naître et prospérer. 1989 est la date de la première conférence à Londres ; c'est aussi celle de la chute du Mur de Berlin qui est l'acte de naissance du système international qui nous régit et qui a précisément pour caractéristiques d'être à la fois mondial et national, un et divers, global et multiple.

Peut-être, cependant, est-on en droit d'aller au-delà de ce constat. Dans leur façon de conjuguer universel et diversité, les conférences d'éditeurs de documents diplomatiques font plus que renvoyer au monde son reflet ; elles lui donnent une leçon.

Ce qui en ressort, en effet, c'est qu'il est dans la nature des mémoires nationales de ne pas vouloir demeurer isolées, coupées des autres, ni de se complaire dans quelque narcissisme stérile ; elles éprouvent le besoin, au contraire, d'aller à la rencontre les unes des autres pour y trouver confirmation, complément ou correction, dans l'espoir que de leur confrontation sortiront une histoire générale plus juste et une conscience mondiale plus éclairée. Mais en même temps, elles ont la conviction qu'il n'y a pas de mémoire mondiale, ni même supranationale, qui puisse faire l'économie des mémoires nationales car il n'y en a point dont les mémoires nationales ne soient le point de passage obligé et la composante nécessaire.

En somme, au niveau qui est le leur, celui de la mémoire – mais ce n'est pas un niveau mineur –, les conférences comme celle de Paris illustrent cette vérité trop souvent méconnue qu'on ne peut viser à l'universel autrement qu'à travers le national ni préserver le national autrement qu'en visant l'universel. C'est une leçon dont le monde, sans doute, aurait avantage à s'inspirer et c'est pourquoi, en tout cas, ces conférences font, plus peut-être qu'elles ne l'imaginent, œuvre de civilisation et de paix.

Gabriel Robin
Ambassadeur de France
Vice-président de la Commission des Archives diplomatiques
du ministère des Affaires étrangères

INTERVENTION DE JEAN-PIERRE LAFON, SECRÉTAIRE GÉNÉRAL

Messieurs les Ambassadeurs,

Mesdames et Messieurs les Professeurs, Mesdames, Messieurs,

Je suis heureux d'accueillir, au nom du ministre des Affaires étrangères, la 8e Conférence des pays éditeurs de documents diplomatiques au Centre de conférences internationales.

Votre nombre illustre la vitalité de la tradition de publication d'archives sous l'égide des ministères des Affaires étrangères. Si cette pratique, y compris dans le domaine des relations internationales, a connu une expansion massive à la fin du XIXe siècle, la publication de sources diplomatiques récentes, et garanties par l'indépendance du travail scientifique, ne remonte guère avant les années 1920. Encore fallait-il faire la part des convictions personnelles des éditeurs scientifiques, aucune démarche historique ne pouvant s'abstraire totalement du contexte politique, idéologique, économique, contemporain.

En revanche, comparer résultats et méthodes de travail est une idée nouvelle, et plusieurs fondateurs de ce groupe de réflexion sont présents aujourd'hui. Sa première réunion s'est tenue sous les auspices du Foreign Office, le jour même de la chute du mur de Berlin, le 9 novembre 1989.

Cette 8e réunion s'inscrit dans le cadre du 60e anniversaire des Nations unies, et à l'heure de la réforme de cette institution. C'est à l'histoire des relations entre les États et l'Organisation que sera consacrée la journée de demain. Je suis particulièrement reconnaissant aux représentants de la Bibliothèque des Nations unies d'avoir pu se joindre à nos 28 pays et au directeur des Archives historiques de l'Union européenne.

Aujourd'hui vous allez, selon le schéma adopté en 1989, approfondir les thèmes méthodologiques abordés ou développés au cours des réunions précédentes ; je pense en particulier à la publication électronique, que certains d'entre vous pratiquent depuis quelques années déjà, aux relations des éditeurs avec les services d'archives, à ce que le Dr Marc Susser, historien du Département d'État, appelait en 2001 « the challenge of meeting the 30 years line ».

Certains de vos pays sont novices dans l'exercice de publications de documents diplomatiques. À travers vos débats, l'occasion leur sera donnée de bénéficier de l'expérience des pays ayant une longue tradition de publication, mais aussi de porter un regard neuf sur cette entreprise et de nous faire part de leurs réflexions.

Le ministère des Affaires étrangères souhaite, quant à lui, donner dans les meilleurs délais à l'édition de la collection des Documents diplomatiques française, les orientations suivantes :

- Tout d'abord, et d'ici la fin de l'année, mettre à la disposition des chercheurs, sur le site du ministère des Affaires étrangères – France-Diplomatie –, une sélection de documents, en avant-première des ouvrages à publier.
- Puis, dans un avenir proche, favoriser l'édition des documents les plus récents, de manière à atteindre la « période des 30 ans », voire à la précéder, en liaison avec le projet de loi sur les archives en préparation, dont un des objectifs principaux est de réduire les délais de communication.
- Le Département veillera également à mettre à disposition des chercheurs, en ligne, l'état général des fonds avec, progressivement, tous les inventaires correspondants.

Il est important et significatif que cette année le thème historique de votre réunion soit consacré aux Nations unies.

Vous allez, dans vos interventions, rappeler divers moments des relations de vos pays avec les Nations unies. Avec le recul de ces 60 années d'existence de l'ONU, on ne peut que constater le rôle essentiel qu'ont joué les Nations unies et souligner qu'il n'y a pas d'alternative à cette organisation.

L'Organisation assure la participation de tous aux affaires du monde, elle garantit la légitimité et la démocratie, particulièrement lorsqu'il s'agit de décider du recours à la force ou d'édicter des normes de droit universelles. Elle permet de dépasser l'affrontement Nord-Sud et d'ouvrir la voie au partenariat, à la solidarité et à la responsabilité.

Elle permet d'appréhender les problèmes contemporains dans leur globalité et leur complexité.

En œuvrant, ensemble dans votre groupe de pays éditeurs, ou à l'intérieur de chacun de vos pays, pour faire connaître au public, par vos publications de documents diplomatiques, la réalité des évènements et des processus historiques, vous participez aux idéaux, d'équité, de dignité et de liberté qui ont présidé il y a 60 ans à la création des Nations unies. Soyez-en remerciés.

Au nom du Ministre, M. Philippe Douste-Blazy, je vous souhaite plein succès dans vos travaux, et vous attends ce soir à 18 heures à l'Hôtel du ministre des Affaires étrangères.

PREMIÈRE PARTIE

PRÉSENTATION DES COLLECTIONS DE PUBLICATIONS DE DOCUMENTS DIPLOMATIQUES

Horst Möller

AKTEN ZUR AUSWÄRTIGEN POLITIK DER BUNDESREPUBLIK

En 1989, l'Institut d'Histoire contemporaine[1] se vit confier la mission de publier les « Documents diplomatiques de la République fédérale d'Allemagne ». Contrairement à ses éditions antérieures, *Die Große Politik der Europäischen Kabinette 1871-1914* (« La grande politique des cabinets européens 1871-1914 ») et les *Akten zur deutschen auswärtigen Politik 1918-1945* (« Les Documents diplomatiques 1918-1945 »), qu'il avait lui-même pris en charge, le ministère des Affaires étrangères allemand prit cette fois la décision de déléguer la rédaction de la troisième édition des documents diplomatiques au XXe siècle à un institut de recherche indépendant.

Afin de procéder à cette tâche, l'*Institut für Zeitgeschichte* mit en place un centre de recherche au sein même du ministère fédéral des Affaires étrangères qui se trouvait alors encore à Bonn. L'entière responsabilité scientifique de l'édition fut attribuée à un Comité de directeurs de l'édition, laquelle était présidée par le Professeur Dr Hans-Peter Schwarz. Ce comité fut nommé en accord avec le ministre fédéral des Affaires étrangères par la *Stiftung zur Wissenschaftlichen Erforschung der Zeitgeschichte* qui est une fondation instituée par le *Bund* (le gouvernement fédéral) d'une part et les *Länder* d'autre part

[1] L'unité de recherche de l'*Institut für Zeitgeschichte München-Berlin* (Institut d'Histoire contemporaine Munich-Berlin) (en histoire des relations diplomatiques) est installée dans les murs de l'*Auswärtiges Amt* (Ministère des Affaires étrangères de la République fédérale d'Allemagne) et chargée de l'édition des « *Akten zur Auswärtigen Politik der Bundesrepublik Deutschland* » (les Documents diplomatiques de la République fédérale d'Allemagne).

afin de financer les activités de l'Institut d'Histoire contemporaine de Munich et Berlin.

En juin 1990, un groupe de six historiens-rédacteurs constitué par l'Institut d'Histoire contemporaine de Munich, s'attela à un travail de recherche dans le but de réaliser la documentation sur la politique étrangère poursuivie par la République fédérale d'Allemagne sur la base des fonds d'archives conservés dans les Archives politiques du ministère fédéral des Affaires étrangères. Bien qu'il s'agisse principalement d'une « édition de fonds », c'est-à-dire d'une édition de documents archivés relatifs à la politique extérieure fédérale, les chercheurs de l'Institut doivent aussi, suivant le cas, recourir tant aux collections d'archives conservées par la Chancellerie qu'aux papiers personnels émanant des anciens ministres des affaires étrangères et des chanceliers.

Les buts fondamentaux pour la sélection des documents sont les suivants : Pour chaque année nous avons l'intention de représenter les grandes lignes ainsi que les événements principaux et les conceptions et réflexions de la politique étrangère de la République fédérale. Les volumes également représentent les principaux partenaires de la République fédérale dans le monde. Parmi les documents publiés se trouvent entre autres des entretiens d'hommes d'État, des rapports diplomatiques internes et des documents qui préparent les négociations.

Considération faite des documents qui n'ont pas encore été déclassés, et selon le consentement du Comité de directeurs de l'édition, les documents archivés sont sélectionnés, commentés et après l'arrivée à échéance du délai de communicabilité (30 ans) rendus accessibles au public sous forme de volumes publiés annuellement. Les volumes qui couvrent les périodes s'étendant de l'année 1949 à 1953 et de l'année 1963 à 1975 sont publiés. De plus, les documents qui traitent la période allant de 1953 à 1962 sont aussi en cours de préparation. Malheureusement la publication des volumes couvrant cette période va durer environ une quinzaine d'années à cause d'un manque de capacité financière et personnelle. En été 2000, le groupe d'édition fut transféré à Berlin ainsi que les Archives politiques du ministère fédéral des Affaires étrangères. Au 1er janvier 2005, un changement eut lieu dans la constellation du Comité des directeurs de l'édition :

Le mandat étant arrivé à terme, les membres suivants quittèrent le Comité des directeurs de l'édition : les Professeurs Dr Hans-Peter Schwarz, Dr Helga Haftendorn, Dr Werner Link et Dr Rudolf

Morsey. Le 1er janvier 2005, le Comité fut réduit à trois membres : les Professeurs Drs Klaus Hildebrand et moi-même continuons à en faire partie. Le Professeur Dr Gregor Schöllgen (Université de Nuremberg-Erlangen) fut élu comme troisième membre. Le directeur en chef de l'édition, dont j'assume personnellement la fonction, est en même temps le directeur de l'Institut d'Histoire contemporaine Munich-Berlin.

Notes bibliographiques :

Akten zur Auswärtigen Politik der Bundesrepublik Deutschland, 1949–53 und 1963–1974, herausgegeben im Auftrag des Auswärtigen Amts vom Institut für Zeitgeschichte, Hauptherausgeber Hans-Peter Schwarz, Mitherausgeber Helga Haftendorn, Klaus Hildebrand, Werner Link, Horst Möller und Rudolf Morsey, ab Jahrgang 1975 Hauptherausgeber Horst Möller, Mitherausgeber Klaus Hildebrand und Gregor Schöllgen, München 1994–2005 (38 vols.).

David Lee and Moreen Dee

REPORT ON AUSTRALIA'S *DOCUMENTS ON AUSTRALIAN FOREIGN POLICY* PROJECT

The Historical Publications and Information Section of the Australian Department of Foreign Affairs and Trade is responsible for the production of the *Documents on Australian Foreign Policy* (*DAFP*) series. In addition to publishing this series of official diplomatic documents, the Department produces a series of historical monographs entitled *Australia in the World* and has produced other historical narratives on an *ad hoc* basis. The three historians that make up the section also handle queries relating to Australia's diplomatic history and foreign affairs and trade policy making from within the department, other government agencies and organizations, academic institutions, scholars and students, and the general public.

Australia's Historical Documents Project was established in the late 1960s by Paul Hasluck, the then Australian Minister for External Affairs, and set up an Advisory Committee to consider the manner in which the project should proceed and the nature and composition of an Editorial Advisory Board. After studying a number of overseas projects, it was decided to adopt the United States format, which established an editor and an Historical Office within the Department of State, and to appoint an Editorial Advisory Board on which there would be strong academic representation.

Document Series

The series began in November 1971 with the Australian Government's acceptance of the recommendations contained in the first report of the Editorial Advisory Board that the initial series to be published would cover the years 1937 to 1949. This period, from the last of the inter-war Imperial Conferences through the Second World War and up to the end of the tenure of H.V. Evatt as Minister for External Affairs, was a major formative stage in the development both of the Department of External Affairs and of Australian foreign policy. Volumes in the series were to cover all aspects of Australian foreign policy over a particular period. The first volume, covering the years 1937 to 1938 was published in 1975.

Sixteen volumes have been published in this now completed first series of *Documents on Australian Foreign Policy*. There were, however, several changes made to the original content guidelines. In the later stages of the first series three separate volumes on Australia and the independence of Indonesia from 1947 to 1949 were included. It was also decided to cover the period 1948 to 1949 by one volume which dealt with *The (British) Commonwealth, Asia and the Pacific* and another volume which dealt with Australian foreign policy beyond Australia's immediate Southwest Pacific region. This last volume in the first series of *DAFP* was published in 2001.

During the 1937 to 1949 publications period, the Australian also published two special supplementary volumes: one entitled *My Dear P.M. Letters from R.G. Casey to S.M. Bruce 1924–29* and the other entitled *Letters from a "Secret Service Agent" F.L. McDougall to S.M. Bruce 1924–29*. The first of these covered correspondence between the then Australian Prime Minister and his liaison officer with the British Cabinet and Foreign Office, during the time when Australian foreign policy was made in London, and the second between the same Prime Minister and his trade adviser in the United Kingdom.

In 1997 the Department published the first volume in the second series of *DAFP* which covers the period from 1950 onwards. The principle of this series is thematic. Each volume covers an important issue and theme not only in Australian foreign policy but also in trade policy, reflecting the amalgamation of the Australian Departments of Foreign Affairs and of Trade in 1987. The first volume, *The Australia-Japan Agreement on Commerce 1957*, was published to commemorate the 40th anniversary of the signing of the agreement. This volume dealt with the negotiation in the 1950s of Australia's first and most important trade agreement with an Asian state, an agreement which laid the foundation for Australia's fuller engagement with the Asian region.

To this point in time, all document volumes were compiled from records outside the 30-year closed period but, following the example of our counterparts in the United Kingdom Foreign and Commonwealth Office, Australia has faced the challenge of publishing from within this period. This important innovation in the Australian series of *DAFP* was taken in 1998. For some twenty years there had been considerable Australian public interest in the events leading up to the Indonesian incorporation of Portuguese Timor in 1976. Responding to this public interest the Minister for Foreign Affairs, Mr. Downer, authorised the Historical Documents Unit to assess all relevant files of the Department of Foreign Affairs and Trade and the Department of the Prime Minister and Cabinet and to publish a volume containing the most important documents in a book entitled *Australia and the Indonesian Incorporation of Portuguese Timor, 1974–1976*. The Minister decided to release simultaneously to the public all official diplomatic records relating to this incorporation excluding only Cabinet records intelligence material. The *Australia and the Indonesian Incorporation of Portuguese Timor, 1974–1976* volume has thus established the precedent for the further publication of documents volumes on material less than thirty years' old and otherwise unavailable under Australian law to the general public. Both our Editorial Advisory Board and the Minister for Foreign Affairs have accepted this principle.

Another precedent was established in 2003 when the Department of Foreign Affairs and Trade published with the New Zealand Ministry of Foreign Affairs and Trade a joint volume of Australian and New Zealand documents entitled *The Negotiation of the Australia New Zealand Closer Economic Relations Trade Agreement 1983* to celebrate the 20th anniversary of this very important economic agreement between the two countries. Other thematic volumes published in the second series of *DAFP* to date include: *The ANZUS Treaty 1951, Australia and Recognition of the People's Republic of China, 1949–1957, Australia and the Formation of Malaysia, 1961–1966,* and *Australia and the Colombo Plan, 1949–1957.* The first of a two-volume publication, *Australia and the Independence of Papua New Guinea, 1966–1975*, is due for publication in 2006 as part of Papua

New Guinea's 30-year celebrations. The other volume pending at present is *Australia and the Nuclear Non-Proliferation Treaty.*

Narrative Histories

In addition to the document volumes, a small number of major narrative histories have been undertaken on an *ad hoc* basis. A two-volume history of Australia's engagement with Asia entitled *Facing North: A Century of Australian Engagement with Asia* was commenced in 1999 with the first volume published in 2001 and the second in 2003. Currently a narrative history, *Australia and the Cairns Group*, is in progress and is due to be published in August 2006. The selection of this last topic highlighted problems that have to be faced in working from documents from within the closed period. Initially, this project was to be a documents volume but there were departmental concerns that the proposed release of recent documents could affect the sensitive and ongoing Cairns Group negotiations. The decision to shift the project from a document to narrative form was a compromise that enabled the topic to be well-researched and sourced from the documents without revealing supplementary matter and/or comments that might affect the current process.

The most recent undertaking in the Australian documents program has been the launch in late 2004 of a new series of *ad hoc* occasional papers entitled *Australia in the World: The Foreign Affairs and Trade Files*. This series aims to widen the readership of Australia's international relations history through a straightforward narrative form but sourced almost entirely from files held in the National Archives of Australia. Each study is to cover a single issue, event, theme or service that has been managed by the Department of Foreign Affairs and Trade in pursuit of its goal to protect and advance the overseas interests of Australia and Australians. Reflecting the ongoing importance to Australia of close engagement with its Pacific Island neighbours, the first history in this series was *Australia and the origins of the Pacific Islands Forum*. The second, *"Not a matter for negotiation": Australia's commitment to Malaysia 1961–1966*, is due to be released this year. This publication is the first that will be a companion narrative to a documents volume. In this case, *Australia and the Formation of Malaysia 1961–1966*, published earlier this year. There are two further studies in progress. The first is the history of the Australian passport, undertaken to mark the release of the new biometric series of travel documents and Australian Passport Act; and the second is an account of the negotiation of the 1976 Australia-Japan Treaty of Friendship and Cooperation, commissioned as part of the Australia-Japan 2006 Year of Exchange celebrations to mark the 30th anniversary of the treaty. This publication will be another that will reference documents from within the closed period.

Electronic Publishing

DAFP volumes can be viewed free of charge online at www.info.dfat.gov.au/historical. A comprehensive and searchable website of published historical volumes up to 1997 was launched in early 2003. The volumes, a number of which are out of print, have been digitised by the process of optical character recognition (OCR) with an accuracy rate of 99.99026 %. Each volume may be searched for key words and more complex searches may be undertaken across volumes. In addition, the subject indexes for each volume have been digitised and hypertext-linked to the relevant documents.

Distribution

The key market for the above publications is academics, students, journalists and foreign and trade policy practitioners. The Department produces a print-run of 1,500 copies of each volume (500 hardcover and 900 paperback). Approximately half the print-run is distributed within Australia and through Australian posts overseas. The remainder are sold commercially through booksellers and the Department's website. The paperback edition has proved popular with academics, journalists and students – being portable and easier to manage when undertaking detailed research.

Jean-Luc De Paepe[1]

LES DOCUMENTS DIPLOMATIQUES BELGES

À PROPOS DE L'ÉDITION DE LA COLLECTION 1941-1960 « DE L'INDÉPENDANCE À L'INTERDÉPENDANCE » : RÉTROACTES ET ÉTAT DE LA QUESTION

L'édition des documents diplomatiques belges a été confiée aux débuts des années 1960 à l'« Académie royale de Belgique – Koninklijke Academie van België », laquelle a chargé, avec l'accord du ministre des Affaires étrangères, deux membres de sa Classe des Lettres de préparer ladite édition. Charles De Visscher et Fernand Vanlangenhove ont préparé dès lors un recueil de pièces appartenant au ministère des Affaires étrangères concernant la période de 1920 à 1940. L'édition imprimée fut prise en charge par la « Commission royale d'Histoire – Koninklijke Commissie voor Geschiedenis », qui publia cinq volumes, placés dans le cadre d'une nouvelle série de ses collections intitulée *Documents relatifs au statut international de la Belgique depuis 1830* (trois volumes parurent en 1964 et concernent la période 1920-1936, un volume parut en 1965 pour les années 1936-1937, le cinquième et dernier volume vit le jour en 1966 et concerne la période 1938-1940).

D'emblée, la publication *intégrale* de la correspondance diplomatique fut écartée au profit d'une sélection et d'un ordre de priorité. Ainsi, la série concernée a abordé les questions de la politique de sécurité extérieure de la Belgique.

[1] Attaché scientifique, Académie royale de Belgique.

À l'initiative du ministre des Relations extérieures, M. Léo Tindemans, et du Comte Harmel, ministre d'État, ancien Premier ministre et ancien ministre des Affaires étrangères (de 1966 à 1973), la poursuite de l'édition fut décidée en février 1986 et confiée cette fois aux deux Académies des Sciences, la francophone (Académie royale des Sciences, des Lettres et des Beaux-Arts de Belgique) et la néerlandophone (Koninklijke Vlaamse Academie van België voor Wetenschappen en Kunsten). La publication devait appréhender la période allant de 1941 au 30 juin 1960 (date de l'accession du Congo à l'indépendance, qui ouvre des problèmes nouveaux) et comporter une dizaine de volumes, abordant toujours le thème de la sécurité extérieure de la Belgique mais sous l'angle de sa marche progressive dans une politique d'interdépendance. Les notions d'« interdépendance » et de « politique extérieure » firent l'objet des précisions suivantes, adoptées en 1990 :

> Cette distinction [entre les deux notions] est certainement importante encore que, sur le plan des principes, il faille être conscient de sa relativité.
>
> Objectivement, on pourrait être tenté de considérer comme relevant de l'interdépendance toute matière qui ne peut pas être réglée de manière satisfaisante par un seul État et qui appelle dès lors une forme de coopération inter-étatique. Adopter un tel critère reviendrait à ranger sous le vocable d'interdépendance de nombreuses matières qui relèvent du « domaine réservé à la compétence exclusive de chaque État » mais dont il serait nécessaire qu'elles fassent l'objet d'une harmonisation ou d'une unification par voie de traités (commerce des armes, lutte contre le SIDA, nationalité des personnes morales, droit d'asile, etc.).
>
> Ce n'est pas dans ce sens objectif que l'interdépendance doit être entendue. L'interdépendance qui nous occupe est l'interdépendance vécue par les États, c'est-à-dire celle que les États pratiquent effectivement parce qu'ils ont pris conscience de la nécessité de collaborer pour la satisfaction d'un besoin commun, au plan universel ou au plan régional, quelle que soit la technique juridique adoptée à cet effet (lois modèles, lois uniformes, traités normatifs avec ou sans effets directs, création d'une organisation internationale dotée de pouvoirs plus ou moins étendus, etc.).
>
> Est-il possible de distinguer nettement le concept d'interdépendance du concept de politique étrangère ? Vraisemblablement non, puisque l'interdépendance n'est que la partie du tout que constitue la politique étrangère. Entre les matières de politique étrangère ordinaire ou journalière et les matières d'interdépendance il n'existe qu'une différence d'intensité dans la limitation de la souveraineté des États et non une différence de nature ou d'objet. S'il en est bien ainsi, seule une méthode empirique de sélection des documents diplomatiques à publier peut être retenue [...]. La difficulté de cette méthode réside toutefois dans la subjectivité qui risque de présider au choix des documents par les éditeurs scientifiques et par leurs collaborateurs, spécialement lorsque ceux-ci n'ont pas vécu les événements auxquels les documents ont trait.

Pour cette raison, il doit être clairement entendu que ces choix ne seront jamais que provisoires et que c'est collégialement que la Commission des Académies les arrêtera, de manière à assurer un juste équilibre entre les matières étudiées et à respecter les limites matérielles assignées à l'ensemble de la publication (note du président de la Commission du 11 janvier 1990).

Comme il n'existe pas d'autres collections de documents diplomatiques en Belgique, l'accès aux archives du ministère des Affaires étrangères et leur ouverture aux éditeurs scientifiques et à leurs collaborateurs fit spécifiquement l'objet d'une note de sa part en date du 13 juin 1989 définissant les principes suivants :

Pour mener à bien leur mission, les éditeurs scientifiques devaient avoir l'accès le plus large aux archives du Département. Cet accès s'inscrivait évidemment dans le cadre du mandat donné c'est-à-dire la publication des archives et *non leur exploitation à d'autres fins*.

L'accès du public aux archives répondant à certains critères dont la Commission diplomatique établie au sein même du ministère avait la responsabilité, il était important que le travail de publication demandé aux Académies ne vienne pas perturber la jurisprudence établie par ladite Commission et de trouver une procédure souple et rapide qui puisse concilier ses impératifs avec le souci légitime des Académies. D'où la tâche confiée à la Commission des Académies de précisément se prononcer sur les éventuels cas litigieux. Pour faciliter ces examens deux membres du Corps diplomatique y étaient délégués.

Enfin, il convenait que pour éviter toute contestation future, la Commission des Académies précise d'une manière formelle le travail qui serait confié par les éditeurs scientifiques responsables à d'autres chercheurs. La consultation des archives du ministère des Affaires étrangères était ainsi strictement liée à l'objectif poursuivi par le mandat confié aux Académies et l'ouverture au public des documents se trouvait de la sorte limitée à l'exploitation préalable de ceux-ci, *sans réserve*, par les éditeurs scientifiques et leurs collaborateurs dûment signalés et accrédités.

Dès le début des travaux, il fut acquis toutefois que les éditeurs scientifiques rechercheraient dans les autres archives publiques (ministérielles, institutionnelles, etc.) ou privées (papiers privés) les documents originaux qui viendraient à compléter de façon substantielle et significative les séries du ministère des Affaires étrangères qui seraient éventuellement lacunaires. Ainsi, le troisième volume de la série, consacré au *Benelux*, est-il fondé en grande partie sur les archives du Secrétariat du Benelux. Voici ce qu'en disent très précisément les auteurs :

> Les fonds d'archives consultés par les éditeurs et ayant livré des documents intéressants sur le Benelux sont, dans l'ordre d'importance : le Secrétariat général du Benelux, le ministère des Affaires étrangères, les archives de la Banque Nationale de Belgique, les papiers J.-C. Snoy (AGR et KADOC), le Secrétariat général du ministère des Finances (AGR), la Chancellerie du Premier ministre (AGR), les papiers du général G. Goethals (Musée Royal de l'Armée), la Régie des Voies maritimes (AGR), les papiers A. E. De Schryver (KADOC) et les papiers H. Fayat (AMSAB). D'autres fonds ont également été sondés, sans, cependant révéler de documents suffisamment intéressants méritant la publication.
>
> L'élaboration du présent volume de documents diplomatiques consacré au Benelux s'est heurtée à des difficultés, déjà soulignées par le Prof. José Gotovitch dans le premier de la série et que tous les historiens rencontrent actuellement, dans l'accessibilité des archives conservées par les pouvoirs publics. Comme notre collègue, nous devons constater l'indigence des dossiers concernant le Benelux conservés au ministère des Affaires étrangères, rendant très difficile la reconstitution du processus de décision belge. Ainsi, nous n'avons pas eu accès, avant d'effectuer la sélection finale des documents, aux procès-verbaux du Conseil des ministres, du Comité ministériel de coordination économique (CMCE), et du Comité économique interministériel (CEI). Les procès-verbaux du Conseil des ministres, concernant l'immédiat après-guerre, accessibles seulement depuis le début de l'année 2000, sont désormais consultables sur le site Internet des Archives Générales du Royaume. Bien que ces organes n'aient pas produit à proprement parler des documents diplomatiques, ils ont joué un rôle central dans le processus de décision concernant la politique économique et européenne de la Belgique de l'après-guerre, en particulier dans le cadre de l'intégration intra-Benelux. C'est en particulier au CMCE et au CEI que se prenaient les décisions relatives au Benelux et que se définissaient les instructions destinées aux délégués belges auprès des Conseils et Commissions du Benelux. Toute cette partie du processus de décision nous échappe donc encore actuellement.
>
> De plus, les archives des ministères des Affaires économiques, de l'Agriculture et des Finances ne sont pratiquement pas accessibles aux chercheurs, alors même que ces administrations ont influencé de façon décisive la position du gouvernement belge à l'égard du Benelux. La plupart des archives du ministère de l'Agriculture ont été détruites pour la période qui nous intéresse. Le recours aux archives officielles néerlandaises, conservées et classées de façon remarquable, apparaît dès lors indispensable aux chercheurs désireux d'étudier le Benelux.
>
> [...] Si, en principe, il était nécessaire de se baser essentiellement sur les archives belges pour découvrir le point de vue adopté par la Belgique à l'égard du Benelux, dans la réalité, la pauvreté de la documentation officielle accessible nous empêchait de respecter ces principes de départ. Les difficultés dans la conservation et la communication des archives gouvernementales et administratives belges nous incitèrent, afin de mieux cerner le point de vue

> adopté par la Belgique au sein du Benelux, à compléter nos sources belges par les archives déposées au Secrétariat général du Benelux, bien conservées, classées et accessibles. Plus de 90 % des documents intéressants découverts par les éditeurs l'ont été au Secrétariat général du Benelux. Ce contexte général dans lequel nous avons dû travailler explique pourquoi les documents provenant du Secrétariat général du Benelux sont majoritaires dans la sélection finale réalisée, par rapport aux sources strictement belges.
>
> (*Introduction*, au Tome III, par F. De Pauw et Th. Grosbois, p. XXVI-XXVII).

Ce cas est heureusement atypique.

La présentation adoptée est analogue à celle suivie par les éditeurs britanniques : présentation *in extenso* des pièces suivant les questions abordées et, pour chaque question, adoption de l'ordre chronologique. En outre, comme dans les documents diplomatiques français ou suisses, chaque volume comporte quatre parties : une introduction générale brève et très synthétique ; une table méthodique des documents, avec objet ; une édition numérotée des pièces ; un index de tous les noms de personnes, étant entendu que l'identification de celles-ci n'est pas précisée dans une note infra-paginale au moment de leur apparition.

À l'exception du tome I, où la période de guerre 1941-1944 a constitué la trame chronologique du volume, les autres tomes ont été conçus sur une base thématique : Défense, Benelux, Europe économique, Europe politique, Allemagne, Conflits et crises, Territoires d'Outre-mer, ONU et organisations spécialisées. Chaque volume comporte un certain nombre de chapitres, dans lesquels, chaque fois, les documents sélectionnés apparaissent alors dans un ordre chronologique. Le choix des thèmes a fait l'objet des premières discussions de la Commission des Académies et il permet, en finale, d'asseoir la cohérence du thème général du passage de la Belgique vers l'interdépendance.

Avec le sous-titre « De l'indépendance à l'interdépendance », six volumes ont été publiés à ce jour, deux autres sortiront de presse au cours du premier semestre de 2006, les deux derniers volumes devraient être imprimés en 2008 et 2009.

Jean Salmon[1]

LES DOCUMENTS DIPLOMATIQUES BELGES VOLUME CONSACRÉ À L'ONU

La série de la collection des Documents diplomatiques belges consacrée aux Documents 1944-1960 est composée d'un certain nombre de tomes ayant leur source principale dans les archives du ministère des Affaires étrangères. Cette série est centrée sur le thème « de l'indépendance à l'interdépendance ».

Monsieur Jean-Luc De Paepe, attaché scientifique à l'Académie royale des sciences, des lettres et des beaux-arts de Belgique, a exposé le plan général de la série. Il était normal qu'un volume de celle-ci soit consacré à l'ONU. Encore fallait-il en préciser l'orientation générale. Il s'est imposé rapidement aux responsables scientifiques de ce tome, alors Monsieur le Professeur Suy et moi-même, qu'il ne devait être consacré qu'à l'Organisation des Nations unies elle-même, à l'exclusion des institutions spécialisées et, sauf exception, à l'exclusion de la plupart des organes subsidiaires, dont l'examen aurait d'ailleurs impliqué la consultation des archives d'autres ministères.

Il s'est aussi imposé que le volume devait se borner à traiter des questions de principe suivantes : la création de l'ONU (de la déclaration de l'Atlantique à la Charte de San Francisco) ; la composition de l'Organisation (problème d'admission et de représentation des membres), la compétence et le fonctionnement des organes principaux et les grands débats sur les relations de ces organes avec les États membres ou entre les États membres. Le tout rapporté dans le cadre de la politique étrangère belge.

[1] Professeur émérite à l'Université libre de Bruxelles.

Aussi, les chapitres du projet d'ouvrage, l'introduction historique mise à part, sont-ils calqués sur les subdivisions du texte de la Charte :

1. Origines historiques
2. Buts et principes de l'Organisation
3. Membres
4. Assemblée générale
5. Conseil de sécurité
6. Règlement pacifique et maintien de la paix
7. Accords régionaux
8. Conseil économique et social
9. Territoires non-autonomes et Territoires sous tutelle (de manière plus feutrée car la matière est essentiellement reprise dans un autre tome)
10. Cour internationale de Justice
11. Secrétariat
12. Clauses finales

En conséquence, le volume ne traitera pas de cas particuliers, si ce n'est comme illustration de la mise en œuvre de compétences particulières des institutions ou de positions prises par les États-membres dans le fonctionnement journalier de l'Organisation.

Au demeurant, deux autres volumes de la collection – déjà parus – traitent de questions substantielles :

Le premier, le tome VII : *Conflits et crises* aborde trois questions particulières : le conflit de Palestine de 1947 à 1952, le conflit de Corée de 1949 à 1955 et la crise de Suez et le statut du canal de 1947 à 1957. Ce volume a été élaboré sous la direction des professeurs Paul de Visscher et Yves Lejeune.

Le second, le tome VIII : *Territoire d'Outre-mer* montre le rôle central qu'a joué la question coloniale dans la politique internationale de la Belgique jusqu'en 1960. Ce tome a été élaboré sous la direction du professeur Jacques Vanderlinden.

J'en viens maintenant aux *sources du tome consacré à l'ONU.*

À l'origine, quelque 360 dossiers furent sélectionnés par le service des Archives du ministère des Affaires étrangères et dépouillés par une équipe de jeunes chercheurs universitaires. On en retint 120 qui, au vu des intitulés, semblaient concerner à première vue les questions de nature générale ou institutionnelles de l'Organisation. Les autres liasses furent écartées comme traitant de crises diverses, des affaires africaines ou des questions spécifiques multiples dont s'occupe l'ONU (questions atomiques, espace, désarmement, droits de l'homme, questions économiques, matières pénales ou sociales, financières, etc.).

Lors du déménagement du ministère dans ses nouveaux locaux, 35 nouveaux dossiers relatifs à l'ONU furent heureusement retrouvés. 13 d'entre eux purent être distribués entre MM. Vanderlinden, Lejeune et moi-même ; les autres concernaient des informations postérieures au 30 juin 1960. Ceux qui me furent confiées s'avérèrent fructueux notamment en ce qui concerne :

- l'admission des membres
- la représentation des membres
- la composition du Conseil de sécurité
- la modification de la Charte
- les ententes régionales
- et la résolution « Unis pour le maintien de la paix ».

Caractère fragmentaire des informations

Au total, la documentation reste néanmoins fragmentaire.

Il y a des lacunes assez étonnantes dans les archives. Par exemple : alors que la documentation dominante concerne les documents qui émanent des services du ministère, ou leurs relations entre eux, les instructions annuelles données à la délégation belge à l'Assemblée générale n'existent que pour une année ou deux. On trouve parfois des extraits de ces instructions dans des dossiers particuliers. Mais on ne possède pas l'information de manière systématique.

De la même façon, on possède pour certaines sessions de l'Assemblée le rapport final complet émanant de la délégation à l'Assemblée générale mais pas pour les autres. Pour une seule session seulement trouve-t-on des procès-verbaux des réunions quotidiennes des membres de la délégation belge à l'Assemblée générale.

En vue de repérer les lacunes les plus flagrantes de la documentation, un chercheur a été chargé de passer en revue les procès-verbaux des réunions de l'Assemblée générale jusqu'à la fin juin 1960 et de repérer les interventions importantes des délégués belges en particulier à la 4e Commission, à la 6e Commission et à la Commission spéciale. La comparaison est éclairante ; un grand pourcentage d'importantes interventions ne trouvent pas d'écho dans les archives.

On trouve peu, ou de manière éclectique, les copies ou minutes des dépêches adressées par le ministère à la Représentation permanente.

Enfin, il ne semble pas que les dossiers de la représentation permanente à New York aient été rapatriés. La question de ces archives n'est pas résolue.

Ceci me rappelle le mot du professeur Eric Stein, de la *Michigan Law School*, à un colloque de l'Institut universitaire de Florence :

« Anybody who has had anything to do with an archive in a Foreign Office knows what an incredible mess it is… » (*Change and Stability in International Law Making,* Walter De Gruyter Berlin New York 1988, p. 56).

Accessibilité aux dossiers

Le problème de l'accessibilité aux dossiers en deçà de la période de 50 ans fut un frein, au début des travaux, car les chercheurs devaient attendre l'autorisation de la Commission diplomatique avant de pouvoir dépouiller les dossiers. En ce qui concerne les dossiers retrouvés en 2000, un arrangement fut pris avec la commission autorisant les responsables scientifiques (au titre de chargés de mission du Service public fédéral des Affaires étrangères (nouvelle dénomination du MAE) à consulter les dossiers qui les intéressaient, dans le respect de diverses lois notamment relatives à la protection de la vie privée, sur la publicité de l'administration et de la protection des relations internationales. Les documents reproduits en photocopie aux fins de l'édition sont seuls visés par la Commission diplomatique.

Autres archives

D'une manière générale et jusqu'à présent, les responsables du tome ONU n'ont dépouillé que les archives du Service public fédéral des Affaires étrangères. Néanmoins, ils envisagent de consulter les archives de Paul-Henri Spaak et celles de Fernand Vanlangenhove, encore que ce dernier, qui fut pendant des années, au titre de représentant permanent de la Belgique, le principal pourvoyeur d'informations du ministère des Affaires étrangères, n'a probablement guère conservé d'informations par-devers lui. Le tome VIII de la collection, consacré aux territoires d'outre-mer, contient quelques documents émanant des archives de Fernand Vanlangenhove et de Pierre Ryckmans. Ce dernier était à l'époque, le représentant de la Belgique au Conseil de tutelle.

Intérêt de la Belgique

La Belgique est une « puissance » moyenne et, en tant que telle, n'est pas, comme les grandes puissances, autant partie prenante dans les conflits qui peuvent agiter les Nations unies. Par deux fois, néanmoins, pendant la période couverte part la collection (1941-1960), la Belgique fut membre du Conseil de sécurité, en 1947-1948 et en 1955-1956, ce qui l'impliquait de manière indirecte dans tous les conflits traités par le Conseil. Ceci explique sans doute que le tome « Crises » fasse une place particulière à la Palestine et à la crise de Suez. Il faut ajouter pour la Palestine, le rôle spécifique que jouait le consul général à Jérusalem qui bénéficiait – et bénéficie toujours – d'un statut spécial dans le cadre de l'Organisme de surveillance de la trêve (UNTSO). Quant à la guerre de Corée, l'intérêt de la Belgique s'explique par le fait qu'elle avait fourni un contingent aux forces occidentales engagées dans le conflit.

Ce qui distingue aussi le tome « Crises » du tome « ONU » découle du fait que le premier fait une place significative à des dépêches provenant des postes diplomatiques bilatéraux dans les pays intéressés par les conflits traités dans ce tome.

Le tome « Territoires d'Outre-mer » est, pour sa part, justifié par l'importance que présentait pour la Belgique sa politique coloniale (la colonie du Congo belge et le territoire sous tutelle du Ruanda-Urundi), ce qui non seulement la mettait dans une position défensive à l'ONU, mais la conduisit à mener une intense politique de concertation avec les autres puissances coloniales, voire, parfois, à une opposition aux États-Unis. L'aide que la Belgique pouvait obtenir de pays « alliés » à sa politique coloniale ou l'hostilité à celle-ci apparaît, pendant cette période, comme un facteur très important de la politique extérieure de la Belgique.

Le tome « ONU » ne présente guère d'aspects de politique bilatérale, si ce n'est au moment des problèmes d'admission (par exemple l'opposition de la Belgique à l'Espagne de Franco) ou de représentation ou encore lors des négociations habituelles pour l'occupation de sièges dans divers organes de l'Organisation.

Problème des documents non originaux

Pour le reste, la plus grande partie de la correspondance originale de ce tome a été échangée entre la Représentation permanente et le Ministère. Elle concerne les positions de la Belgique dans les organes de l'Organisation. Il s'agit des projets d'interventions de la mission permanente, ou les grandes lignes de ceux-ci dans un débat déterminé, ou bien du texte de discours tels qu'ils furent prononcés.

Comme l'Organisation publie elle-même tous les procès-verbaux des réunions de ses organes ainsi que les documents officiels envoyés à l'Organisation par les États membres, une grande partie des documents se trouvant dans les dossiers d'archives du Ministère pouvaient avoir déjà fait l'objet d'une publication dans les collections de l'ONU. Tel fut le cas, aussi, des documents de la conférence de San Francisco qui furent publiés par l'ONU elle-même. Il ne s'agit donc plus de documents « originaux » puisqu'ils ont déjà été publiés par l'ONU, même s'il est vrai que ces documents ne sont pas tellement aisés à consulter et qu'ils sont dispersés dans des centaines de volumes de procès-verbaux. Que faire dans ce cas ?

De même, dans certaines situations, afin d'assurer la compréhension d'un chapitre, il est nécessaire d'ajouter un document déjà publié dans les documents officiels de l'ONU.

Pour le volume ONU, il a été entendu que dans la mesure nécessaire, on ferait passer l'intelligibilité des problèmes abordés avant l'originalité proprement dite des documents publiés, ou que des notes explicatives renverraient aux documents ONU lorsque la compréhension de la suite documentaire l'exige.

Le juriste que je suis est évidemment perdu devant ce puzzle, son goût professionnel pour la complétude n'y trouve vraiment pas son compte.

Je suppose que les historiens, eux, sont habitués.

Boriana Ianéva[1]

L'ÉDITION DE DOCUMENTS DIPLOMATIQUES APRÈS LES CHANGEMENTS POLITIQUES EN BULGARIE

Les Archives du ministère des Affaires étrangères ont participé dans plusieurs projets relatifs à la publication de documents diplomatiques relatant l'histoire de la politique extérieure bulgare. En 1978 a commencé l'édition de la suite documentaire *La politique extérieure de la Bulgarie 1879-1944*. À ce jour, ont paru trois volumes, couvant la période 1879-1894 : (vol. I/1879-1886/, édité en 1978 ; vol. II/1886-1887/, édité en 1995 ; vol. III, partie 1, éditée en 1995 ; vol. III, partie 2, éditée en 1998 /1888-1894/). L'équipe des chercheurs est sous la tutelle d'une Commission pour l'édition des documents diplomatiques du ministère des Affaires étrangères. La plupart des documents relèvent des fonds des archives du ministère des Affaires étrangères et des Archives centrales d'État. Ont été utilisés aussi des documents relevant des Archives scientifiques de l'Académie bulgare des sciences, du Département des manuscrits et des documents auprès de la Bibliothèque nationale et des Archives centrales des Armées. La sélection des documents vise la mise en évidence des grands axes de la politique extérieure de la Bulgarie, des différentes étapes de son évolution et des facteurs ayant déterminé la genèse de cette politique.

Une autre série de documents diplomatiques édités par le ministère des Affaires étrangères couvre la période 1944-1982. Cette édition comprend six volumes réunis sous le titre *La politique extérieure de*

[1] Chef de la Direction Chancellerie et Archives du ministère bulgare des Affaires étrangères.

la République Populaire de Bulgarie. Recueil de documents et de textes. Vol. I /1944-1962/, édité en 1970 ; vol. II /1963-1969/ édité en 1971 ; vol. III, partie 1 /1969-1972/, éditée en 1981 ; vol. III, partie 2/1973-1976/, éditée en 1983 ; vol. IV /1976-1978/, édité en 1988 ; vol. V /1979-1980/, éditée en 1988 ; vol. VI /1981-1982/, édité en 1990. Ont été publiées des déclarations du gouvernement bulgare relatives à des négociations conduites par les délégations gouvernementales de la République Populaire de Bulgarie avec les délégations gouvernementales d'autres pays ; des informations sur l'établissement de relations diplomatiques, sur des discours et des interviews des chefs d'État, sur des conventions internationales, des notes, des lettres, des télégrammes, etc. Une partie de ces documents est publiée sous forme d'extraits. Dans cette édition figurent aussi des documents issus de leurs publications dans la presse écrite.

En 1977 a commencé la publication de la série « Relations et rapports bulgaro-soviétiques. Documents et textes », couvrant la période 1917-1958. Ont été édités deux volumes : vol. I /1917-1944/ édité en 1977 et vol. II /1944-1958/ édité en 1981. En dehors des documents diplomatiques, ces deux volumes contiennent aussi des documents se rapportant aux aspects sociopolitiques, économiques, scientifiques et culturels des relations bilatérales. Cette édition est l'œuvre d'une équipe de rédaction mixte bulgaro-soviétique, réunissant des représentants issus de plusieurs instituts de recherche, des archives centrales et locales, des archives de l'État et des partis politiques, ainsi que des archives des ministères des Affaires étrangères des deux pays respectifs. Les rédacteurs ont adopté le principe chronologique de systématisation des textes. Ils ont réuni des documents d'origine différente : documents officiels (conventions, actes des gouvernements, décrets des organes des partis politiques, comptes rendus de différents établissements et organisations, etc.) et documents non-officiels (lettres, articles, etc.).

Au cours des dernières années les activités de l'édition sont axées essentiellement sur la production d'ouvrages thématiques. En 2003, en collaboration avec le Groupe bulgare de recherches sur la Guerre froide, les Archives du ministère des Affaires étrangères se sont impliquées dans un « Projet historique parallèle sur l'OTAN et le Pacte de Varsovie » qui réunit les travaux de plus de 20 instituts de recherche de différents pays. Dans le cadre de ce projet on a réuni et publié des documents se rapportant à différents événements de la période de la Guerre froide. Les Archives du ministère des Affaires étrangères ont participé à la sélection de documents se rapportant à différentes initiatives du projet « La Guerre froide en Asie », « La deuxième crise de Berlin – 1958/1962 », etc. Tous ces documents sont publiés dans l'édition périodique du projet, « *Journal of Cold War Studies* ».

Au cours de cette même année 2003 a été édité un catalogue des documents présentés dans le cadre d'une exposition documentaire dédiée au 125e anniversaire de l'établissement de relations diplomatiques entre la Bulgarie et les États-Unis. Ce catalogue réunit des documents rédigés depuis les années 1970 du XIXe siècle jusqu'à nos jours, offerts par les Archives centrales d'État, les Archives du ministère des Affaires étrangères, les Archives du ministère de l'Intérieur, les Archives scientifiques de l'Académie bulgare des sciences, la Bibliothèque nationale de Bulgarie, les Archives nationales des États-Unis, la Bibliothèque du Congrès des États-Unis, la Bibliothèque et les Archives de l'Institut « Hoover », etc. Dans leur majorité ces documents représentent des notes, des lettres, des télégrammes et d'autres communications officielles, des photos, des lettres d'accréditation, des conventions, des comptes rendus des réunions du Conseil des ministres, des Décrets du Chef de l'État, etc. On a édité aussi un disque multimédia.

En 2004, les ministères des Affaires étrangères de la République de Bulgarie et de la Fédération de Russie ont élaboré et ont édité un Almanach dédié au 125e anniversaire de l'établissement des relations diplomatiques entre les deux pays. En dehors des documents issus des Archives du ministère des Affaires étrangères, dans cette édition on a incorporé aussi des documents issues des fonds de l'Institut monarchique, du Conseil des ministres, de l'Assemblée nationale, de l'Ambassade bulgare à Moscou, des fonds personnels d'éminents diplomates et hommes d'État bulgares, tous conservés dans les fonds des Archives centrales d'État, ainsi que des éléments d'illustration provenant des collections du Musée historique national, de la Bibliothèque nationale et de l'Agence de presse bulgare. Ce recueil est édité en langue bulgare et en langue russe et contient des documents datés de 1879 à 2003. Les documents sont publiés en entier et en partie et ceux qui sont en bon état physique de conservation sont présentés sous forme de fac-similé. Le recueil contient un bref historique des relations bulgaro-russes, des données biographiques relatives aux représentants diplomatiques bulgares en Russie et dans l'Union soviétique, les liste des représentants diplomatiques russes en Bulgarie et des ministres des Affaires étrangères des deux pays (jusqu'à 2004).

À l'avenir, les Archives du ministère des Affaires étrangères prévoient de poursuivre la pratique de publier des recueils de documents se rapportant aux relations bilatérales de la République de Bulgarie avec d'autres pays, de produire des éditions documentaires liées à la commémoration de grands événements de l'histoire bulgare et de continuer leur participation à différents projets internationaux.

Au début de 2005 entre l'Institut diplomatique auprès du ministère des Affaires étrangères de la République de Bulgarie et la Direction générale « Archives et bibliothèque » du ministère des Affaires étrangères de la République de Venezuela a été négociée l'élaboration d'une édition spéciale réunissant les documents d'État officiels, pour commémorer le 30e anniversaire de l'établissement des relations diplomatiques entre les deux pays. Il est prévu de produire cette édition en 2006 au Venezuela et pour ce faire les Archives du ministère des Affaires étrangères mettront à disposition les copies des documents se rapportant aux préparatifs de l'établissement des relations diplomatiques entre les deux pays, ainsi que des conventions et des traités signés entre les deux pays de 1974 à nos jours.

En 2006, on prévoit la participation du ministère des Affaires étrangères à un nouveau projet international de la publication de documents se rapportant à la période de la Guerre froide. Il reste à préciser les détails au niveau de l'équipe, des partenaires et du financement.

En 2007, sera marqué le 60e anniversaire de la signature du Traité de paix de Paris qui a mis une fin formelle à la Seconde Guerre mondiale. Depuis le 28 octobre 1944, lorsque la Bulgarie d'un côté et l'Union soviétique, les États-Unis et la Grande Bretagne de l'autre ont signé une Entente d'armistice jusqu'à la signature du Traité de paix, en Bulgarie opéraient différentes institutions chargées de superviser le respect des conditions d'armistice (le Commissariat pour la mise en œuvre de l'Entente d'armistice et la Commission de contrôle des Alliés). Dans les Archives du ministère des Affaires étrangères sont conservés les documents se rapportant aux activités de ces institutions, les documents de constitution de ces dernières, les comptes rendus de leurs réunions, etc. Dans une collection à part sont réunis les documents relevant de la Conférence de paix à Paris qui s'est tenue du 29 juillet au 15 octobre 1946 et qui avait pour mission de préparer les conditions de signature du traité de paix. À partir de ces documents d'archives, nous envisageons la production d'un recueil se rapportant à l'anniversaire du Traité de paix de Paris, dans lequel seront publiés des documents peu connus de la période 1944-1947.

Greg Donaghy

DOCUMENTS ON CANADIAN EXTERNAL RELATIONS

Historical Summary

Since the late 1960s, Canada's Department of External Affairs (renamed Foreign Affairs Canada in the fall of 2003) has published its continuing series of documents on the history of Canadian foreign policy. To date, the series, entitled *Documents on Canadian External Relations* (*DCER*), includes 24 volumes, covering the period from 1909, when the Department was established, to 1958, as well as two special volumes on relations with Newfoundland in the two decades before it joined Canada in 1949. The *DCER* has reprinted over 20,000 documents so far, totalling almost 35,000 pages of text, and represents one of the largest publishing projects in Canadian history.[1]

The only series of its kind in Canada, the *DCER* is intended primarily for senior undergraduate and graduate students, academic researchers, and journalists. Recent volumes, which have appeared more or less annually for the last decade, enjoy a print-run of 875 copies, a sizeable figure by Canadian academic standards. Under the government's depository library program, 125 books are distributed gratis to major research libraries across Canada. Foreign Affairs Canada gives away another 125 volumes to senior scholars in Canada and sends 500 copies to its missions abroad, where they are made available to Canadian Studies centres. The remaining

[1] On the origins of the series, see Greg Donaghy, Documenting the Diplomats: The Origins and Evolution of *Documents on Canadian External Relations*, *The Public Historian*, vol. 25, n° 1, (Winter 2003), p. 9–28.

125 copies, a small but respectable figure in Canadian terms, are sold through the government's publishing arm.

Over time, the series has undergone a steady transformation in response to the evolving expectations of the historical community and the changing nature of foreign policy in the mid- and late-20th centuries. Initially conceived as a permanent record of Canadian achievement, the early volumes tended to focus almost exclusively on documenting final government decisions, discreetly excluding the political and bureaucratic pressures that gave rise to those policies. In the mid-1970s, severely criticized by Canadian academics for its secretive approach, the series reviewed its terms of reference, becoming "a comprehensive, self-contained record of the major foreign policy decisions taken by the Government of Canada, and the reasons for taking them".[1] Increasingly, the series would reflect the full range of views of officials and politicians. The changes ensured that the making of Canadian foreign policy would be more readily understood as well as more transparent.

More recently, the series has had to wrestle with the expanding foreign policy agenda of the post-war period, a problem that threatens to loom larger as it moves into the 1960s and 1970s. At the same time, in the mid-1990s, the Department reduced its program spending sharply as part of the government's larger struggle against its deficit. As a result, the Historical Section was forced to review the DCER's principles, purposes and methodologies. Since the revised *DCER* enjoyed strong support from scholars in Canada and abroad, it was quickly decided to maintain the objectives set out in 1974. In order to save space and reduce costs, however, it was decided to tighten up the focus of future volumes and have them concentrate on "Canada's most important bilateral and institutional relationships, and on the major international crises that directly involved the secretary of state for external affairs, the Prime Minister or other members of Cabinet".[2] The more tightly organized and smaller volumes that resulted produced sufficient savings to allow future volumes to appear simultaneously in print and on-line.

The first two volumes in the series were published in individual English and French editions, with the documents reproduced in their language of origin (usually English) and footnotes, introductions,

[1] David Murray, (ed.) *Documents on Canadian External Relations, Volume 7: 1939–41 Part I* (Ottawa: Information Canada, 1974), p. ix-x.

[2] Greg Donaghy, (ed.) *Documents on Canadian External Relations, Volume 20: 1954* (Ottawa: Minister of Public Works and Government Services Canada, 1997), p. xxiii.

indices and other ancillary material appearing in either English or French. Subsequent volumes continued to reprint the documents in their original language but with all supplementary material appearing in both English and French.

Methodology

Volumes are normally divided into a dozen or so chapters, each dealing with one of the main foreign policy topics of the period. Recent editions have included chapters on Canada's activities in multilateral organizations (the UN, NATO, and the Commonwealth), as well as geographic chapters on relations with the US, Europe, Asia, Latin America, and North Africa. More limited thematic chapters on such specialized subjects as nuclear strategy, atomic energy, and international economic relations have also recently appeared. Most chapters are sub-divided by event or issue or some other readily apparent organizing principle (i.e. country or region). Within these sub-divisions, the documents are reproduced in chronological order, giving readers quick access to the most important documents of interest to them while allowing users to trace the evolution of Canadian policy. Editors rely on footnotes, cross-references, and the introduction to alert readers to inter-related issues and to give the volumes a thematic unity.

The *DCER* is based primarily on the records of the Department of External Affairs, the Cabinet, and the Privy Council Office. These are supplemented where necessary by the private papers of Cabinet ministers and senior officials, and the files of other government departments with a strong stake in Canada's foreign policy. These often include the departments of National Defence, Finance, Citizenship and Immigration, and Trade and Commerce. In using these various sources, recent editors have tried hard to create volumes which expose readers to the full range of documents used in making Canadian foreign policy. Accordingly, volumes will reproduce material ranging from very brief minutes to summary telegrams and memoranda to much longer and more reflective "think pieces" that place Canadian policy in a broad context. *Series Outline*

The first six volumes of *Documents on Canadian External Relations* trace Canada's early struggle during and after the First World War to become an autonomous dominion. Included in these volumes is material on Canada's evolving place in the British Empire, its role at the Paris Peace Conference and the new League of Nations, and its response to the rise of fascism in Europe and Asia.

Volumes 7 through 11 document Canadian diplomacy during the Second World War as the country grew into a middle power with global interests and responsibilities. Among the topics covered in these volumes are the conduct of war with Germany and Japan, the problems associated with postwar planning, and the creation of the United Nations. Increasing attention is devoted in the wartime volumes to the challenges created for Canada by the growing international prominence of the United States, its closest neighbour and most important economic partner.

Subsequent volumes, each normally devoted to a single year, follow Canada's diplomatic fortunes into the postwar period. The Cold War provides these volumes, which now stretch into the late 1950s, with a thematic unity. Each volume includes extensive documentation on the conflict with the Soviet Union and records in detail Canada's reaction to the American-led effort to organize the West. The origins of the North Atlantic Treaty Organization, the conduct of the Korean War, and the developing crisis in Indochina, where Canada served on the commissions overseeing the Geneva Accords, are among the subjects given considerable space. These postwar volumes also document defence relations with the United States, the growing dangers of nuclear diplomacy, and the challenges and opportunities created for Canada by the restoration of Western Europe. Finally, *Documents on Canadian External Relations* includes copious material on Canadian activity at the United Nations, where Lester B. Pearson and Canadian diplomats helped pioneer the concept of international peacekeeping in response to crises in the Middle East and Asia.

Future Status and Looming Challenges

Over the next two years, the Historical Section will publish three additional volumes. The first, Volume 25, was edited by a contract editor, Dr Michael Stevenson, and will conclude the series's coverage of the first 18 months of Prime Minister John Diefenbaker's tenure. Volume 26, edited by a team of contractors headed by the newest member of the Historical Section, Dr Janice Cavell, will follow with material on 1959. Dr Cavell is also at work on Volume 27, which will cover the events of 1960. It should appear in 2007.

The move into the Diefenbaker period has not been without its problems. Many of the documents printed in the series have traditionally been drawn from the files of the Privy Council Office and the records of various Cabinet Committees. While declassification of this material has always been a slow and time-consuming exercise, it has not normally been a substantial barrier to publication. There are signs, however, that this is changing. The heightened security that has accompanied the war on terrorism has resulted in exceptional caution in dealing with declassification requests. At the same time, the problems of North American defence that Prime Minister Diefenbaker faced in the late 1950s closely resemble those confronted by the current government, increasing watchfulness in an already politically sensitive branch of government. The result has been a worrying escalation in the number and range of documents that we have been denied permission to print.

Finally, it is worth noting that budgetary pressures continue to have an adverse impact the work of the Historical Section. Although the vacant editor's position was filled last year with the hiring of Dr Cavell, a PhD from Carleton University, the Historical Section will again be reduced to only three people when Ted Kelly, its long-time researcher and the assistant editor of Volume 20, retires next fall. This staff reduction will force the Section to reduce its rate of production to one volume every other year.

Marc J. Susser

THE FUTURE OF THE *FOREIGN RELATIONS* SERIES

Background and Current Status

Established in 1861, and published ever since, *Foreign Relations of the United States* is the oldest official documentary publication of its kind in the world. The series presents the official documentary record of the foreign policy of the United States.

Beginning with a single volume for 1861, the *Foreign Relations* series has grown to well over 400 individual volumes. Today, the series can be found worldwide in research libraries, public policy research institutions, classrooms, private libraries, and on the Internet. *Foreign Relations* is a premier primary resource for scholars, journalists, and the public. From 1861 to 1923, clerks in the Department of State selected and organized the volumes in the series, and released them a few years after the events they documented. In 1924, the Department of State hired university-trained historians to produce the series. The current staff of the Office of the Historian, 38 professional historians – of whom 29 are dedicated to producing the *Foreign Relations* series – are the direct descendents of that first small group of professionals.

Based on principles espoused by Secretary of State Frank Kellogg in 1928, the series successfully documented the Peace of 1919, the inter-war years, the Second World War, and the early Cold War. In the 1980s the series faced a crisis when it failed to present the whole story of events in Iran and Guatemala during the mid-1950s, because of lack of access to intelligence documents. In 1991, Congress passed, and President George H.W. Bush signed, a new law that requires the

Department of State to continue to publish the *Foreign Relations* series as "a thorough, accurate and reliable documentary record of major United States foreign policy decisions and significant diplomatic activity", which is "comprehensive". *Foreign Relations* is the only US Government historical publication that is specifically required by law to be published. This statutory requirement – and over 140 years of tradition – more than justifies the publication of a series that produces multiple volumes for sub-series that correspond to presidential administrations.

The Department has now published 33 of the 35 volumes for the Johnson Administration, 1964–1968. Because the 5-year Johnson presidency was treated as a single administration, it received extended coverage. Of the two other Johnson volumes remaining to be published, both are in the final stages of declassification. After resolution of remaining declassification issues, these volumes will be published in 2006.

Eight of the 56 volumes projected for the Nixon-Ford Administrations, 1969–1976, 8 have been published (5 print and 3 E-volumes); however, only 2 of these volumes were published within the 30-year time frame required by the law. While the Department of State is not in full compliance with the deadline set forth in section 401(c) of Public Law 102-138 to publish not more than 30 years after the events recorded, it is fully committed to reaching that deadline. Nonetheless, we are also mindful of the problems inherent in such an ambitious catch up project.

Using New Technology

In the face of the ever-growing volume of government records, the Office of the Historian is using new technology to expedite both research and publication. For example, in May 2004, the Office undertook a project to scan all the declassified telephone transcripts of former Secretary of State Henry Kissinger, from his period as National Security Advisor (1969–1973), and place them on a data list on Office computers with a word searchable capability, thereby saving considerably on copying costs, as well as expediting the research capability of *Foreign Relations* staff historians.

At the same time, the Department of State's record keepers made Kissinger's telephone conversations for the period from 1973 to 1976 available in electronic form. In effect, the Office brought the mountain of transcripts to its historians, rather than having the historians manually undertake research in the raw transcripts. This is just one example of the Office transition from paper research to electronic research.

Another example of this trend towards electronic research is the Office's use of the Department of State data base of electronic files for the period from 1973 to 1976. This allows *Foreign Relations* historians to access Department of State telegrams at their computers for this period, rather than dig through mountains of paper files.

Access to Department of State non-cable traffic requires a two-step process. The Department has transferred its electronic records for 1973–1974 to the custody of the National Archives, but the Bureau of Administration has given the Office of the Historian access to copies of this database. While the Office of the Historian was at first apprehensive about its ability to do research in a data base created in 1973 with 2003 technology, it has found the process to be both feasible and useful. The only negative aspect is that key Department documents did not always make it into this data base, requiring careful research in some Department of State paper records as well. For that reason, the Office has scanned all declassified transcripts of Secretary of State Kissinger's principals staff meetings for the period from 1973 to 1976, allowing *Foreign Relations* historians to research them by key word on-line in the Office.

As I noted, the Department of State is currently researching and publishing *Foreign Relations* for its most recent sub-series, the Nixon-Ford Administrations, 1969–1976. Of the 56 planned volumes covering this period, 41 will be traditional print volumes and 15 will be released solely on the Internet. Three of these Internet-only volumes have already been published: Documents on Global Issues, 1969–1972; Documents on Africa, 1969–1972; and Documents on South Asia, 1969–1972. The decision to institute this change and publish Internet-only volumes was the result of the Department of State's desire to make more information available to more people, more quickly, at a reduced cost.

The South Asia volume is a good example of the benefits of electronic volumes, or what we refer to as "E-volumes". The 1971 South Asia crisis went to the heart of President Nixon's triangular strategy with Moscow and Beijing, and threatened to derail *détente* with the Soviet Union and the opening to China. The documentation for the crisis was massive. There is extensive written documentation in the

Nixon Presidential Materials, and in the files of the Departments of State and Defense at the National Archives, as well as in the Central Intelligence Agency's records, and in the Kissinger Papers at the Library of Congress. In addition, there are extensive Nixon presidential tape recordings on the crisis and the war itself.

One print volume could not cover US foreign policy towards South Asia for the period from 1969 to 1972. The solution was to reserve the print volume for the crisis and war and place the rest of US foreign policy towards South Asia, including India and Pakistan during the non-crisis period – as well as Afghanistan (and, after December 1971, Bangladesh) – in an E-volume to be published solely on the Internet.

The print volume has extensive annotation, the so-called "value added" dimension of documentary editing, summarizing all referenced documents and allowing the editors to carry the narrative of the policy process forward through substantive annotation in footnotes and editorial notes. In the electronic-only volume, the annotation is limited, allowing more space for documentation on a broader range of issues. The print volume is linked in its annotation to the E-volume, and both are available on the Internet. An added advantage of the E-volume was the ability to include lengthy transcripts of Nixon presidential tape recordings, which, for reasons of space, could not be included in full in the print volume. All or any portion of an E-volume can be easily downloaded. The E-volumes will be word searchable, negating the need for an index and allowing for a more precise search.

Electronic-only publication results in substantial savings in cost and time of production, thereby allowing the series to present a fuller range of documentation on a wider range of topics sooner than would have been possible under a print-only format. All the scanning and web publishing is done in-house. There is a one-time initial cost in the purchase of scanning equipment and software, which is a much smaller cost than that of a single print volume. The scanned documents are published on the Internet as both facsimiles of the original documents and as plain text. The facsimiles cannot be altered once they are downloaded, as the software includes a security feature that allows the documents to be locked.

While the future of research in documentary publications is increasingly tied to the ease of use and availability of the Internet, the Department of State is nevertheless dedicated to printing the vast majority of *Foreign Relations* volumes in the traditional ruby buckram book form, which is made available for sale at the US Government Printing Office (but also available at no cost on the Internet).

Future Goals

The Office of the Historian has already fired the starting gun for an accelerated program of publishing the Nixon-Ford sub-series. The Department's goal is to increase publication of volumes over the next 3 years to the point where we will publish an average of 11 to 12 volumes per year.

This projection is based on the number of declassified volumes that the Department has, or expects to have, in the pipeline in various stages of final editing and production. By publishing 12 or more volumes per year over the next 3 years, by the end of 2007, the Department of State will have published all remaining Johnson volumes and 36 of the 56 volumes for the Nixon-Ford Administrations, 1969–1976.

This would constitute a substantial leap forward, and represent a major milestone for the Department of State in the effort to meet the requirements of Congress. The goal of the Department is to ensure that by the end of the current decade, the *Foreign Relations* series will be publishing volumes at the 30-year deadline or earlier.

The Department will continue to publish both books and E-volumes to make the series available to as wide an audience as possible. In that sense, this innovation of electronic-only volumes is in keeping with the general principles of the series begun in 1861 by President Lincoln and Secretary of State Seward and continued by subsequent presidents and secretaries of state for over 140 years.

Monique Constant[1]

DOCUMENTS DIPLOMATIQUES FRANÇAIS

La commission de publication des documents diplomatiques français, instituée en 1984 pour la publication des documents postérieurs au 21 juillet 1954, étendue en 1992 aux séries 1914-1919, 1920-1932, 1939-1944 et 1944-1954 a été fusionnée par décret du 9 décembre 2004 avec la Commission des archives diplomatiques, présidée par le ministre des Affaires étrangères. Aux termes de l'article 2 de ce décret, « la commission des archives diplomatiques est consultée sur la mise en œuvre de la politique en matière d'archives au sein du ministère des affaires étrangères, y compris dans le domaine des nouvelles technologies, et sur les programmes de publication et de recherche. »

La direction des Archives du ministère des affaires étrangères apporte le soutien logistique nécessaire à la mise en œuvre des décisions de publication (financement du personnel scientifique, du secrétariat et de l'édition, mise à disposition de locaux de travail, communication des dossiers d'archives, choix de la société d'édition et communication avec celle-ci...). Confiée jusqu'en septembre 2000 à l'Imprimerie Nationale, l'impression et la diffusion des Documents diplomatiques français, est assurée depuis décembre 2000, dans le cadre de deux marchés successifs de travaux, par le groupe Peter Lang AG, ce qui a permis de réduire les coûts de fabrication et d'améliorer la visibilité internationale de la collection.

La direction des cinq sous-collections est assurée par les professeurs Jean-Claude Montant (université d'Artois, collection 1914-1919), Christian Baechler (université de Strasbourg, collection

[1] Adjoint au directeur des Archives du ministère des Affaires étrangères.

1920-1932) – qui a succédé à Jacques Bariéty –, André Kaspi (université Paris I-Panthéon-Sorbonne, collection 1939-1944), Georges-Henri Soutou (université Paris IV-Panthéon-Sorbonne, collection 1944-1954) et Maurice Vaïsse (Institut d'études politiques de Paris) pour les années postérieures à mai 1954. Leurs collaborateurs – une vingtaine – sont des universitaires, en activité ou retraités. Le professeur Vaïsse est également assisté d'un ancien directeur des archives du ministère des Affaires étrangères, diplomate, et d'un ancien directeur-adjoint, conservateur d'archives.

Treize volumes sont parus de 2003 à 2005 :

- Collection 1914-1919, volumes 3 et 4 (année 1915, II et III)
- Collection 1920-1932, volumes 4, 5 et 6 (année 1921, I et II, Annexes 1920-1921)
- Collection 1939-1944, volumes 2 et 3 (année 1940, I et Armistices)
- Collection 1944-1954, volumes 6, 7 et 10 (année 1946, I et II ; année 1947, Annexes)
- Collection 1954 et au-delà, volumes 27 et 28 (année 1965, I et II)
- Réimpression du volume 15 de la série 1932-1939 (avril-juillet 1936) – cette politique de réimpression des volumes épuisés des séries publiées sous la direction du professeur Pierre Renouvin devrait se poursuivre.

Le volume 29 de la collection la plus récente (1966-I) comporte pour la première fois des cartes réalisées par la division géographique de la direction des Archives. Ce sera également le cas du volume 8 de la collection 1944-1954, en préparation.

Le principe de base d'une publication par ordre chronologique, traditionnel depuis la collection des *Documents relatifs aux sources de la guerre de 1914-1918*, est maintenu ; cependant, il a été prévu que la collection 1939-1944, comporterait à partir de juillet 1940 deux séries parallèles, l'une pour l'État français (gouvernement de Vichy), l'autre pour les relations internationales du Comité national français de Londres, puis du Comité français de libération nationale à Alger. Le volume consacré aux négociations d'armistices, cité ci-dessus, s'il s'inscrit dans la continuité chronologique, peut aussi être vu comme un volume thématique ; ces dérogations à une règle si bien établie, qui ont été débattues à la commission de publication des Documents diplomatiques français, ont été admises eu égard à la spécificité de l'année 1940 dans l'histoire du XXe siècle français ainsi qu'à la rupture de la continuité constitutionnelle.

Diffusion

La diffusion totale, depuis la fin du contrat avec l'Imprimerie nationale, atteint 1704 volumes. La diffusion des parutions les plus récentes est récapitulée dans le tableau ci-dessous, mettant en parallèle la diffusion totale et la diffusion moyenne par mois.

Chiffres de ventes des ouvrages publiés depuis 2002

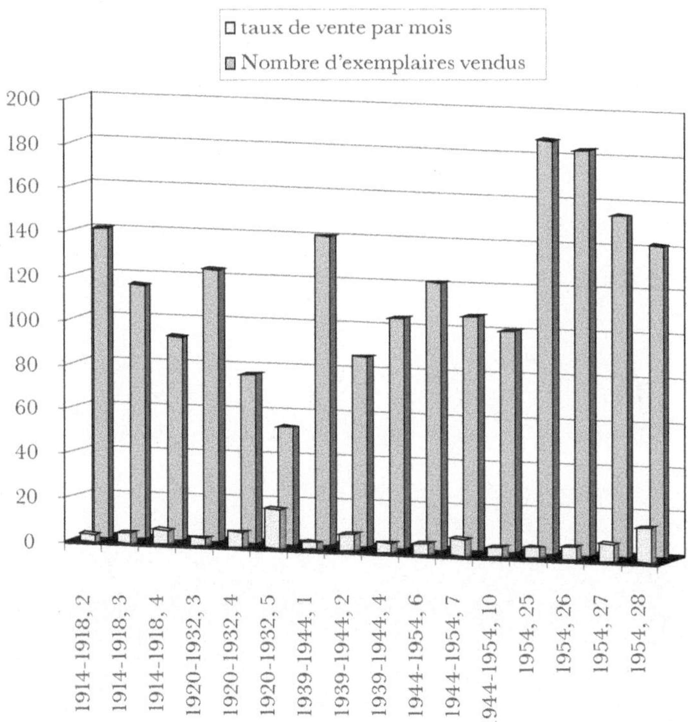

Évolutions et perspectives

Il est prévu de diffuser dès que possible une sélection de documents sur le site Internet du ministère des Affaires étrangères, en avant-première des volumes à paraître. La mise au point définitive de ce projet dépend de l'acquisition et des premiers tests d'un nouveau logiciel de gestion documentaire par le ministère des Affaires étrangères et de la mise au point d'un portail d'accès à l'ensemble des ressources documentaires de cette administration.

Le lectorat actuel mérite d'être analysé et ses attentes mieux cernées. Il est prévu, à cette fin, de mener des enquêtes de satisfaction régulières auprès des principaux acheteurs, essentiellement des bibliothèques universitaires.

Patrick Salmon

DOCUMENTS ON BRITISH POLICY OVERSEAS

In order to place *Documents on British Policy Overseas* (*DBPO*) in context, I should like to say a few words about the role of the Historians team within the Foreign and Commonwealth Office. This will indicate the wide range of tasks that we undertake and help explain why the production rate of *DBPO* has not been as rapid as we would have liked. Our team currently comprises three full-time historians: one senior editor and two assistant editors, together with one part-time editor (Dr Keith Hamilton, who retired as a full-time editor in 2002). A second senior editor's post is now vacant but we hope to be able to make a new appointment some time during the next year. In addition we have the assistance of two support staff, helping with technical production and historical enquiries. In other words, the team is significantly smaller than when this group last met in Canberra two years ago.

We have four main areas of work:

1. Outreach tasks

Historians play a role in the FCO's public diplomacy, helping to build links with the wider community both in the United Kingdom and overseas. In 2004, for example, we took a leading part in the creation of a Churchill Room at the Livadia Palace, scene of the Yalta conference in February 1945. Conceived as a counterpart to the existing Roosevelt Room, the project saw historians working together with Lady Soames (Sir Winston's daughter) and the British Embassy in Kiev to provide books and audio-visual material for what became a striking memorial and a useful research facility. The unveiling of the Churchill Room was greeted by widespread and favourable media coverage in Britain, Ukraine and Russia. We are also involved in the Allied Museum Berlin, which commemorates the Allied military presence in the divided city during the Cold War. We represent the UK on the international committee of experts at the museum and one of our team chaired the working party that organised a recent exhibition on the work of the Allied Military Liaison Mission.

2. Occasional publications

Details of recent publications were given in Heather Yasamee's contribution to the Canberra conference in 2003. Since then we have produced *Frank Foley*: documents published in 2004 to mark the unveiling of a plaque in honour of the SIS officer in Berlin in the 1930s who made great efforts to get Jews out of Nazi Germany; *Records of the PUS's Department*, published (on the web only) to coincide with the release of the first tranche of secret service material held by the FCO to the National Archives at Kew; and *The CICERO Papers* (also web only), on newly-released documents relating to the notorious case of the spy in the British Embassy at Ankara during the Second World War.

3. Other services to the Foreign and Commonwealth Office

These include providing historical advice to ministers, senior officials and posts abroad; the vetting of manuscripts submitted by former and serving FCO officials and ministers; and assisting with public enquiries, including requests under the Freedom of Information Act. The scale of these tasks can vary considerably but they can tie up staff resources for months on end. Recent work by Historians on diplomatic memoirs and Northern Ireland judicial inquiries falls into this category.

4. Editing and publishing DBPO.

What I have said so far gives an indication of the competing priorities we face at a time when our staff is smaller than ever before. In recent years our flagship project, *DBPO*, has had to compete with these other demands and, because the demands are so immediate and our numbers so small, it has tended to slip down the priority list.

With these considerations in mind, FCO Historians decided in 2003 to try a new approach: electronic publication. The first volume of *e-DBPO* has gone to the publishers and is due to appear in the spring of 2006. Series III, Volume V, *The Year of Europe: America, Europe and the Energy Crisis, 1972–1974*, takes the form of a hardback book containing editorial material, accompanied by two CD-ROMs containing the documents. We feel that the new format offers a number of advantages over traditional hard-copy volumes. It enables us to publish more documents: over 500 as opposed to no more than 150 in conventional volumes. The documents themselves take the form of attractive high-quality facsimile images, reproducing the original in colour, with all its marginal annotations and minutes. They have been produced by using readily-available Adobe software. In addition, optical character recognition (OCR) makes the documents fully searchable.

There are of course some drawbacks. The CD-ROM is no longer cutting-edge technology, and in the long run we shall probably need to consider web publication. But this means finding a web platform: our documents are very resource-intensive and beyond the capacity of the FCO's website. Publishing electronic documents poses challenges to established editorial techniques. Traditional footnoting, for example, is impossible. Our solution is to use small click-on boxes containing cross-references or additional information – but these are employed much more sparingly than in traditional hard-copy volumes.

We have two more electronic volumes in production: *Berlin in Crisis, 1948–90*, focusing on three Berlin crises in 1948–9, 1958–61 and 1989–90, and *Britain and German Unification, 1987–90*. They represent an experiment: we will have to see how users respond before deciding whether to continue. There are possible alternatives, ranging from a return to wholly hard-copy publication to publication wholly on the web. All have their pros and cons. Hard-copy in the old sense is not possible with current staffing levels: we cannot now achieve the traditional scale and quality of editorial input, while keying in the text is very labour-intensive. Going wholly on to the web, as we have seen, requires finding a host, as well as a decision about whether to provide documents free of charge or try to charge for them (at the moment the Treasury requires us to recover costs). But *e-DBPO* also presents challenges. Experience has shown that it too is labour-intensive – perhaps not much less so than the old-fashioned keying-in of text. There are many stages in the production process. Each requires some skill and some training: not much in itself, perhaps, but a lot when people move around as frequently as they do in the Foreign Office.

Electronic publication does not, therefore, provide any magic solutions. Nor does it provide an answer to the long-standing problem of filling the gaps in Series I-III of *DBPO*. In fact progress on Series III has been relatively good. A further hard-copy volume, *The Southern Flank in Crisis, 1972–76*, dealing with the overthrow of the Caetano regime in Portugal, the end of the Franco dictatorship in Spain and the Cyprus crisis of 1974, has been held up for a long time by clearance issues but is now due to appear in 2006. But the gaps for the period before the late 1960s remain considerable and there is no possibility of filling them with current resource levels. A number of other options, including the use of contract editors have been under discussion for several years, but no decisions have yet been made. The heart of the problem remains lack of staff and competing priorities.

Georgios Polydorakis

THE PUBLICATIONS OF DIPLOMATIC DOCUMENTS OF THE SERVICE OF DIPLOMATIC AND HISTORICAL ARCHIVES OF THE HELLENIC MINISTRY OF FOREIGN AFFAIRS

The Service of Diplomatic and Historical Archives, and more precisely its Department for Publications, is the service that has the official and exclusive jurisdiction to publish diplomatic documents.

Since 1997 the volumes published by the SDHA have always been thematic. Before that, in a few more occasions (end of 19th century, 1950s) other thematic volumes were published. A series of chronological volumes was published in the 1950s containing documents from the first years of the 20th century. Another similar effort had been made in the 1980s to start a chronological series for the 1930s, but only two volumes were released.

In our volumes documents are always presented in extenso and in some cases there are explanatory annotations made by the SDHA. All the publications also include a chronology of events, biographical notes of those mentioned in the documents, bibliography, index and very frequently illustrations and/or maps.

Today, the publication series are always thematic and consist of the following two groups:

1. "Collections of Documents" Series

This particular series of publications forms part of the general project of systematically publishing the archival material of the MFA relating to important issues of national foreign policy. The following volumes have appeared to date:

a. *The Dodecanese. The Long Road to Union With Greece* (Kastaniotis Editions, Athens, 1997), in both Greek and English. This book was published to celebrate the fiftieth anniversary of the unification of the Dodecanese with Greece. The volume contains 133 diplomatic documents concerning the Greek, Italian and Turkish foreign policy with regards to the Union of the Dodecanese with the nation state, while it also depicts the social, economic and cultural life of the Dodecanesian people and their participation in the struggle against occupation. The goal of this publication is to present the broad and multi-faceted image of the island's history during 1943–1951.

b. *Documents on the History of Greek Jews* (Kastaniotis Editions, Athens, 1998), was published initially in English, and was followed soon thereafter by a Greek version in December 2000. This volume appeared first in English because its preparation coincided with the organisation of International Conferences on the search for Nazi gold and compensation for the victims of the Holocaust. It was on the occasion of this publication that Greece was singled out from the forty-seven countries at the Washington Conference for the stance it adopted towards Jews both during and after the Second World War, and also for its efforts and its active role in international meetings and committees dedicated to securing justice for the victims of that dark period of the history of mankind. The Greek edition, comprising 263 documents, shed light to some hitherto unknown aspects of the history of Greek citizens of Jewish faith who took root in our country at the time of Alexander the Great, became acquainted with the Greek civilization through their everyday life, acquired a special bond and a patriotic Greek conscience and participated in the social and military struggles of the country as citizens equal to the rest of the Christian population. These people sought a better tomorrow and, consequently, suffered relentless persecutions during the German occupation despite the significant efforts made by the people, the Church and all the Greek governments to protect Greeks of Jewish faith.

c. *Greece on the Verge of a New World. Cold War-Truman Doctrine-Marshall Plan* (Kastaniotis Editions, Athens, 2002, in Greek). This is a three-volume collection of 188 documents relating to the American aid made available to Greece, amongst other European countries, after the Second World War. Along with the economic reconstruction of the country, which was given primacy in the prologue to the decision taken by the American Congress, it traces the political, social and military implications of the implementation of the economic recovery program extended throughout Greece especially after the Civil War. Included in the publication is a timetable, biographical information, rare photographic material and the testimony of a former Greek employee at the Embassy of the United States in Athens responsible for the implementation of certain aspects of the Marshall Plan in Greece.

d. *The Participation of Greece in the Process Towards European Integration. The Crucial Twenty Years 1948–1968* (Volume One, Hellenic Ministry of Foreign Affairs-Service of Diplomatic & Historical Archives, Athens, 2003). This first volume of a three-volume series, published simultaneously in Greek and English within the framework of the Greek Presidency of the Council of the EU, covers the years from 1948 until 1968 and includes 120 documents from the archives of the MFA. It also includes a preface by the Minister of Foreign Affairs George A. Papandreou, an introductory historical note by the Director of YDIA Photini Tomai-Constantopoulou, while valuable testimonies were provided by the Ambassador e.t. Vyron Theodoropoulos, the former Minister and Commissioner of the EU Georgios Contogeorgis, the former Minister and Vice-Governor of the Bank of Greece Ioannis Pesmazoglou and Professor P.C. Ioakimidis.

This publication aims at presenting, through unpublished archival material, the attitude and position of Greece towards the first efforts for European integration: from its stance towards the creation of the Organisation of the Treaty of Brussels (later the Western European Union) in 1948, until the creation of the European Communities and from its participation in the Council of Europe in 1949, until the Association Agreement with the EEC in 1961. By studying this material, the interested reader will quickly discover the explicit European orientation of Greece, evident as early as the first post-war years. It is noteworthy that this European orientation was supported by the majority of the political forces of that time.

Within the framework of the "Collections of Documents" series, a second and a third volume will be published and presented very soon, concerning the participation of Greece in the process towards European integration and covering the period between 1969 and 2001 (when Greece acceded to the EM.).

2. "Archive Unit Catalogues" Series

a. *Cinematographic Archive* (Kastaniotis Editions, Athens, 2000), in both Greek and English editions. This publication is devoted to the operation of a new YDIA department, that of the Film Archive. The descriptions and catalogues of this archive, the first such archive within a Foreign Ministry in the EU, is prefaced by an extensive historical introduction tracing events from the time of the Macedonian Struggle to the Turkish invasion of Cyprus. The presentation of the historical events is accompanied by an account of the early steps and subsequent growth of the Greek and Balkan cinema.

b. *Catalogue of the Archive of the Italian Administration of the Dodecanese, 1912–1945* (Hellenic Ministry of Foreign Affairs, Service of Diplomatic & Historical Archives – Ministry of National Education and Religion – General State Archives of the Prefecture of the Dodecanese, Athens, 2002, in Greek). As its title clearly reveals, this volume contains a catalogue of the files of the Administration of the Italian Islands of the Aegean during the period from 1912 to 1945. These record groups derive from the time the Italian Authorities played an active role in the Dodecanese, when this group of islands belonged to Italy. The archive located in the building of the Castellanian Library, at Aristotelous Square in the Old Town of Rhodes, contains extensive information about the activities of a significant part of the Greek population that played a formative role and prospered in the Dodecanese.

Today we are ready to initiate a new form of publishing documents, that is digital publications.

The first result of this new effort is the creation of a DVD concerning the participation of Greece in the San Francisco Conference for the creation of the United Nations in 1945 and its first participation in the Security Council as a non-permanent member in the years 1952 and 1953. The experience the Service of Diplomatic and

Historical Archives of the Greek Ministry of Foreign Affairs has had so far while compiling this collection of documents concerning these two events in order to create and release the respective DVD I am about to present you.

The Service in which I have the honour and privilege to serve and its Director Mrs. Photini Tomai-Constantopoulou, decided to produce this project at the beginning of this year, as a tribute and a solemn contribution of the Archives of the Ministry of Foreign Affairs on the occasion of the participation of Greece, for the first time since 1953, in the UN Security Council for the years 2005 and 2006.

For the first time, our Service decided not to proceed to the release of a printed volume, as it has done until now, but to proceed to the production of a DVD, of a digital publication. The main reasons for this decision were four:

1. The project had to be concluded in a short period of time, since the membership period had already started and the outcome should be ready a good while before its end in December 2006. Usually the preparation period for our publications is 18 to 24 months, including the period necessary for research, selection and transcription of documents, editing and printing. The advantage of a digital publication is that the selection, transcription and editing period is minimized, since the selection criteria would be looser and the documents would be scanned instead of transcribed, and editing will not be needed.

2. A digital production in DVD can contain much more documents than those that can be included in a printed volume. Thus, while our publications usually contain 100–130 documents per volume, the DVD on the UN will contain around 400 documents, scanned and organized by date and subject.

3. As mentioned, we deem this to be solemn work on the occasion of Greece's participation this year and the next in the Security Council. The creation of a DVD allows us to make a richer production than usual, using colour pictures of the documents and including even some of their handwritten versions, allowing thus the viewer of the DVD to acquire a more precise feeling of the time and the events described in the documents.

4. The expenses for a digital production are far less than of a printed one, since the greatest part of the work has been effectuated within the Service (scanning, electronic editing etc.) or the Ministry in general.

Allow me at this point to refer to the methodology used by the Service of Diplomatic and Historical Archives in the compilation of this collection of documents. And since this is the first time that Greece participates in this kind of Conferences, this is a chance for us to explain very quickly the methodology we use for all our publications, which from what I understand is not very different from the one used by most of the Services represented by you.

The research for the documents was effectuated by a special working – research group of scientific advisors and interns of the Service that have access and study all the files that may contain documents that could be of our interest for the publication. These files could either be from the archives of the Central Registry of the Ministry (that is, all the Directorates of the Ministry located in Athens) or the archives of the Greek authorities abroad that have been repatriated.

As the research group goes through the files of the archives, their mandate is to find and note down all documents that may be useful or interesting to be published. As soon as they spot an interesting document, they photocopy or scan it and they insert its details into an electronic database. Thus, the first part of the selection is made. Usually by the end of this phase of the research a database of up to 1,000 documents has been created. From this pool of documents, the Director and the scientific advisers of the Service make the final selection of those documents to be published.

In the case of the DVD on the United Nations, the members of the research group (it consisted of two persons) scanned the interesting documents, thus creating colour images of each one of them, and at the same time they inserted their details into the database which at the end was transformed into the catalogue of the documents appearing in the DVD itself. The criteria used in the final selection of documents were less strict, since the amount of those to be published could be much bigger than in the printed publications that the Service has released until now.

As mentioned before, if original handwritten versions of the documents were also found in the files, they were also scanned and added to the printed one. The images of the documents were then transformed in pdf format, and that is how the viewer of the DVD will have the opportunity to see them.

It is of course the material itself that determines the main subjects of the documents contained in this kind of publications, either they are printed or electronic ones. Thus, the research group for this project, as it is almost always the case, did not have a very clear idea of what it should look for in the files of the Archives when it first opened them. The only certain criterion for the initial selection was that, since the project was until then supposed to be nothing more than a tribute of a more or less solemn nature, the selected documents should be of similar orientation.

The first chapter of the DVD, as mentioned above, concerns the participation of Greece in the San Francisco Conference for the creation of the United Nations in 1945 and the research started from the files concerning exactly this event. The plan was to look thoroughly into the files of the Central Registry of the Ministry of Foreign Affairs and then, if necessary, to search the archives of the Greek Embassies in Paris, London and Ankara, in order to find supplementary information. The archives of the Greek Embassy in Washington would also have been useful for this research, but unfortunately this series of records has not yet been repatriated and therefore it was not feasible to have easy access to it.

The ideal situation would of course to have the original records of the Greek Delegation to the Conference. A separate series with this name does not exist in the catalogues of the Archives of the Ministry, but a first look at the inventory revealed that a part of these records had been incorporated into the Central Registry, which of course rendered the work of the research group easier.

Or so it was initially considered.

The reality nevertheless was different and this became obvious when the folders of the Central Registry containing the records of the Greek Delegation were opened.

According to the inventory, there was only one folder containing these records, organised in four subfolders, which was by itself a rather strange situation as somebody would expect to find much more material assembled during an important and lengthy Conference like the one that resulted to the creation of the United Nations. What the research group very quickly realized was that there were two different registries for the records of the Greek Delegation. One of the first documents spotted, was a small notebook containing the registry of the Secretariat of the Delegation. There were not many entries in that notebook, only 16 in total, registering both outgoing and incoming correspondence of the Secretariat. Most of the documents noted in that registry were found in the folder of the

Delegation records and subsequently they were scanned and their details were inserted into the database, along with the scanned image of the registry itself.

On the other hand, unfortunately there was found no registry of the political records of the Delegation. Instead, and this came as a surprise to the research group, on the cover of the first subfolder, there was a handwritten note indicating, and I translate, that:

The present file constitutes only a part of the records of the Greek Delegation to the San Francisco Conference. The biggest part of the correspondence of the Delegation was kept by Mr. M[iltiades] Delivanis, Private Secretary of the Minister of Foreign Affairs and Head of the Delegation Mr. I[oannis] Sofianopoulos. Moreover, the Press Office of the Delegation under Mr. G[eorgios] Cavounides had also separate records. Signed: A. S. Liatis

Alexis Liatis was a diplomat who during the San Francisco Conference acted as the Secretary of the Greek Delegation.

It was therefore apparent, not only from that note, but also from the content of the four subfolders, that the existing records of the Delegation were far from being complete.

And this is when the research group had the idea of seizing the opportunity of the production of this DVD to make something somehow more interesting and more useful than a simple solemn tribute, at least as far as the part about the San Francisco Conference was concerned: this project appeared to be a very good opportunity of restituting, in electronic/digital format, the divided and possibly partly lost records.

The aim of the research group was consequently to restitute the missing registry of the Delegation records. By going through the documents that existed into the four subfolders that were left, it was obvious that the registry of the political records initially included about 300 numbered outgoing documents, while it seemed that the incoming documents were not numbered at all and therefore their exact number remains unknown. The method followed by the research group would be to first find, scan and insert all the outgoing documents, copies of which existed in the four subfolders, regardless of their importance. And thus, even simple administrative notes that had been given a register number, were scanned and included in the DVD. The reason why these simple notes were numbered was mainly because they were signed by the Minister of Foreign Affairs and Head of the Greek Delegation Ioannis Sofianopoulos. In many cases, only the handwritten versions of the documents were found in these subfolders.

As far as the incoming documents are concerned, since there was no relative registry, the research group chose those that it considered more interesting and indicative of the events and the stance of the Greek Delegation during the negotiations in San Francisco, avoiding to include official documents of the Conference or circular documents of other Delegations.

When this phase was over, the real work of restituting the records of the Delegation began. Only 29 copies of the almost 300 outgoing documents had been discovered until that moment, which is barely 1/10 of the total. The purpose in the next phase was to search other files of the Central Registry and of the archives of the Greek Embassies in order to discover documents dispatched by the Greek Delegation to various Directorates of the Greek Ministry of Foreign Affairs in Athens or to these Embassies.

The first folders that were searched in this framework were those entitled: "Personal Records of Minister I. Sofianopoulos". In a total of seven subfolders, the research group discovered 85 more copies with register numbers of outgoing documents of the Greek Delegation, most of them handwritten.

In the rest of the files of the Central Registry and the abovementioned Embassy archives, some 50 more documents were spotted having a register number of the Greek Delegation to San Francisco, as they were received by the relevant Directorates or Embassies. Many more printed copies of the handwritten documents that were found in the original Delegation records and the Sofianopoulos' "personal records" were found in these files and were also scanned and put together with the handwritten versions.

Like this, more than 150 of the outgoing documents of the Delegation were found and included in the database, restituting thus one half of its records in one single digital framework. This of course can prove very useful to potential researchers of the period and restitutes a missing link of the history of the participation of Greece in the United Nations. A few more outgoing documents, with no register number and mainly of administrative nature (signed by the Delegation Secretary Liatis) were also added.

Together with the incoming documents of the period, the total number of documents selected, scanned and incorporated into then DVD concerning the San Francisco Conference in 1945 amounts to

254, those included in two versions (handwritten and printed) having been counted only once.

And thus the first part of the project was concluded.

The second part refers to the first Greek membership of the UN Security Council in 1952 and 1953.

The research group started its work for this part in the Archives of the Ministry of Foreign Affairs using the same method as before. That is, by looking first into the files of the Central Registry and then in the archives of some main Embassies the records of which have already been repatriated and organized. In the total some more 150 documents were scanned, described in the database and finally incorporated into the DVD concerning this period.

Our project is now almost complete and the DVD will be released by the end of 2005.

Gusztáv D. Kecskés

PROGRAMME DE PUBLICATIONS DES DOCUMENTS DIPLOMATIQUES EN HONGRIE

L'Institut des Sciences historiques de l'Académie hongroise des Sciences a deux projets de publications en cours. Le premier programme, intitulé *Documents d'archives français sur l'histoire du bassin des Carpates 1918-1932* a déjà produit quatre volumes (pour les deux premiers volumes *Documents diplomatiques français*, le rédacteur en chef de la série est Magda ÁDÁM, Budapest, Akadémiai Kiadó).[1] Volume V, 1927-1932 est envisagé pour 2006. Une série de recueil de documents sélectionnés de cette publication est également éditée en hongrois.[2] L'autre projet touche la période

[1] Vol. I, Octobre 1918-Août 1919. Documents recueillis par Magda ÁDÁM, György LITVÁN et Mária ORMOS. La préparation de ce volume fut établie en collaboration avec Zoltán DERCZE, Katalin LITVÁN et István MAJOROS, sous la direction de Magda ÁDÁM, Budapest, Akadémiai Kiadó [Maison d'Édition de l'Académie] – Institut des Sciences historiques de l'Académie hongroise des Sciences, 1993, 868 p. ; Vol. II, Août 1919-Juin 1920. Documents réunis par Magda ÁDÁM, György LITVÁN et Mária ORMOS. Ce volume a été réalisé avec la collaboration de Katalin LITVÁN et István MAJOROS, sous la direction de Magda ÁDÁM, Budapest, Akadémiai Kiadó – Institut des Sciences historiques de l'Académie hongroise des Sciences, 1995, 676 p. ; Vol. III, Juillet 1920-Décembre 1921. Ce volume a été réalisé sous la direction de Magda ÁDÁM, avec la collaboration de Katalin LITVÁN, avec la participation de György LITVÁN, István MAJOROS et Mária ORMOS, Budapest, Akadémiai Kiadó, 1999, 804 p. ; Vol. IV, Janvier 1922-Décembre 1927. Ce volume a été réalisé sous la direction de Magda ÁDÁM et Mária ORMOS, avec la collaboration de Katalin LITVÁN, avec la participation de László BORHI, István MAJOROS et Cécile VRAIN, Budapest, Akadémiai Kiadó, 2002, 632 p.

[2] *Francia diplomáciai iratok a Kárpát-medence történetéről, 1918-1919* [Documents diplomatiques français sur l'histoire du bassin des Carpates, 1918-1919], réunis et dirigés par Magda ÁDÁM et Mária ORMOS, Budapest, Akadémiai Kiadó, 1999, 397 p. ; *Francia diplomáciai iratok a Kárpát-medence történetéről, 1919-1920* [Documents

de la guerre froide (*Magyarország története a szovjet megszállás és a rendszerváltás időszakában* (*1945-1994*) [L'histoire de la Hongrie sous l'occupation soviétique et à l'époque du changement du système (1945-1994)], sous la direction de Ferenc GLATZ, en collaboration avec Lajos GECSÉNYI, financé par Le programme de recherche national stratégique du Centre de Recherche sociale de l'Académie hongroise des Sciences. Cette série présente aussi bien l'histoire de la politique intérieure, que les relations internationales de la Hongrie par les volumes d'environ 400 pages (y compris étude introductive et annexes). Les recueils de documents portant sur les relations extérieures de l'État hongrois – notamment avec les États-Unis, l'Union soviétique, l'Italie, les Allemagnes (RFA, RDA), l'Autriche, la France, la Chine et l'ONU – contiendront un grand nombre de documents diplomatiques provenant des Archives nationales hongroises (outre les documents diplomatiques proprement dits, il y aura des papiers des organes centraux du Parti, c'est à dire du Département des relations internationales du Parti des travailleurs hongrois et du Département des Affaires extérieures du Parti socialiste ouvrier hongrois, ainsi que des matériaux du Bureau politique et d'autres instances). La publication des documents diplomatiques issus des archives des pays étrangers, et d'autres types de sources (presse, photos etc.) dans les mêmes volumes est également décidée. Il s'agit donc la publication des matériaux hétérogènes éclairant divers aspects des relations bilatérales de la Hongrie avec certains pays. La définition des sujets a été effectuée en fonction des capacités des auteurs choisis. L'ISHAHS continuera la série *Diplomáciai dokumentumok Magyarország külpolitikájához, 1936-1945* [Documents diplomatiques sur la politique étrangère de la Hongrie, 1936-1945] (voir plus tard) avec le dernier volume : juin 1941-mars 1945, sous la direction de Péter Sipos. Cet auteur a également l'intention d'éditer un autre recueil de sources diplomatiques, intitulé *A Foreign Office és Magyarország, 1918-1945* [Foreign Office et la Hongrie, 1918-1945], en publiant des documents diplomatiques britanniques concernant la Hongrie. L'ISHAHS a déjà servi de l'atelier pour les publications des documents diplomatiques hongrois ou étrangers touchant la Hongrie regardant la période 1918-1945.[1]

diplomatiques français sur l'histoire du bassin des Carpates, 1919-1920], réunis et dirigés par Magda ÁDÁM et Mária ORMOS, Budapest, Akadémiai Kiadó, 2004, 348 p. (Vol. III est en préparation sur la période 1920-1921).

[1] La publication en masse de ce type de documents fut unique dans son genre à l'époque communiste dans des pays du bloc soviétique. *Diplomácia iratok Magyarország külpolitikájához, 1936-1945* [Documents diplomatiques sur la politique étrangère de la Hongrie], rédacteur en chef de la série László ZSIGMOND : I. *A Berlin-Róma tengely*

En dehors des travaux de l'Institut des sciences historiques,[1] il existe deux autres séries, dont le titre commun est *Iratok a magyar diplomácia történetéhez* [Documents sur l'histoire de la diplomatie hongroise]. Cette série a pour but la présentation des relations bilatérales de la Hongrie avec certains pays, à partir des documents diplomatiques des deux côtés, suite des recherches fondamentales dans les archives en Hongrie et à l'étranger.[2] Certains thèmes font

kialakulása és Ausztria annexiója, 1936-1938 [La formation de l'axe Berlin-Rome et l'annexion de l'Autriche, 1936-1938], réunis et dirigés par Lajos KEREKES, Budapest, Akadémiai Kiadó, 1962, 823 p. ; II. *A müncheni egyezmény létrejötte és Magyarország külpolitikája, 1936-1938* [La conclusion de l'accord de Munich et la politique étrangère de la Hongrie, 1936-1938], réunis et dirigés par Magda ÁDÁM, Budapest, Akadémiai Kiadó, 1965, 1031 p. ; III. *Magyarország külpolitikája, 1938-1939* [La politique étrangère de la Hongrie, 1938-1939], réunis et dirigés par Magda ÁDÁM, Budapest, Akadémiai Kiadó, 1970, 809 p. ; IV. *Magyarország külpolitikája a II. világháború kitörésének időszakában, 1939-1940* [La politique étrangère de la Hongrie à l'époque de l'éclatement de la Seconde Guerre mondiale, 1939-1940], réunis et dirigés par Gyula JUHÁSZ, Budapest, Akadémiai Kiadó, 1962, 904 p. ; V. *Magyarország külpolitikája a nyugati hadjárattól a Szovjetunió megtámadásáig, 1940-1941* [La politique étrangère de la Hongrie de la campagne de l'Ouest à l'agression contre l'Union soviétique, 1940-1941], réunis par Gyula JUHÁSZ, dirigés par Gyula JUHÁSZ et Judit FEJES, Budapest, Akadémiai Kiadó, 1962, 904 p. ; *A Wilhelmstrasse és Magyarország. Német diplomáciai iratok Magyarországról, 1933-1944* [Wilhelmstrasse et la Hongrie. Documents diplomatiques allemands sur la Hongrie, 1933-1944], réunis, dirigés et introduits par György RÁNKI, Ervin PAMLÉNYI, Lóránt TILKOVSZKY et Gyula JUHÁSZ, Budapest, Kossuth Könyvkiadó, 1968, 1006 p. ; *Magyar-brit titkos tárgyalások 1943-ban* [Les négociations secrètes hungaro-britanniques en 1943], réunis, dirigés et introduits par Gyula JUHÁSZ, Budapest, Kossuth Könyvkiadó, 1978, 331 p. [documents diplomatiques britanniques en traduction hongroise] ; *Trianon: a magyar békeküldöttség tevékenysége 1920-ban.* Válogatás. A magyar békeküldöttség működéséről Neuilly-sur-Seine-ben I-II. kötetéből [Trianon : l'activité de la délégation de paix hongroise en 1920. Sélection. Des volumes I-II de Sur les actions de la délégation de paix hongroise à Neuilly-sur-Seine], introduits et réunis par Béla POMOGÁTS, dirigés par Magda ÁDÁM et Győző CHOLNOKY, Budapest, Lucidus, 2000, 543 p.

[1] Un travail de pionnier : *Papers and Documents Relating to the Foreign Relations of Hungary*, ed. by Francis Deak and Dezső Újváry. Vol. I. 1919-1920, Budapest, 1939. Vol. II. January-August 1921, Budapest, 1946. Vol. III. July-December 1921 (non publié, consultable aux Archives nationales hongroises).

[2] Deux sous-séries distinctes. Série A : 1945-1956, sous la direction d'István VIDA. Publications réalisées : *Revízió vagy autonómia ? Iratok a magyar-román kapcsolatok történetéről (1945-1947)* [Révision ou l'autonomie ? Documents sur les relations hungaro-roumaines (1945-1947)], sous la direction de Mihály FÜLÖP, en collaboration avec Gábor VINCZE, Budapest, Fondation László Teleki, 1998, 492 p. ; *Documents of the Meetings of the Allied Control Commission for Hungary 1945-1947*, ed. by Bendegúz Gergő Cseh, Budapest, la Commission pour l'histoire contemporaine de l'Académie hongroise des Sciences, 2000, 456 p. ; *A magyarországi Szövetséges Ellenőrző Bizottság jegyzőkönyvei, 1945-1947* [Procès-verbaux de la Commission de Contrôle interalliée, 1945-1947], sous la direction d'István FEITL, Budapest, Napvilág, 2003, 453 p. ; *Iratok a magyar-szovjet kapcsolatok történetéhez, 1944. október-1948. június. Dokumentumok* [Documents sur les relations hungaro-soviétiques, octobre 1944-juin 1948. Documents], sous la direction d'István VIDA, Budapest, Gondolat, 2005, 384 p.

l'objet de nombreuses publications hors série : le contexte international de la révolution hongroise de 1956 est l'un des sujets les plus développés.[1]

Publications projetées : Documents sur les relations hungaro-tchécoslovaques (György Lázár) ; Documents sur les relations hungaro-autrichiens, 1947-1956 (Lajos Gecsényi). Série B : 1956-1989, sous la direction de Mária ORMOS et István VIDA. Publications réalisées : *Top secret. Magyar-jugoszláv kapcsolatok, 1956. Dokumentumok* [Top secret. Les relations hungaro-yougoslaves, 1956. Documents], sous la direction de József KISS, Zoltán RIPP et István VIDA, Budapest, la Commission pour l'histoire contemporaine de l'Académie hongroise des Sciences, 1995, 348 p. ; *Top secret. Magyar-jugoszláv kapcsolatok, 1956. December-1959. február. Dokumentumok* [Top secret. Les relations hungaro-yougoslaves, décembre 1956-février 1959. Documents], sous la direction de József KISS, Zoltán RIPP et István VIDA, Budapest, la Commission pour l'histoire contemporaine de l'Académie hongroise des Sciences, 1995, 497 p. ; *Iratok Magyarország és Ausztria kapcsolatainak történetéhez, 1956-1964* [Documents pour l'histoire des relations de la Hongrie et de l'Autriche, 1956-1964] sous la direction de Lajos GECSÉNYI, Budapest, Archives nationales hongroise, 2000, 323 p. ; *Magyar-kínai kapcsolatok, 1956-1959. Dokumentumok* [Les relations hungaro-chinoises, 1956-1959. Documents], réunis, préfacés et annotés par Sándor SZOBOLEVSZKI, sous la direction d'István VIDA, Budapest, la Commission pour l'histoire contemporaine de l'Académie hongroise des Sciences, 2001, p. 352 ; *Magyar-román kapcsolatok, 1956. január-1958. január. Dokumentumok* [Les relations hungaro-roumaines, janvier 1956-janvier 1958. Documents], réunis et étude introductive par Ildikó LIPCSEY, sous la direction de Lajos PÁL et István VIDA, Budapest, Paulus-Publishing Bt – Fondation Imre Nagy, 2004, 409 p. Publications projetées : Documents sur les relations hungaro-françaises, 1964-1968 (Zoltán Garadnai) ; Documents sur les relations hungaro-allemandes (RFA, RDA), 1956-1968.

[1] Outre les publications mentionnées ci-dessus, voir en anglais : *The 1956 Hungarian Revolution. A History in Documents*, réunis, édités et préfacés par Csaba BÉKÉS, Malcolm BYRNE et János M. RAINER, en collaboration avec József LITKEI et Gregory F. DOMBER, Budapest – New York, Central European University Press, 2002, 598 p. En hongrois : *A "Jelcin-dosszié". Szovjet dokumentumok 1956-ról* [Le « Dossier Yeltsine ». Documents soviétiques sur 1956], sous la direction d'Éva GÁL, András B. HEGEDŰS, György LITVÁN et János M. RAINER, Budapest, Századvég – Institut de 1956, 1993 ; *Az 1956-os magyar forradalom lengyel dokumentumai* [Les documents polonais de la révolution hongroise de 1956], réunis, traduits et introduits par János TISCHLER, Budapest, Institut de 1956 – Windsor, 1996, (L'original polonais : *Revolucja węgierska 1956 w polskich dokumentach*, Varsovie, Institut d'Études Politiques de l'Académie Polonaise des Sciences, 1995.) ; *Döntés a Kremlben, 1956. A szovjet pártelnökség vitái Magyarországról* [La prise de décision du Kremlin. Les débats de la Présidence du Parti soviétique à propos de la Hongrie], réunis par Vjacseszlav SZEREDA et János M. RAINER, préface de Vjacseszlav SZEREDA, étude analytique de János M. RAINER, Budapest, Institut de 1956, 1996 ; *Hiányzó lapok 1956 történetéből. Dokumentumok a volt SZKP KB Levéltárából* [Les pages manquantes sur l'histoire de 1956. Documents provenant des Archives du Comité centrale de l'ex-Parti communiste soviétique], sous la direction de Vjacseszlav SZEREDA et Alekstandr SZTIKALIN, Budapest, Móra Könyvkiadó, 1993 ; *Iratok a magyar-amerikai kapcsolatok történetéhez, 1957-1967. Dokumentumgyűjtemény* [Documents sur les relations hungaro-américaines, 1957-1967. Recueil de sources], sous la direction de László BORHI, Budapest, Ister, 2002 ; *'56 Kárpátalján. Dokumentumgyűjtemény* [56 en Ukraine subcarpathique. Receuil de documents], réunis par György DUPKA et Sándor HORVÁTH, Budapest-Ungvár, Intermix, 1993. (coll. Kárpátaljai magyar könyvek [Livres hongrois de l'Ukraine subcarpathique], n° 25) ; *Szovjet nagyköveti iratok Magyarországról, 1953-1956. Kiszeljov*

***

Les documents diplomatiques s'étant produits avant l'effondrement du système communiste en 1989-1990, sont consultables aux Archives nationales hongroises. Très peu de documents sont réservés (par exemple relatifs aux relations entre la Hongrie et le Vatican). Les lois 46 et 47/1995 sont en vigueur. On peut demander des photocopies ou prendre des photos. Pour la consultation des documents ultérieurs à 1990, le délai de 30 ans est applicable. Néanmoins, le ministère des Affaires étrangères est en mesure de donner des dérogations. Les Archives nationales reprennent les documents plus anciens que 15 ans. En général, on a l'accès aux documents originaux, et on prépare les éditions à partir des photocopies. On s'efforce de choisir les documents en fonction de leur valeur documentaire, en préférant ceux qui présentent les sujets en question dans leur plus grande complexité. L'actualité joue un rôle marginal par rapport aux considérations scientifiques dans l'élaboration des projets de publication des documents diplomatiques. Certains sujets suscitent un plus grand intérêt du public hongrois : ainsi les négociations à propos du traité de Trianon (4 juin 1920) et le contexte international de la révolution hongroise de 1956. Les programmes en cours – touchant l'époque de la guerre froide – envisagent généralement la publication des sources extérieures au ministère des Affaires étrangères, par exemple les matériaux des organes compétents du Parti. Les volumes de la série *Documents d'archives français sur l'histoire du bassin des Carpates 1918-1932* contiennent, outre des documents diplomatiques, des papiers provenant de l'ancien Service historique de l'Armée de terre (SHAT, Vincennes).

Les recueils de sources eux-mêmes sont généralement thématiques et portent sur les relations bilatérales de la Hongrie avec tel ou tel pays ou organisations internationales. Dans la plupart des volumes, les documents se suivent en ordre chronologique. Les documents sont publiés presque toujours in extenso, avec des études introductives, annotations et index. Les cartes et les autres illustrations sont très rares. Les historiens participant aux projets du ISHAHS sont venus de divers horizons : collaborateurs de l'ISHAHS et d'autres instituts de recherche, enseignants d'université, pour la plupart titulaires de doctorat ou d'habilitation. Les travaux sont financés par

és Andropov titkos jelentései [Documents des ambassadeurs soviétiques sur la Hongrie, 1953-1956. Rapports secrets de Kiseliov et d'Andropov], réunis et préfacés par Magdolna BARÁTH, Budapest, Napvilág, 2002.

les fonds publics (concours scientifiques d'État, par ex. Programmes nationaux des recherches fondamentales). ISHAHS est souvent la maison d'édition pour ses publications. Les livres sont diffusés par les réseaux commerciaux habituels en environ 1 000 exemplaires. La Maison d'Édition de l'Académie distribue ses publications de langue étrangère à l'étranger. Ces ouvrages sont destinés surtout au monde des chercheurs et à l'enseignement supérieur. Les étudiants en relations internationales dont la formation vient d'être considérablement élargie constituent un nouveau public.

Même si la numérisation et la mise en ligne des documents sont encore relativement rares en Hongrie, on a pris l'initiative d'établir une édition numérique sur CD présentant une sélection de documents diplomatiques français en hongrois sur la préparation du traité de Trianon.[1]

[1] Voir *Francia diplomáciai iratok a Kárpát-medence történetéről, 1919-1920* [Documents diplomatiques français sur l'histoire du bassin des Carpates, 1919-1920], réunis et dirigés par Magda ÁDÁM et Mária ORMOS, Budapest, Akadémiai Kiadó, 2004, 348 p.

Michael Kennedy

DOCUMENTS ON IRISH FOREIGN POLICY CURRENT STATUS AND FUTURE PLANS

Volume IV of DIFP, covering March 1932 to December 1936, was published in late October 2004. On 9 November 2004, the Minister for Foreign Affairs, Mr Dermot Ahern TD, marked the publication of the volume with a reception, which was attended by about 200 people, in the ballroom at Iveagh House, the headquarters of the Department of Foreign Affairs.

The DIFP project is currently completing the research for DIFP volume V; it is hoped that the volume will be published in the winter of 2006. This volume will cover January 1937 to January 1941. It will focus strongly on the Anglo-Irish policies of Eamon de Valera's second, third and fourth administrations, in particular the negotiations leading to the Anglo-Irish Agreements of April 1938. In addition to the usual sources from the Department of Foreign Affairs archive, the volume will contain many documents recently released from de Valera's personal papers.

The volume will cover in detail Ireland's response to the first sixteen months of the Second World War (the war years being known as "The Emergency" in Ireland). While Ireland appeared studiously neutral in public, in practice the state was strongly pro-Allied and co-operated with the Allies on a wide range of issues from intelligence liaison, through military staff planning, allowing overflights of Allied aircraft, interning captured downed German airmen whilst releasing downed Allied pilots and facilitating over 100,000 Irish men and women to serve in the British war effort. DIFP V will show how, despite Churchill's often expressed desire to invade Ireland and his annoyance at Ireland's neutrality, senior officials in External

Affairs and the heads of Irish Military Intelligence (G2) were in continuous contact with their British counterparts.

External Affairs maintained a correct official relationship with the German, Italian and Japanese representatives in Dublin. DIFP V will show the stresses and strains in this relationship. It was well known in Berlin that Taoiseach and Minister for External Affairs, Eamon de Valera had, as he himself put it, "a certain consideration for Britain" when steering Ireland's course through the Second World War.

Volume V will end in January 1941 during a period of some uncertainty as to German intentions towards Ireland following Dublin's refusal in mid-December 1940 to allow Berlin to fly extra staff into Ireland for the German legation in Dublin[1] Christmas 1940 and New Year 1941 saw pin prick Luftwaffe bombing raids on the Dublin area and Ireland's east coast. These raids were later explained by navigational error and compensation was paid to Dublin by Berlin. However, at the time the German attacks were interpreted as being linked to the refusal to allow the increase in staff at the German legation.

Volume V has presented DIFP with an unusual problem. A large tranche of Department of Foreign Affairs material from January 1938 to May 1940 was confidentially destroyed on 25 May 1940 on the orders of Eamon de Valera because it was expected that Ireland would soon be invaded by Germany. As a result, many files of sensitive documents were destroyed. Considerable gaps exist in the series of confidential reports from missions abroad and in the series of top-secret Secretary's Office files for the immediate pre-Second World War years.

Starting from the original registers of documents, which thankfully were not destroyed, DIFP set out to find out just what had been destroyed and if copies could be located from other collections. It appears that rumours of widespread destruction were untrue, a mere 90 files were destroyed, but within these 90 files were twelve files containing approximately 450 confidential reports from January 1938 to May 1940 from the missions in Paris, Berlin, London, Washington, Rome, the Vatican and the League of Nations and Irish consulates in the United States. The destruction of these documents represents a huge loss for research into Irish foreign policy in the last days of peace and the first nine months of the second word war. We have been able to find copies of the confidential reports for the Paris,

1 These staff were in fact military officials in civilian guide.

Madrid and Rome legations, and some reports from the Vatican, but replacement copies of reports from Berlin, London, Geneva and Washington have not been located.[1] However, DIFP will be able to list the names and numbers of the files that were destroyed, what material they contained and whether copies still exist. We will publish this research as an appendix to DIFP V.

DIFP continues to be based in the Special Projects Unit at the National Archives in Dublin, where it has been located since the summer of 2003. Project staff numbers remain at two (executive editor, editorial assistant). A new post of assistant editor will come on stream in 2006. The project has been making considerable use of university students on work placement with the National Archives as temporary part-time staff. In particular, they have been tasked with the digital photography of documents for consideration for inclusion in DIFP volumes.

For volume V, DIFP has moved entirely to the digital capture and tagging of documents and has stopped photocopying the selection of documents for consideration for inclusion in volumes. The new system is much less time consuming and less cumbersome to work with. The project's main work tools are now a database containing the details of documents for selection and a searchable photodatabase where document images are stored, referenced chronologically and tagged with details regarding their topic, contents and date.

[1] The Berlin legation was destroyed in an air raid in November 1943, the papers of the London High Commissioner's office were destroyed through water damage in the mid-1950s, the Geneva legation files were weeded by the Permanent Representative to the League in 1940 fearing a German invasion of Switzerland and the Washington Embassy files were weeded at an unknown date.

LOUISE FISCHER

DOCUMENTS ON THE FOREIGN POLICY OF ISRAEL

Our series, "Documents on the Foreign Policy of Israel" is issued by the Israel State Archives on the basis of a Cabinet decision. The ISA, which is part of the Prime Minister's Office, was appointed by the Foreign Ministry to carry out the decision. The Foreign Ministry also issues another series, "Yearbook of Official Documents", including current official documents and items of interest.

Our series (DFPI) began to appear in 1975, beginning with May 1948, and the last volume covers 1960. The documents are published in their original language but we also issue a companion volume in English with an introduction, abstracts of the Hebrew documents and the editorial notes, a list of documents and indexes. We have some gaps in the series (between 1955 and 1957). The next volume to be published will be for 1956 (up to the Sinai Campaign) and will include maps and (for the first time) photographs. Volumes covering 1961–1967, are in preparation. We are well behind the official date of release which is 30 years after production of the documents.

We include mainly material from the Foreign Ministry and the Prime Ministers' Office, increasingly supplemented by material from other government departments, the cabinet minutes etc. The arrangement of material is chronological, but we are planning to adopt a thematic approach. In fact the plan is to start a new series of volumes from 1961 on, with each volume covering a particular subject or geographical area over several years.

Our department also publishes a parallel series of commemorative volumes of documents by Prime Ministers and Presidents of Israel, and is planning volumes on bi-lateral relations in co-operation with other governments. So far one volume on Russian-Israel relationships between 1945 and 1953 has been published. The other projects do lead to a problem of conflicting priorities and of shortage of manpower. Although we have five full-time editors, they have to work on all of the projects. However we also find that the different kinds of material complement one another.

Over the years we have reduced the size of our editions due to marketing problems and we now print 400–500 copies, which are sold gradually in Israel and abroad.

Digitization

Up till now a million documents from the archives have been scanned, most of them diplomatic. We are hoping to make them available on-line in a joint project with New York University.

From the new series on we are also planning to issue our publication in digital form. We hope that access will be free. However as yet we do not have a suitable platform for on-line publishing.

Declassification

Our declassification policy is still based on the original Archives Law of 1955, modified by a series of regulations and updates. A new Archives Law has been prepared but has not yet passed the Knesset (the Israeli Parliament).

The regulations fix different periods for declassification according to the type of material and date of production. In principle all material is to be released after 30 years subject to the usual limitations (damage to state security or foreign relations, individual privacy). The State Archivist can close material for a longer period with the approval of a Cabinet committee. The body which produces the material is also responsible for de-classification.

With regard to most government ministries, including the Foreign Ministry, the Archives have reached the target of release after 30 years. However with regard to the Cabinet minutes (released after 40 years) we have only reached 1960. The reason for the gap is that the decision to release them was delayed.

Material relating to individuals is released after 70 years, and security matters – after 50, with permission of the body which produced it.

Proposals are under consideration to shorten the period of closure for non-sensitive material to 15–20 years. The Archives are exempt from the Freedom of Information Law, but as a result of the law pressure to adopt a more liberal approach has increased.

Pietro Pastorelli[1]

PUBLICATION OF ITALIAN DIPLOMATIC DOCUMENTS

At our previous meetings I and my colleague Di Nolfo spoke to you about our Commission and the criteria on which its work is based, keeping you up-to-date on the progress with its publications.

This time I should therefore merely like to make a few brief remarks about the most recent ones.

The Commission for the Publication of *Italian Diplomatic Documents*, which was established in 1946 by Alcide de Gasperi, is made up of University professors and representatives of the Ministry of Foreign Affairs (the Secretary-General and the Director-General for Personnel) to guarantee its functional linkage with the ministry; for its work, it draws on the services of experienced historical and archive researchers currently on the permanent staff of the Foreign Ministry General Secretariat. It is these officials who conduct research into the documentary materials, mainly from the Farnesina Historical Diplomatic Archive, but also from other archives, both public and private, and bring them to the attention of the editor of the volume they are working on, so that the final selection may be made of the documents to be published.

Our collection covers the historic period 1861–1958, and comprises 12 series, of which seven have been completed (I, II, V, VII, VIII, IX and X), three are currently being completed (III, IV and VI), while work has started on preparing the two most recent series, XI and XII, making up a total of 110 volumes published of the 147 planned.

[1] Présenté par Ennio Di Nolfo.

During the course of 2004–2005, for financial reasons and because of a lack of personnel, it was only possible to complete part of the programme I had announced in Canberra: we have nevertheless managed to complete the research on volumes VIII of the third series, III of the sixth series, and XI of the eighth series, and to publish volume VII/VIII of the fourth series. Since the preparatory work on volumes I and II of the new eleventh series has been completed, we are now intending to publish at least four volumes within the next few months.

Turning now to the individual volumes, the one I have brought with me is volume VII/VIII of the fourth series (30 March 1911–18 October 1912) edited by Professor Edoardo Del Vecchio. It contains the documentation on the Italian-Turkish war for the possession of the territories of Tripolitania and Cyrenaica, and it charts the beginning of that string of upheavals in the Balkans and rivalry between the European powers that would lead to the Great War.

The forthcoming volumes are:

Volume XI of the eighth series (1 January-22 May 1939), edited by Professor Gianluca Andrè, containing the documentation on a short period but one that was crammed with critical events for the future developments in international relations. It begins with the negotiations for an Italian-German-Japanese alliance, hinging around the crucial event of that period – the break-up of Czechoslovakia – and continues through the Italian occupation of Albania, the end of the Spanish Civil War, and ends with the Italian-German alliance, known as the "Pact of Steel".

Volume I of the eleventh series (8 May-31 December 1948), edited by Professor Ennio Di Nolfo, deals with the problem of the great decisions that had to be taken in Italian foreign policy in the first Parliament of the Republic. It addresses the delicate plan designed to set about resolving the problems of the colonies and Trieste that had been left open in the peace treaty, and the issues relating to Italian security and her participation in the process of European integration.

Volume II of the eleventh series (1 January-30 June 1949), which I have edited, contains all the negotiations conducted by Italy for membership of the North Atlantic Treaty. It also develops the question of European integration through the documentation on the Italian-French Customs Union agreement and Italy's participation in the European Union created under the London Treaty of 5 May 1949, instituting the Council of Europe. Lastly, a great deal of space is taken up by the colonial problem which ended with the unfortunate rejection at the United Nations of the Bevin-Sforza Project.

Akiyoshi Kamiyama

PUBLICATION OF DOCUMENTS ON JAPANESE FOREIGN POLICY (*NIHON GAIKOU BUNSHO*)

1. Introduction

The Diplomatic Record Office (DRO) of the Ministry of Foreign Affairs of Japan edits the *Documents on Japanese Foreign Policy* (*Nihon Gaikou Bunsho*) by selecting important diplomatic documents out of those being made available for reading in the original form. *The Documents on Japanese Foreign Policy* has been compiled by selecting relevant diplomatic documents related to important diplomatic incidents or issues from the prewar diplomatic document files since the beginning of the Meiji era. The editing and publication of the *Documents on Japanese Foreign Policy* has been conducted continuously for almost 70 years since its publication of the first volume in 1936, and 194 volumes have already been published.

I would like now to briefly introduce the current status of the publication of the *Documents on Japanese Foreign Policy* by highlighting the content of its most recent volume of *Showa Era, Series II, Part 2, Volume 4 (1935)*.

2. Publication of the Documents on Japanese Foreign Policy, Showa Era, Series II, Part 2, Volume 4 (1935) in the Context of the Publication covering the Prewar Period.

Since its first volume was published in 1936, one volume or two of the *Documents on Japanese Foreign Policy* have been issued every year although publication was suspended during the Second World War. 73 volumes on the Meiji Era (1869–1912) had been published by 1963, and 57 volumes on the Taisho Era (1913–1926) had been issued by 1987. Currently, DRO is engaged in the editorial works in respect of the Prewar Showa Period (1927–1945). The Prewar Showa Period has been divided into three series: Series I, from the beginning of the Showa Era in 1927 to the Manchurian Incident in 1931; Series II, from 1931 to the beginning of the Sino-Japanese War in 1937; and Series III, from 1937 to the end of the Second World War in 1945. Each series is further divided into Part I on Japan-China relations, and Part 2 on Japan's relations with foreign countries other than China and on international conferences. (The list of the *Documents on Japanese Foreign Policy under Prewar Showa Era* is set forth in the Annex.)

We are in the process of preparing the publication of Series II, *Part 1, Volume 4* (*Japan-China relations in 1935*), while planning special issues covering the Sino-Japanese War, the European War and Japan as well as the Pacific War, as an effort to expedite our publication program in respect of the prewar period.

With this background of our publication record, I would like to briefly explain the content of the most recent volume of *Showa Era, Series II, Part 2, Volume 4 (1935)*. In this volume, we have selected and compiled diplomatic records of the Foreign Ministry covering wide areas of bilateral relations including those with US, UK, and the Soviet Union, trade issues including the case of the application of the trade protection law against Canada, relationship with the League of Nations after Japan's formal withdrawal as well as the political situation in European countries. These documents have been compiled under the following general table of contents:

1. General Foreign Policy
2. Issues at the League of Nations
3. Political Situation in Europe

1) General Issues
2) Soviet Attitude involving Security Issues
   (Subsection) Italo-Ethiopian Conflict

4. Bilateral Relations
   1) Japan-US Diplomatic Relations
   2) Japan-UK Diplomatic Relations
   3) Japan-Soviet Diplomatic Relations (including the 7th Comintern Meeting)
   4) Other Bilateral Diplomatic Relations
      (Subsection) US Business Delegation's Visit to the Far East
5. Trade Issues
   (Subsection) Application of the Trade Protection Law against Canada
6. Miscellaneous Issues
   1) Ambassador Debuchi Visit to the Southern Pacific Countries
   2) Invitation of the Olympic Games to Tokyo

With this table of contents in mind, I would like to share with some of the main issues covered under the respective sections.

1. General Foreign Policy

This section includes documents highlighting Japan's basic foreign policy stance including those related to the Foreign Minister Hirota's Diet address of January at its 67th session and the policy paper done by Vice-Minister Shigemitsu entitled *Japan's Position viewed from International Relations.*

2. Issues at the League of Nations

This section includes documents concerning Japan's relations with the League of Nations after her formal withdrawal and includes the following: information concerning the discussions at the general assembly and the council; cooperation with non-political organs including the appointment of the successor to Judge Adachi at the Permanent Court of International Justice (PCIJ); ratification of the Convention for Limiting the Manufacture and Regulating the Distribution of Narcotic Drugs; and mandates over the southern Pacific islands.

3. Political Situation in Europe

This section is designed to include European political issues not directly involving Japan, but with possible impact on Japanese foreign policy.

1) General Issues

General information regarding European political situation. Germany's declaration of rearmament, and Anglo-Soviet rapprochement are covered under this section.

2) Soviet Attitude involving Security Issues

This section tries to document the processes and negotiations between the Soviet Union and the neighboring European countries, including those which resulted in the conclusion of the Franco-Soviet Mutual Security Pact as a result of the failure in the negotiations toward the establishment of an eastern Locarno arrangement.

As noted above, a separate subsection is provided for the Italo-Ethiopian Conflict in view of its impact on European politics as well as that on Japan's foreign policy because of its involvement with the Manchurian Incident.

4. Bilateral Diplomatic Relations

This section is designed to carry documents concerning major bilateral political relations of Japan including those with US, UK and the Soviet Union.

1) Japan-US Diplomatic Relations

Various issues including Lord Lytton's speech on Manchuria, the enactment of the neutrality act in US, and the Arizona land law against Japanese immigrant farmers are covered under this section.

2) Japan-UK Diplomatic Relations

This section is designed to include such documents as are not already covered under the previous special volume on the London Naval Conference and includes documents regarding the celebration of the 25th year anniversary of the British sovereign, Anglo-US cooperation as well as the Manchuria's purchase of railway materials from UK, while documents concerning the Leith-Ross Mission on the Chinese currency reform will be included in the upcoming volume on Japan-China relations of 1935.

3) Japan-Soviet Diplomatic Relations

Various documents covering the record of meetings between Foreign Minister Hirota and the Soviet Ambassador Yurenev related to the transfer of the Northern Manchurian Railway, extension of the exploration period of Sakhalin oil development, as well as the 7th Meeting of the Comintern are included under this section.

4) Other Bilateral Diplomatic Relations

This section covers bilateral issues other than those with US, UK, and the Soviet Union and contains documents on various issues including the issues of possible German claim over the mandated areas, selection of arbiters under the arbitration treaty with the Netherlands, Brazil's immigration restriction provision under its constitution, relaxation of Peru's restrictions of the Japanese immigrants, and emigration to Paraguay.

In addition, a separate subsection concerning the visit of US business delegation to the Far East is provided to record negotiation history over its objective, composition, and the manner of dispatch in view of the mission's implications on Japan's relations both with US and China.

5. International Trade Issues

This section covers wide area of international trade issues including the US reciprocal trade policy, trade adjustment measures toward Latin America, trade status in Syria, import of Thai rice, cotton export negotiations to the Philippines and Egypt, economic mission to Brazil, as well as trade agreement negotiations with Australia.

A separate subsection is provided hereunder dealing with the application of the trade protection law against Canada and the Canadian reaction through the imposition of countervailing duties.

6. Miscellaneous issues

This section is designed to carry documents concerning issues not falling under political or trade category, such as cultural relations or overseas information activities.

1) Ambassador Debuchi's visit to the Southern Pacific Countries

Documents relating to the visit of Ambassador Debuchi to Australia as a return visit to that of Vice Premier Latham of the previous year, as well as to New Zealand and the Philippines are included under this section.

2) Invitation of the Olympic Games to Tokyo

This section includes documents related to the invitation of the 1940 Olympic games to Tokyo, including negotiations with Italy which had expressed an interest in hosting it by dispatching Count Soejima for this purpose.

3. Efforts to Promote Editorial Programs for the Postwar Period

The implementation of the Information Disclosure Law (Law concerning Access to Information held by Administrative Organs) on April 1, 2001 stimulated a new interest in the research on postwar diplomatic history, and the public's concern for greater disclosure of the government information has been actively pursued under the new legislation. With this new development, starting in 2001, we embarked on editing diplomatic records of the postwar period into the *Documents on Japanese Foreign Policy.* First of all, on the occasion of the 50th year anniversary of the effectiveness of the Treaty of Peace with Japan (San Francisco Peace Treaty), we reproduced and published the documents compiled by Kumao Nishimura, then Director-General of the Treaties Bureau and principal negotiator, recording the preparatory works and negotiations related to the Treaty. This was done in the form of the *Documents on Japanese Foreign Policy*: records related to the conclusion of the Treaty of Peace with Japan (5 volumes). We are now in the process of preparing a special issue concerning the Treaty by selecting and organizing important diplomatic records related to the preparation and negotiation of the Treaty.

ANNEX
Documents on Japanese Foreign Policy (Nihon Gaikou Bunsho) under the Prewar Showa Era

1. Prewar Showa Era, Series I (1927–1931)

– Part 1 (Japan-China Relations)

Vol. 1: 1927 (Showa 2nd); Far Eastern Conference in 1927, Dispatch of Troops to Shantung (1989)

Vol. 2: 1928 (Showa 3rd); Chang Tso-lin's Death Resulting from Bombing, Second Dispatch of Troops to Shantung (1990)

Vol. 3: 1929 (Showa 4th); Negotiation for the Solution of the Tsinan Incident, Sino-Soviet Conflict (1993)

Vol. 4: 1930 (Showa 5th); Pending Railways Questions in Northeast China, Chientao Incident (1994)

Vol. 5: 1931 (Showa 6th); Abolition of Extraterritoriality, Wanpaoshan Farm Incident (1995)

– Part 2 (Japan's Relations with Foreign Countries other than China)

Vol. 1: The Kellogg-Briand Pact (1988)

Vol. 2: International Conferences (1992)

Vol. 3: Japanese-Soviet Relations (1989)

Vol. 4: Japan's Bilateral Relations with the US, European Countries, etc. (1991)

2. Prewar Showa Era, Series II (1931–1937)

– Part 1 (Japan-China relations)

Vol. 1: 1932 (Showa 7th); Takeover of the Manchurian Customs, Shanghai Incident (1996)

Vol. 2: 1933 (Showa 8th); Post Tangku Truce Negotiations, Financial Assistance to China (1998)

Vol. 3: 1934 (Showa 9th); Upgrading of the Japanese Mission to China, Establishment of the China Development Finance Corporation (2000)

– Part 2 (Japan's Relations with Foreign Countries other than China)

Vol. 1: 1932 (Showa 7th); Disarmement Conférence at Geneva, Chines Eastern Railway, (1996).

Vol. 2: 1933 (Showa 8th), World Monetary and Economic Conference at London, Trade Negotiations between Japan and India (1997).

Vol. 3: 1934 (Showa 9th); Barnby Mission, Trade negotiations between Japan and the Netherlands (1999).

3. Prewar Special Issues

- The Manchurian Incident vol. 1

Part 1 (1977)

Part 2 (1977)

Part 3 (1978)

- The Manchurian Incident, vol. 2

Part 1 (1979)

Part 2 (1980)

- The Manchurian Incident, vol. 3 (1981)
- The Manchurian Incident, Supplement (1981)
- The Washington Conference on the Limitation of Armaments (1974)
- The Washington Conference; the Far East (1976)
- The Washington Conference, vol. 1 (1977)
- The Washington Conference, vol. 2 (1978)
- Summaries of Proceedings of The London Naval conference (1979)
- The Preliminary Negotiations of the London Naval Conference and Explanatory Notes of the London Naval Conference (1982)
- The Geneva Naval Limitations Conference (1982)
- The London Naval Conference of 1930 vol. 1 (1983)
- The London Naval Conference of 1930 vol. 2 (1984)
- Records of Privy Council's Examination of the Naval Disarmament Treaties (1984)
- The London Naval Conference of 1935 (1986)
- Proceedings of the London Naval Conference of 1935 (1986)
- Reports on the Conference for the Reduction and Limitation of Armaments of the League of Nations vol. 1 (1988)

- Reports on the Conference for the Reduction and Limitation of Armaments of the League of Nations vol. 2 (1988)
- Reports on the Conference for the Reduction and Limitation of Armaments of the League of Nations vol. 3 (1989)
- Japan-US Talks in 1941 vol. 1(1990)
- Japan-US Talks in 1941 vol. 2 (1990)
- Reports on the Economic Conferences of the League of Nations in the Showa Era vol. 1 (1992)
- Reports on the Economic Conferences of the League of Nations in the Showa Era vol. 2 (1993)
- Report on Trade Negotiations between Japan and India concerning Cotton Exports (2002)

Sarmite Saveja[1]

PUBLICATION OF LATVIAN DIPLOMATIC DOCUMENTS

I would like to express my gratitude to the organizers of the conference for the opportunity to participate in the conference. Latvia is represented in this conference for the first time.

There are three periods that can be marked in the history of the edition of Latvian diplomatic documents.

The first period is from the declaration of the independence of the Republic of Latvia on 18 November 1918 till the Latvia's occupation by the USSR in 1940. Several remarkable volumes of publications were issued during this period, e.g., *Recueil des principaux traités conclus par la Lettonie avec les pays étrangers Volume 1, 1918–1930, Rīga, 1930; Volume 2, 1930–1938, Rīga, 1938. Publié par le ministère des Affaires étrangères sous la direction de G. Albat, Ministre plénipotentiaire, Secrétaire général au ministère des Affaires étrangères* and several irregular publications of diplomatic documents, among these – congratulations of the leaders of the world states to the President of Latvia, publications in the encyclopedic editions, etc.

The second period is from the Latvia's occupation by the USSR in 1940 till the regaining of independence in 1991, when publishing of the diplomatic documents was possible only in exile. During this period a very significant work was carried out by the Latvian legation in the United States of America under the leadership of the envoy in Washington Alfrēds Bīlmanis. Regular publications of the informative bulletins contained also editions of diplomatic

[1] Head of Archives Division, Ministry of Foreign Affairs.

documents. There were publications of document collections on Latvian-Russian relations explaining from the view of international law the existence *de iure* of the state in the actual situation of occupation. This work of the legation was a notable contribution to the maintenance of the continuity of the state and was helpful during the process of the regaining of Latvia's independence that was accomplished in 1991.

The third period began after the regaining of independence. In the beginning of nineties there were several document collections published. Among these documents a considerable part were diplomatic documents. The first book of the Ministry of Foreign Affairs, the State Historical Archives and the Society of Latvian Archivists in the series "*Latvia and International Relations*" – *A Document Collection on the International Recognition of Latvia, Renewed Independence, and Diplomatic Relations. 1918–1998* was published in 1999. The second book in this series – a biographical dictionary *The Latvian Foreign Office. 1918–1991* was published in 2003.

Along with books exhibitions can be considered document publications, too. As the interest of the society in the issues of diplomacy and state history is increasing, the Archive of the Ministry of Foreign Affairs has prepared several exhibitions. The last exhibition was devoted to the Latvian foreign office work in exile during the occupation years, to diplomats who were keeping alive the idea of the existence of the state. At the present moment the work on the digital version of this exhibition is going to be completed; digital exhibition will be available on CD and by the end of November 2005 it will be presented in the web pages of the Ministry of Foreign Affairs of the Republic of Latvia.

Mercedes de Vega

ESTADO ACTUAL DEL PROGRAMA DE PUBLICACIONES

El Acervo Histórico Diplomático custodia un rico patrimonio documental que recoge episodios de la historia de México, así como sus acciones para preservar su integridad territorial y su soberanía económica y política y da cuenta de la actuación de México ante distintos acontecimientos de interés mundial.

El Archivo Histórico se ha enriquecido con las donaciones de archivos particulares de diplomáticos mexicanos como Francisco Castillo Nájera, Jaime Torres Bodet, Gilberto Bosques y Alfonso García Robles, entre otros. La biblioteca de la Cancillería tiene un acervo de 60 mil volúmenes especializados en relaciones internacionales e historia diplomática, y la fototeca cuenta con 40 mil imágenes. Estos acervos son la base para la realización de investigaciones históricas sobre la política exterior de México, que a su vez respaldan las labores editoriales y de difusión.

Los temas de las publicaciones son investigaciones sobre historia diplomática; estudios sobre relaciones internacionales, derecho internacional y derechos humanos; guías, catálogos e inventarios del Archivo Histórico Genaro Estrada, y memorias de coloquios, mesas redondas o simposios organizados por la SRE.

La comercialización de las publicaciones se realiza desde la propia Secretaría, en algunas librerías y participando en ferias de libros en el país y el extranjero.

El entorno en el cual participa la SRE con sus ediciones es difícil por el perfil muy especializado de sus publicaciones y porque el mercado es reducido debido a que son pocos los investigadores que se dedican al estudio de estas materias. Estamos ante productos cuyos últimos destinatarios se encuentran en nichos específicos de mercado, sea éste regional, nacional o internacional.

Nacionalmente, se compite con centros de investigación públicos y privados, universidades y materiales periodísticos con mayor inmediatez en el análisis sobre la temática mundial.

Internacionalmente, por lo menos en el caso de los acontecimientos mundiales de actualidad, existen revistas especializadas cuyas versiones al castellano ya son vendidas en México y cuentan con un número importante de lectores, entre éstas sobresalen: *Foreign Affairs*, *Le Monde Diplomatique*, *Newsweek* y *Financial Times*.

La labor editorial de la Cancillería mexicana no tiene fines de lucro y toma en cuenta sobre todo los contenidos y la calidad de sus publicaciones.

Las actividades de difusión de las publicaciones lograron que entre 2001 y 2003 se tuvieran ingresos de 56 mil dólares y en 2004 por 29 mil, lo que representó un total de 85 mil dólares en los últimos cuatro años.

Nuestro núcleo de lectores está localizado en la academia, en los centros de investigación, el sector público, o en cancillerías de otros países, cuyo interés fundamental son los temas históricos, diplomáticos e internacionales de actualidad.

Con el objetivo de aumentar la distribución y de reducir costos, la Secretaría ha establecido convenios de colaboración editorial con distintas instituciones académicas, centros de investigación y casas editoriales, entre otros, la Universidad Nacional Autónoma de México, el Instituto de Investigaciones Dr José María Luis Mora, El Colegio de México y el Fondo de Cultura Económica. Con este propósito entre 2001 y 2004 se publicaron 11 libros en coedición con alguna de esas instituciones.

Además, de las diferentes publicaciones, la Secretaría realiza ediciones especiales en las que se resaltan las actividades del quehacer de la Cancillería y se divulga su rico patrimonio archivístico. Un amplio número de las obras publicadas son el resultado de investigaciones realizadas por especialistas de universidades y centros de investigación nacionales y extranjeros.

El reconocimiento nacional e internacional del sector de las artes gráficas al trabajo editorial desarrollado por la Secretaría de Relaciones Exteriores se ha mostrado con la obtención de premios a 5 de los libros publicados que le fueron otorgados por el Instituto Nacional de Antropología e Historia, la Unión de Industriales Litógrafos de México, A.C. y por Printing Industries of America.

Para la creación de las nuevas colecciones del Acervo Histórico Diplomático se tomó en cuenta, en el caso de las fronteras, el hecho de que no se habían realizado estudios que dieran una visión de conjunto de los complejos fenómenos que ocurren en nuestras fronteras y se diseñó un proyecto de investigación cuyo objetivo fue ofrecer una visión general acerca del origen, conformación histórica y vida contemporánea de las fronteras mexicanas.

Respecto a la "Colección Latinoamericana", en los últimos cuatro años la Cancillería, a través del Acervo Histórico Diplomático, ha impulsado la publicación de esta colección, cuyo objetivo es ofrecer un amplio panorama de las relaciones entre México y los demás países de América Latina y el Caribe, tema poco estudiado y que había estado casi ausente en nuestra historiografía.

Se ha puesto en la página de Internet de la Secretaría y de El Colegio de México la base de datos "Las conferencias panamericanas, 1889-1938", que es una guía digital con la descripción de cada uno de los expedientes que sobre el tema resguarda el archivo histórico. Por otra parte, en el marco del Acuerdo de Cooperación entre la Secretaría de Relaciones Exteriores y la Universidad de Texas Pan American, se dará inicio a la digitalización de 12,000 documentos del proyecto denominado "Fuentes documentales para el estudio de las relaciones México-Estados Unidos de América, siglo XIX".

Durante el siglo XIX se iniciaron varios intentos para introducir en el continente americano la práctica de la cooperación regional. La primera de ellas, fue el Congreso de Panamá, convocado en 1826 por Simón Bolívar. Posteriormente, se darían diversos intentos de reuniones regionales. No obstante, los esfuerzos colectivos para la consecución de objetivos comunes sobre una base continental fructificarían hasta 1889 en la Primera Conferencia Internacional Americana, celebrada en Washington, Estados Unidos. Pero, al mismo tiempo, el ensayo significó el punto de partida para diversificar los mecanismos de colaboración interamericana, y, desde entonces, diversos cambios se han introducido en las instituciones y comportamientos de los países que integran el continente americano.

Teniendo en cuenta que en la medida en que los proyectos de integración económica se profundizan y el marco jurídico que rige las relaciones entre las naciones requiere de reformas, el Acervo Histórico Diplomático consideró oportuno convocar al coloquio "Las relaciones interamericanas: presente, pasado y futuro" para destacar que el actual orden interamericano tiene una génesis más antigua y de mayor complejidad de lo que habitualmente suponemos, por lo cual una revisión histórica de largo alcance proporcionaría una mejor comprensión de las múltiples formas de vinculación entre las naciones de la región.

El congreso "La historia de las relaciones internacionales de México: revisión, crítica y nuevos enfoques" reunió a diversos especialistas en la materia para discutir los avances en el campo del estudio histórico de las relaciones internacionales de nuestro país, así como los aspectos que han sido abordados, los enfoques metodológicos, casos representativos, temas, problemas, logros y carencias. Los participantes hicieron un balance del desarrollo de la disciplina, y contrastaron las principales tendencias que caracterizan su estudio en México con las necesidades e interrogantes que el presente demanda.

La guerra fría fue vista durante muchos años como el conflicto entre dos potencias, e interpretada ideológicamente por una de ellas como el combate al comunismo, que en México, Centroamérica y el Caribe fue bandera de los grupos conservadores, pero este largo periodo que abarca casi una mitad del siglo XX fue mucho más complejo. Por ello, a la luz de las nuevas fuentes disponibles y de la historiografía acumulada resultaba imprescindible una hermenéutica, que con mejores herramientas teóricas y factuales, nos acercara al papel que jugaron en ese episodio de la historia los países del área geográfica y que explicara cómo influyeron las potencias en el desarrollo de nuestros procesos económicos, políticos y sociales, ocurridos paralelamente a la mencionada conflagración.

Dar difusión a la opinión, interpretación y al análisis de los especialistas de las relaciones internacionales es una actividad prioritaria de la Cancillería. Con este propósito se creó el Premio Genaro Estrada que se otorga cada año a la mejor investigación sobre historia diplomática de México, el cual a partir de su primera edición en 2001, ha despertado el interés de los investigadores nacionales y extranjeros, y actualmente se ha consolidado como el premio nacional más importante en la materia.

Marc Dierikx

STATUS REPORT DUTCH FOREIGN POLICY DOCUMENT EDITING PROJECTS

Generally, the Institute for Netherlands History has entered a period of reorientation. For the first time in its history we now near a point in time at which all current research and editing projects are in their final phase. Our Board has taken this opportunity as a starting point for a general reorientation on source editing. As a result, we will be concentrating more on "diachrone" themes (i.e. themes that enable coverage of the whole historical period from the Middle Ages to the present day), and on projects that are grouped together around these themes. This policy change has been vetted by an international academic assessment committee that has evaluated past and current research at our institute.

In the next few years we will also more actively pursue a recommendation from the assessment committee to see our research and publications embedded in international structures. We are currently orientating ourselves towards possible international partners with whom to form such a framework.

At our last meeting, in Canberra, my colleague Marijke van Faassen and I launched (very general and as yet undefined) ideas towards developing some kind of "watermark" for websites offering original source material on the internet, and we made a provisionary plea in the direction of this gathering of experts to join us in a discussion of such a "seal of approval" for source editing on the web. Although thinking has not progressed much beyond what we proposed in Canberra, our institute will take up these ideas in its orientation on creating an international framework of institutions active in the field of historical source editing.

Editing projects on Dutch foreign policy

In December 2004 parts 7 and 8 of the series on Dutch foreign policy in the period 1940–1945 were presented, marking the end of a project that was conceived in the early 1970s. After some 6,000 pages of edited documents in classic printed book form, we are now at peace with the outside world.

Our second editing project concerning the international relations of the Netherlands, is the series on Dutch-Indonesian relations between 1950 and 1963 (i.e. relations from the end of Dutch colonial rule in Indonesia proper to the end of Dutch rule over the island of New Guinea, which was turned over to Indonesia in 1963 after a transitional year under UN rule).

This second project does not entail publication in printed (book) format, but will result in a web-accessible database, which will offer both "regular" edited (transcribed) documents, and pdf-copies of originals. As customary in "classic" book presentations, the documents will have annotation, and cross references. A subject index and an index on personal names, both linked to the documents, will also be offered. Both types of presented documents (typed/word processed and documents in pdf) will be fully searchable, and the web presentation shall have multiple search options (in Dutch). It is our institute's policy to present our web-based editions in open access.

The project is now in its final stages and will hopefully be completed early next year.

As a third editing project, our institute has been working on a series on Dutch development cooperation policy since 1945. This series has thus far resulted the publication of two book volumes of edited documents, covering the period 1945–1967. Two further book volumes, covering the years 1967 through 1977, are currently in print, and will be published on November 4th of this year. All books have a sizable introduction, a section with illustrations, and contain a glossary of terminology, a subject index, an index on personal names, with reference to page numbers. The books also contain reference to a number of important policy white papers that were published at the time and are therefore not presented in the books. These white papers have been scanned and are presented as additional material on the institute's website.

The project was carried out under commission from the Ministry of Foreign Affairs, with whom the institute has been able to reach agreement on a follow-up project that will take the edited volumes to November 1989, which will then also be on the limits of the Dutch 20-year rule system for declassification of documents. This new project started May 1, 2005, and will run until December 31, 2008. It encompasses two further book volumes of edited documents, plus a volume containing interviews with major players in the Dutch policy making field.

Costin Ionescu

THE ROMANIAN MINISTRY OF FOREIGN AFFAIRS POLICY REGARDING THE EDITION OF DIPLOMATIC DOCUMENTS

The edition of diplomatic documents in Romania started even before 1989 because of the need of the communist leadership to have an objective insight over the evolution of the Romanian foreign relations throughout the 19th and 20th centuries. Taking into consideration the peculiar constraints of a communist regime such as the Romanian one, those editions were downsized in number of copies, were using mainly one source (the MFA's archives) and their circulation was limited to senior officials and a couple of strictly controlled historians.

The reorganisation of the Romanian Ministry of Foreign Affairs after 1990 and the need to restore the status once enjoyed by the Romanian diplomacy meant also a new approach of the history of the evolution of the Romanian foreign relations.

In this regard, in 1991,[1] the Romanian Government issued a Decision which regulated the whole activity in the diplomatic documents publishing field and also gave a new impetus for setting up new directions in the realm of scientific research.

Since the judicial framework has been set up, it was decided that the Romanian collection must be edited, similarly with other foreign editions, by a joint Commission consisting of diplomats and prominent academics. The leadership of the Commission consisted of a State Secretary from the Ministry of Foreign Affairs, the Secretary

1 See the Governmental Decision n° 563/14 August 1991, published in the Romanian Official Bulletin n° 261/21 December 1991.

General of the Romanian Academy, the director of the "Nicolae Iorga" Institute for Universal History and the director of the National Archives. According to the above mentioned law, it was adopted the system of chronological series according to the main phases of the development of the Romanian state; these were to refer to periods starting with the Middle Ages to 1947 – the signing of the Peace Treaty.

Simultaneously, the Romanian Ministry of Foreign Affairs would have been in charge with the elaboration of a Collection consisting of all treaties and agreements concluded by Romania between 1859 and 1945. At the same time the decision has been taken to publish a series of volumes tackling various topics regarding major events in the history of the Romanian foreign policy and – for the first time in Romania – a series comprising biographies of the prominent figures of the Romanian diplomacy. One of the major accomplishments was represented by the publication in Romanian and English of Nicolae Titulescu's paperwork entitled "The Foreign Policy of Romania".

It has been stipulated that the Commission had to elaborate a certain number of reference materials covering a wide range of major events in the history of the Romanian foreign policy. Among those themes one could cite some of them such as "Romania at the Paris Peace Conference 1919–1920", "Romania and the cooperation in the Balkans", "The regime of the Black Sea Straits", which referred to some specific moments; in addition it was also taken into consideration the realization of some volumes tackling the bilateral relations of Romania and major European international factors such as "The Romanian-French relations during the interwar period", "The Romanian-British relations during the interwar period", "The Romanian-Italian relations between 1940–1944" and similarly "The Romanian-German relations between 1940–1944".

Unfortunately, those goals have been fulfilled only to a little extent. Due to major funding cuts, organizational mismanagement, lack of experienced personnel, poor coordination of the various branches of the Commission, the activity slowed gradually down and sooner relied solely on the Diplomatic Archives Department of the Romanian Ministry of Foreign Affairs, which had to adapt the whole policy of publication to its own resources, capabilities and requirements. Even so, throughout the last decade the Romanian Diplomatic Archives succeeded to publish some significant volumes covering mainly the bilateral relations between Romania and various countries. In this regard, we could mention the paper-works regarding the

Romanian relations with the United States, the Soviet Union,[1] Italy, Vatican, Poland, Greece, Egypt, and Finland. Similarly a significant accent has been placed on biographies and diplomatic memoirs. This meant the publication of volumes regarding some prominent Romanian ministers of foreign affairs such as Grigore Gafencu, Nicolae Titulescu, Constantin Visoianu, or memoirs belonging to a few ambassadors such as Constantin Balaceanu, Noti Constantinide, Petre Gigea Gorun,[2] Ion Brad.

In addition, under the aegis of the Romanian Diplomatic Archives were also published collections regarding tragic events of the Romanian history such as the fate of the Jewish[3] population from the Romanian territory. One of the most important paper-works referred to the emigration of the Jewish population from Romania, between 1940 and 1944.

The new perspectives opened up by Romania's endeavours towards the European Union membership brought new ideas and strategies regarding the recommencement of the older project for setting up a national collection of diplomatic documents.

Due to the fact that the previous project became obsolete and the perspectives for Romania to join the EU needed to place a great emphasis on the creation of a well-planned National Collection of Diplomatic documents, the whole design has been reshaped under the aegis of the Ministry of Foreign Affairs and the Diplomatic Academy.

Following an intense debate over the conditions for setting up a National Collection of Diplomatic Documents, a final formula has

1 Within the cooperation with the Russian Federation, which is based on a bilateral agreement concluded by the two Ministries of Foreign Affairs in 2000, two volumes were published, covering the relations between Romania and the Soviet Russia since 1917 to 1941; the third volume, which is in the process of preparation, refers to the period 1941–1947.

2 The Romanian ambassador to Paris between 1986 and 1990.

3 Besides the direct elaboration and publication of volumes, the Romanian Diplomatic Archives participated in extensive projects alongside other institutions such as the National Archives, the Romanian Military Archives; in this respect, the Archives of the Romanian MFA provided documents for a series of volumes coordinated by the National Archives concerning the minorities from Romania throughout the interwar period, Romania and the armistice with the United Nations, Romania – evolution in time and space. Moreover, they had a major contribution to the issue of the Final Report of the International Commission on the Holocaust in Romania, which was published in 2005.

been reached, which was publicly assumed through the Governmental Decision n° 1384/2nd of September 2004.[1]

Within this new framework the Romanian Collection of diplomatic documents should have been based on a broader range of documents from different archives, Romanian and foreign ones; naturally, the core of the documents used by this collection would have been selected from the Diplomatic Archives. As preliminary attempt to regulate the activities, a National Commission for Editing the national Collection of Diplomatic Documents was nominated. Subsequently, a Working Office has also been created, which was in charge with all the details required by the editing activities, including research, hiring of staff, payments,[2] setting up the criteria for publication, the liaison with the publishing houses and with the various institutions involved. The main duty of that working office was to recruit senior researchers and academics and to elaborate a long term strategy for editions.[3]

The Ministry of Foreign Affairs has been nominated as the main coordinator of the whole activity for the National Collection of diplomatic documents, alongside with the Romanian Academy, the National Archives and the Archives of the Ministry of Defence.

According to the previously mentioned Governmental Decision, the number of copies will be distributed for free to important libraries, universities, foreign ministries, and other political and scientific circles.

Until now, two volumes were finalized, the first one regarding the period between September and October 1938 tackling mostly the Czechoslovak crisis and the second one concerning the period between 1876 and 1878. Apart from these, other volumes are in the process of finalisation, covering the periods between 1921–1934, 1938–1939, 1939–1944, 1944–1947.

The reorganisation of the whole activity of the Commission in charge with the National Collection of Diplomatic Documents has been continued, aiming to a better coordination and a speeding up

1 See the *Romanian Official Bulletin* n° 831/9th of September 2004.

2 The whole activity including wages of the researchers is subsidized by the Ministry of Foreign Affairs.

3 The main chronological series of the National Collection of Diplomatic Documents were the following: 1) The Origins, February 1866; 2) February 1866–July 1878; 3) July 1878–1913; 4) 1914–1920; 5) 1921–1933; 6) 1934–1940; 7) 1940–1944; 8) 23 August 1944–10 February 1947. It was also decided that every volume will be edited in at least 1 000 copies.

of the editing activities in order to quicker finalize all the planned volumes.

In this respect, in accordance with a new Governmental Decision, issued on 17 august 2005,[1] the whole activity regarding the edition of diplomatic documents will be placed under the aegis of the newly founded Romanian Diplomatic Institute which, in cooperation with the diplomatic Archives Department from the Ministry of Foreign Affairs, will have to further publish the National Collection of Diplomatic Documents. This measure represents a significant improvement in terms of resources (increasing the number of researchers, friendly usability of the Ministry of Foreign Affairs library, which was recently transferred to the Romanian Diplomatic Institute) and more opportunities for a better cooperation with the academic circles.

1 Governmental Decision n° 880/17 August 2005.

ALEXANDER CHURILIN[1]

ON PUBLISHING ACTIVITIES OF THE HISTORY AND RECORDS DEPARTMENT, RUSSIAN MINISTRY OF FOREIGN AFFAIRS

Publishing has traditionally been one of the most important areas of activities of the Archives Service of the Russian Foreign Ministry. The issuance of diplomatic history documents was initiated by the Empress Catherine II at the end of the 18th century. Since then, the Ministry, practically on a continuous basis (though with varying intensity) has been publishing materials on foreign policy activities of our country. That work did not stop even at the time of the Second World War, in spite of the hardships of that period.

Lately, the publishing activities of the Russian Foreign Ministry have been evolving in the following directions.

First of all, the Ministry has been issuing serial publications, such as *The Foreign Policy of Russia in the 19th Century* (17 volumes issued), *The USSR Foreign Policy Documents* (24 volumes issued), *Russia's Foreign Policy* (has been issued on an annual basis since 1990). Also, it has issued 46 volumes of the publication entitled "International Treaties, Agreements and Conventions concluded by the USSR, which are still in Force".

The second direction is publication of thematic collections. The latter include publications devoted to Russia's struggle for disarmament, against colonialism and neo-colonialism, for security and cooperation in Europe, as well as publications on our efforts to facilitate the Middle East settlement, to protect human rights, etc. Much

[1] Director, History and Records Department, Russian Ministry of Foreign Affairs.

interest has been aroused by documentary publications containing correspondence between the leaders of the USSR, the United States and Great Britain in the period of the Second World War, materials on Soviet-American, Soviet-British and Soviet-French relations in 1941–1945, and materials on the policy of the Soviet Union concerning the German issue in 1941–1949. Of continuing importance are collections of diplomatic documents and materials related to the preWar period, including those from the archives of Soviet diplomatic missions in Baltic States.

The third direction is cooperation with foreign archives services, including in the publication of bilateral documentary collections compiled by the Foreign Ministry of Russia together with Foreign Ministries of interested countries. Since 1956, in cooperation with our foreign colleagues (including from Argentina, Israel, Italy, Norway, Poland and Switzerland), we have published 40 such collections with 15 more in the pipeline.

In addition, the Department of History and Records periodically issues specialized publications, including those devoted to various anniversaries. Just recently, for example, we presented in Moscow a documentary collection issued on the occasion of the 50th anniversary of our diplomatic relations with the Federal Republic of Germany. Last year, a similar collection was published in connection with the 125th anniversary of our diplomatic dialogue with Bulgaria. Currently, we are preparing a publication containing statements by heads of Soviet and Russian delegations to the UN General Assembly sessions, devoted to the 60th anniversary of the United Nations.

Also, the Department had played the leading role in the preparation and publication of such important research works as "History of Diplomacy", "Diplomatic Dictionary" and "Articles on the History of the Foreign Ministry of Russia, 1802–2002" which have become a handy reference for Russian scholars specializing in international affairs.

The expertise and vast archives of the Russian Foreign Ministry make it possible to carry out research and publication activities on a broad front. The only impediment to the implementations of our ambitious plans is the lack of financial resources. But the economic and financial situation in the country has been improving, and we hope that, eventually, we will be able to intensify the important publishing activities intrusted to us.

Mira Rančov[1]

La publication des documents diplomatiques en Slovénie

Le ministère des Affaires étrangères de la République de Slovénie a été fondé en 1991, au temps de la déclaration d'indépendance de l'État slovène. En tant que successeur légal du Comité de coopération internationale de la RS en République socialiste fédérale de Yougoslavie, le Ministère a hérité le matériel documentaire provenant des années 1974-1990. Conformément à la Loi relative au matériel archivistique et aux archives (JO RS, n° 20/1997) les documents archivistiques publics deviennent accessibles dans les archives publiques 30 ans après leur apparition – sauf si stipulé autrement par d'autres lois. Ladite disposition s'applique aux documents archivistiques créés après 1991. Selon les nouvelles tendances les délais d'accès aux documents archivistiques se réduisent, surtout après l'adoption de la loi relative à l'accès aux informations de caractère public.

Par conséquent, il n'est pas surprenant que la publication des documents diplomatiques se fait en accord avec les responsables du ministère des Affaires étrangères, vu que les délais d'accessibilité au matériel n'ont pas encore expiré. D'anciens documents diplomatiques accessibles au public sont conservés dans les collections des Archives de la République de Slovénie. Les Archives de Slovénie assurent la publication des brochures, des guides et d'autres ressources concernant le matériel archivistique relatif à la Slovénie et les Slovènes, conservé dans les archives en Slovénie et à l'étranger. Elles publient les ressources archivistiques d'importance pour l'histoire de la Slovénie et ses citoyens dans les archives slovènes et étrangères.

[1] Responsable des archives du ministère des Affaires étrangères de la République de Slovénie.

Les Archives de Slovénie ont ainsi complété leurs collections avec des reproductions provenant des archives nationales de Rome et de Vienne. L'enregistrement du matériel des Archives de l'ex-Yougoslavie, auquel la Slovénie a droit selon l'accord de succession relatif à la restitution des archives du 2001, est en cours. Pour toute publication, exposition ou reproduction du matériel archivistique provenant des Archives de la République de Slovénie, les utilisateurs sont obligés à mentionner le nom ou le sigle des Archives (AS), le nom ou la signature du fonds et de la collection archivistique ainsi que le numéro de l'unité technique ou d'inventaire marquant la provenance les documents.

En 2004, une bonne collaboration entre les historiens et diplomates a permis la publication des « Ressources sur la démocratisation et l'indépendance de la Slovénie », par l'Association archivistique de Slovénie assisté par des sponsors. Le livre intitulé « Les Relations entre la Slovénie et l'Autriche au XXe siècle » publié au mois de mars 2005, présente la coopération bilatérale entre les deux pays. Basé sur les recherches des ressources historiques par la commission mixte autrichienne et slovène, et sur la comparaison des documents des parties concernées, le livre offre les points de départ intéressants pour des recherches sans égard à la politique courante.

À l'occasion du 10e anniversaire de l'indépendance slovène les Archives de Slovénie ont publié un inventaire des documents sur le développement de l'État slovène, intitulé « Du rêve à la réalité ». Entre autres, la publication comprend aussi les documents des archives du ministère des Affaires étrangères de la République de Slovénie.

Dans le cadre du ministère des Affaires étrangères, la publication des documents est assurée par le Centre de recherches qui est en charge des études sur la politique extérieure.

Depuis 2001, une série d'études intitulée « Le Bulletin » est publiée régulièrement par le Centre ; ces études sont de caractère interne et servent les diplomates à suivre les événements politiques d'actualité. Il existe aussi des informations thématiques à distribution restreinte, qui sont aussi dédiées aux questions courantes. La plupart des publications sont thématiques et adaptées aux priorités de la politique, et suivent les événements actuels. Le « Rapport du ministère des Affaires étrangères », publié annuellement, présente un inventaire du travail des missions slovènes à l'étranger et des directions du Ministère.

En plus, le Centre de recherches publie la collection « Lecture intéressante », qui présente des opinions, des positions et des propositions des diplomates du Ministère et des missions slovènes à l'étranger, ainsi que les informations pour les universitaires et les organisations non-gouvernementales.

En 2000, à l'occasion du 10e anniversaire de l'indépendance de l'État slovène, la publication intitulée « Une décennie de politique étrangère indépendante en Slovénie (mai 1990-mai 2000) » a été présentée, contenant un grand nombre de photographies.

En 2001, le Ministère a présenté au public la publication intitulée « Dix ans de la Slovénie aux Nations unies » (Slovenia's 10 Years in the United Nations) et la brochure « Les événements en politique étrangère qui ont marqué le mois de juin 2001 ».

Les documents originaux des archives du ministère des Affaires étrangères ont été présentés pour la première fois en 2004 dans le livre « L'Ascension vers les étoiles européennes : la Slovénie et son chemin vers l'Union européenne », présentant les efforts de la Slovénie dans son intégration à l'Union européenne. Ont participé à la publication des diplomates, des hauts fonctionnaires, des historiens des institutions scientifiques et de l'université ainsi que des archivistes du ministère des Affaires étrangères.

En coopération avec l'Institut OSCE de Hambourg, le Ministère a publié l'œuvre intitulée « La culture du dialogue – 30 ans depuis Helsinki » qui présente les activités de la Slovénie pendant sa présidence à l'Organisation pour la Sécurité et la Coopération en Europe. En juillet 2005, les diplomates du ministère des Affaires étrangères slovène ont préparé la publication intitulée « Nos droits », qui s'adresse au public slovène dans le domaine de la protection des droits des enfants. Le projet a été traduit en 16 langues et publié sur la Toile mondiale.

La direction de la coopération internationale au développement et l'aide humanitaire au MAE a préparé « Le rapport sur la coopération au développement et l'aide humanitaire de la Slovénie pour la période 2002-2004 ». Les données statistiques et la présentation des documents qui présentent les efforts de la politique étrangère slovène ainsi que des divers secteurs économiques témoignent des succes de l'État slovène dans le domaine d'aide humanitaire qui, étant donné la taille du pays, ne sont pas négligeables.

À l'initiative du MAE, un groupe d'experts a été créé à la fin de 2004, avec le but de prendre en charge la publication des ressources de la politique étrangère slovène. En ce moment, le groupe est en train de définir son emploi du temps, la déclassification des documents et la préparation du projet. La publication de « L'histoire de la diplomatie slovène et l'histoire diplomatique slovène » nécessitera une recherche approfondie de la période de la monarchie des Habsbourg – pendant laquelle les Slovènes ont commencé, pour la première fois dans leur histoire, à prendre positions concernant les questions de la politique internationale – ainsi que de l'année 1991 et surtout des dernières années de la Yougoslavie.

Antoine Fleury[1]

LES DOCUMENTS DIPLOMATIQUES SUISSES

1. Responsabilité de collection

Une commission nationale pour la publication des *Documents diplomatiques suisses* (DDS) a été créée en 1975. Placée sous le patronage de la Société suisse d'histoire, elle a bénéficié du soutien du Fonds national suisse de la recherche scientifique, des Archives fédérales et des Universités. Entre 1979 et 1997, elle a publié une première série de 15 volumes, couvrant la période 1848-1945. Pour la publication d'une nouvelle série de 6 volumes, couvrant les années 1945-1961, une nouvelle commission de publication a été mise en place ; elle est placée sous l'égide de l'Académie suisse des Sciences humaines qui lui apporte un soutien financier régulier dans le cadre de ses entreprises de recherche de longue durée ; elle bénéfice en plus d'un soutien important du département des Affaires étrangères, de celui des Archives fédérales, du Fonds national de la recherche scientifique, des universités et de fonds privés. C'est la commission, composée de professeurs d'université et de représentants des institutions mentionnées, qui est responsable du programme de recherche et d'édition.

2. Champs chronologiques

En Suisse, l'accès aux documents est fixé par la règle des trente ans pour la grande majorité des dossiers. Le programme DDS n'a pas

[1] Professeur à l'Université de Genève.

subi de contrainte du point de vue de l'accessibilité aux documents de l'Administration fédérale. À l'exception des prises de notes manuscrites des séances du gouvernement fédéral, dont certaines séries sont consultables, mais non publiables ainsi que les dossiers personnels qui sont soumis eux à la règle des cinquante ans, en principe tous les dossiers sont accessibles dans le délai de trente ans, pour autant que leur consultation ou publication ne mette pas en jeu des intérêts personnels.

3. Choix de documents

a) Aspects matériels

Les documents sélectionnés ne représentent qu'un pourcentage très réduit des dossiers consultés. Sont privilégiés les documents qui répondent à des critères rigoureux d'originalité quand il s'agit de rapports politiques adressés par les postes diplomatiques à la centrale. Ce sont surtout les documents de décision, les procès-verbaux d'entretien, les rapports sur des négociations en cours qui sont retenus. Par conséquent, les documents choisis peuvent être de nature diverse : lettres, télégrammes, rapports, notes internes, procès-verbaux, déclarations, etc. Pour la publication dans les volumes, les documents courts sont privilégiés par rapport aux textes longs.

b) Aspects intellectuels

Les documents choisis doivent apporter des informations originales sur les enjeux en cours dans la conduite de la politique étrangère du moment. Certains textes sont sélectionnés pour leur qualité d'analyse soit d'événements en cours, soit de personnalités, même si ce type de documents est plutôt rare dans la production quotidienne du travail diplomatique. Il est vrai que nombre de textes peuvent fournir des éléments très appréciables pour l'étude des mentalités et des idéologies des diplomates, fonctionnaires et autres agents qui apparaissent dans la documentation.

c) Relations entre l'actualité et le choix des documents

Dans la mesure où les chercheurs suisses ont travaillé en continu dans un dépouillement chronologique et systématique, la sélection des textes n'est pas dictée par l'actualité ; en revanche, il est arrivé que certaines questions d'actualité ont pu immédiatement renouer avec leur profondeur historique grâce aux travaux de l'équipe des

DDS et fournir ainsi un éclairage historique et documenté de questions à l'ordre du jour ou d'événements commémoratifs. D'ailleurs, l'objectif central de tout le programme DDS, c'est justement de procurer aux décideurs et acteurs actuels une profondeur historique aux questions qu'ils traitent, pour combattre l'absence de mémoire ou de culture historique.

d) Place accordée aux sources extérieures au MAE

Dans le cas suisse, où la politique étrangère est conduite sous la responsabilité collégiale du Conseil fédéral (gouvernement), les documents produits par le Département fédéral des Affaires étrangères sont certes les plus importants, mais selon la nature des affaires, des documents sont choisis dams les dossiers de tous les départements concernés par les relations internationales de la Suisse. L'énorme avantage du cas suisse, c'est que tous les dossiers produits par toute l'administration fédérale sont déposés aux Archives fédérales. Or, au fur et à mesure de l'extension des rapports internationaux entre les États à toutes sortes d'activités humaines, progressivement depuis la seconde partie du XIXe siècle, et surtout depuis 1945, tous les départements ont été concernés, certes à des degrés divers, par les affaires internationales. Cela se traduit dans les documents reproduits dans les volumes des DDS.

4. Publication chronologique

Pour la période 1848-1961, les documents ont été publiés dans l'ordre chronologique. Ce type de présentation a l'énorme avantage de montrer la simultanéité des affaires en cours et leur prise en compte en parallèle par l'administration dans le processus de décision. Une telle présentation élargit aussi les perspectives d'analyse de l'historien et du chercheur. Toutefois, la lecture des documents publiés n'est pas aisée, sans un appareil explicatif systématique, impliquant par conséquent un travail d'annotation important. Chacun des volumes chronologiques est introduit par une table thématique détaillée, résumant chaque document ; il est complété par des index géographique et biographique qui facilitent l'accès aux documents.

Pour les 6 volumes de la période 1956-1961, les annotations ont été fortement allégées, celles-ci pouvant être compensées par le renvoi aux documents sélectionnés et rendus accessibles en plus grand nombre dans une base de données, créée dans le but de faciliter l'accès direct aux dossiers thématiques : www.dodis.ch.

Pour la prochaine phase de recherche portant sur la période post 1961, une première tranche de 3 volumes couvrira la période 1961-1969, soit les volumes 22, 23 et 24 dont la préparation sera entreprise dès la fin 2006, après la publication du volume 21, consacré aux années 1958-1961. Un effort particulier sera dirigé vers le développement de la base de données et par conséquent de la saisie de documents qui seront rendus accessibles sur le site www.dodis.ch au fur et à mesure de l'avancement de la recherche.

5. Présentation des documents

Les textes retenus sont en général publiés intégralement. En revanche, le travail éditorial est important : uniformisation de la présentation des auteurs et destinataires, identification des personnes mentionnées, renvoi aux documents mentionnés et aux dossiers pertinents, établissement d'une table méthodique avec résumé de chaque document, index des personnes physiques et morales, des lieux géographiques, établissement d'une liste de postes diplomatiques et consulaires suisses à l'étranger et étrangers en Suisse, organigramme de l'administration fédérale concernée par les relations internationales.

6. Personnel et budget

L'équipe de recherche DDS compte en moyenne 8 personnes, dont toutes engagées à temps partiel. Plusieurs des collaborateurs préparent leur thèse de doctorat.

Le budget est fourni pour l'essentiel par l'Académie suisse des sciences humaines, soit en moyenne 200 000 CHF par année, par le Département fédéral des Affaires étrangères, des Archives fédérales et des universités : plusieurs de ces contributions prennent la forme de prestations inscrites au budget de ces institutions partenaires dont le montant est variable. Des fonds privés ont été obtenus occasionnellement qui apportent un appoint appréciable au financement de l'entreprise.

Les volumes sont imprimés par un éditeur privé, au bénéfice d'un subside du Fonds national de la recherche, chargé de la diffusion et de la vente des 850 exemplaires imprimés. Pour la série actuelle, mise sur le marché dès 1997 pour le 1er volume, les 2/3 du tirage ont été diffusés, tandis que les ventes ont diminué ou sont encore en attente pour les volumes parus en 2003 et 2004.

7. Numérisation et mise en ligne

Le programme des DDS a sans doute été pionnier dans le recours à l'informatique, non pas tant pour l'édition des volumes sur papier, mais surtout dans la mise en ligne de documents sélectionnés avec la même rigueur méthodologique que pour les documents sélectionnés destinés à la publication sur papier.

Les documents sont saisis et reproduits sous forme image ; ils sont accessibles sur un site propre : www.dodis.ch Depuis 1997 jusqu'à avril 2005, les documents saisis et disponibles sur Internet s'élèvent à plus de 6 000 documents, apportant des références sur environ 12 000 personnes, 6 000 organisations et 3 000 termes géographiques qui disposent donc tous d'un lien avec au moins l'un des documents accessibles.

La consultation de ces documents suit un rythme exponentiel, plus ou moins mesurable, tandis que la consultation des volumes publiés n'est pas aisément mesurable ; un des meilleurs critères, ce sont les références données dans les publications scientifiques.

La consultation de la base de données est gratuite, sur un site propre mis en place et géré en collaboration avec les Archives fédérales suisses.

DEUXIÈME PARTIE

SYNTHÈSE DES RÉPONSES AU QUESTIONNAIRE

Antoine Fleury

SYNTHÈSE DES RÉPONSES AU QUESTIONNAIRE

Le questionnaire adressé aux divers éditeurs de documents diplomatiques comportait 8 questions. Sur la base de la vingtaine de rapports qui m'ont été adressés, je propose une synthèse des réponses à chacune des questions, puis quelques observations générales qui permettront de nourrir la discussion sur les choix méthodologiques, éditoriaux et pratiques des divers programmes en cours dans les pays ici représentés.

1. Responsabilité de la collection ? Divers types de collections ?

Des réponses parvenues, on peut relever qu'il y a au moins 5 différentes sortes de responsabilité :

a. *Ministère des affaires étrangères (Service historique ou Archives) :*

Australie, Bulgarie (période à partir de 1944 ...) Canada, États-Unis, Grande-Bretagne, Grèce, Italie Japon, Mexique.

b. *Commission académique (en collaboration avec le MAE)*

Belgique (les deux académies royales), France, Suisse (Universités-Administration fédérale)

c. *Archives nationales (en collaboration avec le MAE)*

Bulgarie (1878-1944), Irlande (+ Académie), Israël, Lettonie

d. *Institut (en collaboration avec le MAE)*

Allemagne fédérale, Roumanie, Hongrie, Pologne.

À la question existe-t-il d'autres types de collection, la plupart des éditeurs ne donnent aucune indication. Certains explicitent qu'il n'y en a pas tandis que d'autres indiquent quelques volumes sur des sujets spécifiques sans continuité. Dans la réponse américaine, on signale les séries non-officielles qui reproduisent souvent des documents similaires aux FRUS telles que les publications de *National Security Archives* ou du *Cold War History Project*. D'autres encore (Israël, Pologne) signalent les annuaires qui publient des documents courants.

2. Champs chronologiques : Lien avec ouverture des documents au public

a. *Publication sans lien direct, mais respectant le délai légal d'accession, en général 30 ou 20 ans (Pays-Bas) :*

Allemagne fédérale, Australie, Bulgarie, Canada, Belgique (réglementation *ad hoc*), États-Unis, France, Grande-Bretagne, Grèce, Irlande, Israël, Italie (50 ans) Japon, Pays-Bas, Lettonie, Mexique (?), Pologne, Roumanie, Suisse

b. *Publication au-delà de la règle de l'ouverture au public :*

Australie (volumes spéciaux), Grande-Bretagne (cross-cutting volumes : Berlin Crisis), Hongrie (accès jusqu'à 1990 : fin du communisme), Lettonie.

3. Choix de documents

Dans la plupart des réponses, souvent très brèves sur ce point, qui comportent 4 rubriques, les éditeurs indiquent :

a. *Aspects matériels :*

Divers types de documents sont publiés : rapports, notes internes, procès-verbaux, télégrammes, lettres, etc. Certains ont compris la question comme celle des conditions de sélection et de saisie des documents (photocopie, scanning, impression et édition) ou de leur provenance archivistique.

b. Aspects intellectuels :

Intérêts historiques pour l'histoire nationale et internationale, sans autres motivations explicites : Allemagne fédérale, Australie (certains volumes thématiques), Belgique, Bulgarie, États-Unis, France, Grande-Bretagne (relevance occasionnelle pour l'actualité en vue de la diffusion), Hongrie, Irlande, Italie Lettonie, Mexique, Pologne, Suisse

c. Relations avec l'actualité : aucun mandat spécifique

Canada, Belgique, Bulgarie, États-Unis, France, Grande-Bretagne, Israël, Italie, Japon, Mexique, Pays-Bas, Pologne, Suisse

d. Publication en fonction de l'actualité (historique ou politique)

Grande-Bretagne (quelques publications *ad hoc*), Grèce, Hongrie (marginalement), Italie (pour la période après 1945), Lettonie (anniversaires), Roumanie (quelques documents)

e. Documents pris en dehors du MAE :

Allemagne (rarement) Belgique, États-Unis, Grande-Bretagne, Hongrie (archives étrangères : France et Allemagne) Irlande, Italie (Présidence du Conseil), Lettonie, Mexique, Pologne, Roumanie, Pays-Bas, Suisse (Archives fédérales).

4. Publications de volumes chronologiques ou thématiques

Les réponses des éditeurs sont majoritairement très brèves ; la plupart ne fournissent pas d'éléments de justification sur leur choix en faveur de l'une ou l'autre option. Certains avancent l'avantage de la publication chronologique « pour mieux refléter l'interaction entre les différents aspects des relations internationales, ou saisir plus finement la naissance de nouveaux dossiers » (France), pour avoir une vue générale des problèmes (Roumanie) ou encore « la saisie de la simultanéité des affaires en cours » pour l'option chronologique et pour l'option thématique, le but d'y « intéresser divers publics, spécialisés ou non » en fonction du thème (Suisse).

a. Séries chronologiques

Allemagne, Australie (1937-1949), Belgique, Bulgarie, Canada, France, Grèce, Irlande, Italie, Japon, Pays-Bas, Pologne (volume/année), Suisse (1848-1961).

b. Séries thématiques

Australie (1949…), Bulgarie (en fonction de certains événements), États-Unis, France (1 vol. publié, d'autres prévus), Grande-Bretagne, Grèce, Hongrie, Israël, Japon, Lettonie, Mexique, Roumanie (?), Suisse (période 1961…).

5. Présentation des documents

Les éditeurs publient en général les documents in extenso, avec une annotation plus ou moins détaillée de chacun des documents. Quand des passages sont supprimés, une note en bas de page indique la raison de la suppression, s'il s'agit d'informations confidentielles ou simplement des passages sans signification historique. Chaque volume est complété par des index biographiques, géographiques. Certaines collections sont introduites par une table méthodique des documents, indiqués par thèmes, pays ou régions (Belgique, France, Suisse, etc.) ; d'autres offrent des index thématiques (Allemagne, États-Unis, Grande-Bretagne…) ou encore une liste des documents (Italie…). Certains volumes sont complétés par des illustrations, photos, cartes (Australie, Bulgarie, Grèce, Hongrie, Lettonie, Mexique, Pays-Bas, Pologne et Roumanie) occasionnellement par des cartes (États-Unis) et par des documents en facsimilés (Grande-Bretagne).

Formes de l'annotation :

L'apparat critique répond en général aux pratiques suivantes :

- références archivistiques aux textes mentionnés dans le document
- identification des personnes mentionnées dans leur fonction
- référence pour les affaires mentionnées en donnant si nécessaire une explication
- brève indication du suivi d'une affaire à la fin d'un document lorsqu'il n'y a pas d'autres documents dans le volume.

Certains éditeurs donnent une brève indication sur le contexte du document. Les éditeurs américains ont de plus en plus recours aux « editorial notes » qui résument plusieurs documents.

Dans certaines collections, on ajoute une chronologie de la période couverte par le volume (Grèce), ou aussi une liste des principaux personnages mentionnés ou encore une liste des postes diplomatiques et des organigrammes de l'administration concernée par la politique étrangère (Suisse).

Les pratiques sont donc assez variées et certaines évolutions récentes sont liées au recours à l'informatique (voir point 8).

6. Personnel, budget périodicité, impression, diffusion, tirage et vente

Les réponses à ces questions multiples sont très contrastées. Voici les données que j'ai pu rassembler. Quand un pays n'est pas mentionné sous l'un ou l'autre point, c'est qu'il n'y a pas d'indication dans le rapport.

Personnel

Voici les données en ce qui concerne les personnes engagées dans la préparation des volumes :

Allemagne	8	historiens-docteurs
Australie	3	historiens à 100 % plus quelques contrats partiels
Belgique		fournis par les Académies, Archives du MAE et universités (FNRS)
Bulgarie	7	experts historiens et archivistes
Canada	3	historiens : 2 PhD et 1 MA
États-Unis	31	historiens (y compris collaborateurs, chargés de la déclassification
France	20	collaborateurs sous direction de professeurs (à temps partiel)
Grande-Bretagne	5	historiens PhD plus collaborateurs du service (2,5 postes)
Grèce	5-10	chercheurs
Irlande	2	historiens PhD
Israël	5	historiens PhD
Italie	6	chercheurs en plus des professeurs responsables des séries
Japon	9	historiens PhD
Mexique	5	historiens plus collaborateurs extérieurs

Pays-Bas	2-3	historiens (postes partagés)
Pologne	4	collaborateurs
Suisse	4	postes d'historiens partagés (avec doctorat et sans doctorat)

Il s'agit donc, sur la base des indications fournies, d'un ensemble d'environ 130 à 140 historiens engagés à plein temps ou à temps partiel dans une entreprise dont les finalités se rejoignent pour l'essentiel – la mise à disposition de documents importants pour les relations internationales du pays – et qui partagent des problèmes communs quant aux choix des méthodes de publication.

Budget

Sur ce point, nous devons constater une minorité de réponses que nous résumons :

Australie	240 000 (personnel) + 150 000 (publication) dollars australiens
Canada	100 000 dollars canadiens
France	190 000 (personnel) + 150 000 (impression) euros
Grèce	couvert par le MAE
Hongrie	fonds publics
Israël	75 000 dollars US (sans salaires et infrastructures)
Lettonie	fonds publics
Pologne	20 000 dollars US (environ)
Suisse	200 000 FS (Académie) + Administration, universités, FNRS

Les indications d'ordre budgétaire suggèrent des situations très variées entre les équipes de publication intégrées dans les MAE ou les Archives (situation dominante) et celles qui résultent de structures mixtes : académies, administration publique et universités.

Périodicité de la publication

Allemagne	1 volume en 3 tomes par année
Belgique	irrégulière
Canada	chaque 18 mois
France	4-5 volumes par an depuis 2002
États-Unis	plusieurs volumes par année
Grande-Bretagne	irrégulière (retard par rapport au programme)
Irlande	1 volume chaque 2 ans

Israël	1 volume par an
Italie	4 volumes
Lettonie	irrégulière
Mexique	11 volumes par an
Pologne	2 volumes par an
Roumanie	1-2 volumes par an
Suisse	1 volume chaque 2 ans

Impression /diffusion/tirage

	Impression/ diffusion	*tirage*	*vente*
Allemagne	privé	850 ex.	variable
Australie	privé	1 500 ex.	–
Belgique	académies	500 ex.	–
Bulgarie	privé		
Canada	privé	875 ex	125
États-Unis	Gouvernement	1 500-2 000 ex.	750-1 000
France	privé	1 000 ex.	1 444 (2003)
Grande-Bretagne	Gouvernement	–	2 derniers vol. : 354 et 255
Grèce	privé	–	–
Hongrie	académie	1 000 ex.	–
Irlande	académie	2 000-1 500 ex.	vol. 1 : 1 600 (7 ans) vol. 3 : 300 (11 mois)
Italie	Gouvernement	500 ex.	
Israël	privé	600 ex.	250
Japon	privé	400 ex.	–
Lettonie	–	1 000-5 000 ex.	–
Pays-Bas	Institut	350 ex.	–
Pologne	privé	500 ex.	–
Roumanie	privé	–	–
Suisse	privé	850 ex.	1er vol : 550 (environ) 3e vol : 350 (environ)

La plupart des collections sont offertes aux institutions de recherche dans une proportion souvent très différente selon les éditeurs.

7. Diffusion : recherche de nouveaux publics

Ici aussi les réponses sont très contrastées, parfois répétitives de données fournies sous point 6.

Dans la quasi-totalité des réponses, le public cible indiqué, ce sont les chercheurs académiques, parfois les enseignants, rarement le grand public. Quelques réponses indiquent aussi les milieux diplomatiques, les fonctionnaires spécialisés en politique étrangère, les journalistes, les parlementaires.

Parmi les suggestions, on pourrait discuter de la diffusion dans les ambassades de chaque pays concerné, mais pourquoi pas dans les ambassades des pays accrédités ?

Sont-elles sollicitées pour faire connaître la publication. Un seul rapport en parle !

La question d'une édition commerciale (soft-cover) parallèlement à une édition cartonnée (hard-cover) mériterait d'être évaluée. Seule l'Australie indique ce double tirage : 500 exemplaires en hard-cover et 900 en soft-cover. Il serait intéressant d'en connaître le résultat au niveau de la diffusion.

Quant à la *diffusion*, la plupart des collections s'en remettent au marketing des maisons d'édition, à leurs catalogues. Certains éditeurs organisent des conférences de presse ou des séminaires à l'occasion de la sortie de presse des volumes : Irlande, États-Unis, Canada, Suisse.

Certains utilisent leur site internet ou celui du MAE pour annoncer les volumes parus, notamment quand leur contenu est accessible sur Internet, voir point 8.

8. Numérisation et mise en ligne

Voici bientôt une quinzaine d'années que nous parlons dans notre groupe de l'utilisation de l'informatique dans nos travaux d'édition. Dans un premier temps, l'informatique a été envisagée pour la préparation de la publication proprement dit, voire pour la préparation de recueil de documents qui seraient reproduits sous forme de CDRom. Selon les rapports parvenus, on peut dire que la moitié des équipes de Documents diplomatiques utilisent l'informatique, mais comme nous le verrons à des degrés et dans des résultats très divers, même si cette nouvelle technologie intéresse toutes les équipes.

Pas de programmes informatiques

Allemagne, Belgique, Bulgarie, France (envisagée), Grèce, Hongrie, Italie Japon, Lettonie, Mexique, Pologne, Roumanie

Publications de volumes sur Internet

Australie	accès sans frais
Canada	nouveaux volumes/publication simultanée, accès sans frais, anciens volumes en voie de numérisation
États-Unis	accès sans frais aux volumes dès 1961 : 1/3 des volumes de la période Nixon (1969-1976), uniquement disponibles online
Grande-Bretagne	documents numérisés sur CDRom. Certains documents numérisés ou scannés, image accessibles sans frais sur le site web du FCO.
Grèce	projet de nouvelle série sur DVD : *UN and Greece*
Hongrie	une sélection de documents français traduits en hongrois publiés en CDRom
Irlande	un choix limité de documents publiés reproduits sur le site et accessibles sans frais saisie électronique de tous les volumes, accessibles plus tard online saisie de certains documents sous forme image accessibles online dans un avenir à fixer
Israël	projet avancé : autorisation attendue de numériser les documents et de les rendre accessibles sans frais
Japon	liste des publications online : table des matières, parutions
Mexique	projet avec l'université du Texas de numériser 12 000 documents sur « *Les relations Mexique-USA au XIX*e *siècle* »
Pays-Bas	Les documents essentiels trop longs pour les volumes sont accessibles sous format PDF sur le site ING et sans frais

Suisse	Création d'une base de données autonome. Mise en ligne de documents saisis sous forme image et accessibles sans frais en PDF sur le site www.dodis.ch. Seule une sélection limitée des documents sont reproduits dans les 6 volumes de la période 1945-1961. En plus des documents originaux, la base de données contient des références biographiques, bibliographiques et archivistiques ainsi que des illustrations. Projet de développer le programme informatique pour la période 1961… et limiter la publication de documents sous forme de livres. Projet d'une saisie OCR de la série 1848-1945 (15 volumes), reporté faute de ressources.

Sur la base de ces expériences en cours, on constate que certains programmes d'édition ne sont pas encore concernés par l'informatique, d'autres l'utilisent de façon limitée tandis que d'autres mettent des volumes entiers sur internet ou encore ne publient les textes originaux que sur Internet (États-Unis, Grande-Bretagne, Pays-Bas, Suisse, etc.).

Il serait intéressant de savoir si la diffusion par Internet a élargi ou changé le public des utilisateurs. A-t-on des retombées plus directes – feedbacks – de la part des utilisateurs que par la parution de livres-papier ?

Peut-on constater que la diffusion par Internet est plus économique tout en étant plus efficace ?

Défi pour l'avenir : publier les documents uniquement par internet, soit par une saisie OCR soit par une saisie image ?

Sur les divers points résumés ici, on pourrait compléter les informations étant donné le caractère inégal des réponses. Il conviendrait aussi d'échanger des commentaires sur les expériences respectives qu'il s'agisse de nos méthodes d'édition, de publication, de diffusion et des réactions des utilisateurs.

TROISIÈME PARTIE

COMMUNICATIONS HISTORIQUES

Moreen Dee

DR H.V. EVATT AND THE NEGOTIATION OF THE UNITED NATIONS CHARTER

At the end of the 1945 United Nations Conference on International Organisation meeting in San Francisco, the *New York Times* summed up the performance of one of the Australian delegates, Dr Herbert Vere Evatt:

> When Dr Evatt came here he was a virtually unknown second-string delegate ... He leaves, recognized as the most brilliant and effective voice of the Small Powers, a leading statesman for the world's conscience, the man who was not afraid to force liberalization of the League charter ...[1]

Who was Herbert Vere (Bert) Evatt and what had he done to provoke such an effusive outpouring? This paper will look at H.V. Evatt, the man and his role as an Australian delegate in San Francisco, and in covering the major issues with which he is usually associated, determine whether Evatt did indeed make the impact claimed on the conference and leave a mark on the negotiation of the United Nations Charter.

A lawyer, constitutionalist and Australia's youngest appointed High Court judge, at the time of the conference, Evatt was Australia's Attorney-General and Minister for External Affairs – two demanding portfolios. When he and his Prime Minister, John Curtin, received Australia's invitation to send a delegation to San Francisco, both recognised that the conference provided one of those rare opportunities for a minor power like Australia to importune the great powers and to hope to have some impact on international society. Evatt was also

[1] *New York Times*, 27 June 1945, quoted in Kylie Tennant, *Evatt: Politics and Justice*, Angus & Robertson, Sydney, 1970, p. 174.

firmly of the opinion that Australia's "strategic position in the South Pacific and the nature of our war effort" not only entitled it to a role in the political outcome of the war, but also to a place in international politics at large.[1] In his view, there was no reason why representatives of a small power could not be as constructive and inventive as those of a great power. Australian chagrin at being excluded as a minor ally from allied decision-making on postwar planning no doubt added an extra spur to the determination at San Francisco to improve Australia's status in international affairs.

The Australian delegation thus went to San Francisco well informed on the Dumbarton Oaks proposals and with every problem – as Australia saw it – and intricacy memorised. Thoroughly rehearsed and furnished with the services of a small band of advisers and expert consultants, it was exceptionally well prepared to play the very active role that Evatt decided that it should play. Contrary to the great powers' view, Evatt regarded the Dumbarton Oaks plan as a draft for discussion and it was, therefore, "the duty and the opportunity of [the] conference to pass from general principles to the practical working rules of the proposed organisation". And he saw much work to be done.[2] Overall, the Australian view was that the proposals, as then drafted, bore "very many characteristics of a mere prolongation, into the years of peace, of the type of Great Power leadership that [had] been found necessary in order to win the war".[3] There were real concerns about the almost unlimited power to be given to a small Security Council, the highly restricted function proposed for the General Assembly, the procedure for the settlement of disputes, and issues relating to social and economic cooperation and territorial trusteeship. Particularly worrying was the extensive veto power to be given to the permanent members in the Security Council, meaning, of course, that the Council would only be effective when there was unanimity among all the great powers.[4] This did not sit well with

1 Evatt to the Australian delegates to the Institute of Pacific Relations Conference, 17 January 1945, in *Documents on Australian Foreign Policy* (hereafter *DAFP*), *Volume VIII, 1945*, Australian Government Publishing Service, Canberra, 1989, p. 19. Evatt here was making the point that these factors even gave Australia a strong claim to a place on the proposed Security Council. See also Minutes of British Commonwealth Meeting BCM (45) 5th Meeting, 6 April 1945, *ibid.*, p. 118–19.

2 See, Australian Delegation to Commonwealth Government, 29 April 1945, *DAFP, Volume VIII, 1945*, p. 150–4.

3 Speech at Plenary Session UNCIO, 27 April 1945, *Current Notes on International Affairs* (*CNIA*), Volume 16, n° 4, 1945, p. 109.

4 *Ibid.*, 117–27; and Forde and Evatt to Curtin, 17 April 1945, *DAFP, Volume VIII, 1945*, p. 133–40.

the Curtin Labor government's commitment to the principles of liberal internationalism in international relations.[1] The immediate plan of action was to develop an Australian plan for the establishment of a new international organisation that was more democratic and "ensur[ed] a wider and more binding assumption of obligations and responsibilities by [its] constituent members" than that proposed in Dumbarton Oaks text. An organisation directed "towards the maintenance of world peace and ... towards the promotion of economic and social welfare" and applying the rule of law to international relations.[2]

Australia's quest to make a difference, however, could well have been over before it even began. Evatt had great difficulty in concealing his bitterness that the Australian Deputy Prime Minister, Frank Forde, the other senior minister to go to San Francisco, and not he – like other foreign ministers – was chairman of the Australian delegation. A tumultuous personality with a towering intellect, Evatt believed Forde failed to grasp the importance of the issues that hung in the balance and the significance of the amendments that Australia was proposing. To make matters worse, Forde was too much the politician, too agreeable and too willing. Evatt, for his part, believed that such niceties did not support the approach Australia needed to take at the conference, arguing "we have got to deal with tough people and in Australia's interests we have to be equally tough".[3] Despite the undercurrent between the two, once the conference was underway Forde, in the main, let Evatt do the job he was more fitted to do.[4] In the days after the opening formalities Evatt soon established himself as the effective head of the Australians and had few qualms about doing so. From this point on, with boundless enthusiasm and extraordinary stamina, he was almost manic in his pursuit of the amendments deemed important to Australian interests.

1 See David Lee, "The Curtin and Chifley Governments, Liberal Internationalism and World Organisation", in David Lee and Christopher Waters (eds.), *Evatt to Evans: The Labor Tradition in Australian Foreign Policy*, Allen & Unwin, Sydney, 1997, p. 48–61.

2 Minutes of British Commonwealth Meeting BCM (45), 6 April 1945, *DAFP, Volume VIII, 1945*, p. 117–27.

3 Evatt to Beasley (Minister for Supply and Shipping and Member of the War Cabinet), 1 May 1945, *DAFP, Volume VIII, 1945*, p. 154–6.

4 While the Australian delegation was in London prior to the conference, Australia's former Prime Minister and then High Commissioner to the United Kingdom, Stanley Bruce, counselled Forde that "his course was to go on quietly maintaining his position ... [and] not to attempt ... to take on jobs that Evatt was more fitted to do". Note by Bruce of conversation with Forde, 2 April 1945, *DAFP, Volume VIII, 1945*, p. 96.

And he needed to be. The elaborate committee system of the conference presented a considerable challenge to a delegate like Evatt, pursuing an Australian concept of how the whole charter should be formulated and who accordingly had submitted a host of amendments. As Chairman of the Australian delegation Forde was the Australian voting member on the Steering Committee, but he arranged for Evatt to attend as a non-voting adviser "when any special matter on which he might like to state his views is being considered".[1] Evatt, however, was the Australian representative on the Executive Committee of 14[2] and also managed to get himself elected to 20 other committees and sub-committees. He usually achieved this by following up an Australian amendment with an early, energetic and well-informed speech on the topic which would secure his position. His subsequent schedule was exhausting and the wide range of involvement and attack meant that he was attending meetings of commissions and committees until the end of the day's session after ten at night. When meetings clashed, he seems to have had the uncanny knack of being able to choose the one that would prove the toughest fight. His seven, thinly stretched aides would then cover the others together with the relevant Australian expert attached to the delegation. If major issues arose, they sent for Evatt who would be briefed on the status of the debate as he hurried along the corridor from one committee room to another. He was able to maintain his effectiveness on that number of committees and in dealing with the many different issues through his ability to grasp significant points quickly and also to ensure he was equipped with the information essential to the arguments he was developing. To keep his edge, at the end of each full day, he and his officials would work until around two in the morning. One of these aides Paul Hasluck, who himself would be the Minister for External Affairs twenty years later, wrote that "he [Evatt] was so wrapped up in the Charter that he could move from point to point, and at a few minutes' notice enter into a new fight on any article of the draft". It is scarcely surprising that he should appear manic and that Hasluck should also recall "an eighty-hour week for ten weeks. We were all slightly mad by the end".[3]

1 Forde to Curtin, 27 April 1945, *DAFP, Volume VIII, 1945*, p. 146.

2 Australia's election to the Executive Committee resulted from Evatt's direct diplomatic efforts in Washington, Paris and London in the three weeks prior to the conference. It had been omitted from the original list prepared by the sponsors. See, Forde and Evatt to Curtin, 28 April 1945, *DAFP, Volume VIII, 1945*, p. 148.

3 See Paul Hasluck, *Diplomatic Witness*, Melbourne University Press, Melbourne, 1980, p. 202.

In addition to his long suffering officials, Evatt also saw one other avenue that he could use to advantage. He courted the hundreds of news-hungry journalists covering the conference. With the British and American delegation adopting a policy of diplomatic evasion of the press and the Soviets going incommunicado behind closed hotel doors, Evatt was happy to keep the press informed of proceedings, particularly those in which he was involved. He called regular press conferences and in concise, understandable language, he would explain the points he was trying to establish on the conference floor and in the committees and would always answer questions bluntly with conviction. Not surprisingly, subsequent press coverage of the issues important to Evatt heightened their public profile and rallied other small powers to the Australian side. To the journalists "virtually everything about Evatt [was] big" and perhaps in today's parlance "they couldn't get enough of him":

> Dr Evatt talks hard and listens hard and his simplicity is so basic that yesterday's conference had the intimacy of a seminar ... He has a sharp sense of humour and can spot a foul ball almost before it is tossed to him ...
>
> There are few delicate nuances connected with Dr Evatt, either mental or physical. He hews to the line and if the line wavers, then the hell with it. He'll draw a new one.[1]

What then were the issues that engaged Evatt and was he successful in having the influence on the Charter that he sought? With 38 Australian amendments to the Dumbarton Oaks draft, indeed there were few issues with which Evatt was not engaged, although it is with the Security Council veto and the General Assembly powers that he is usually associated. Before considering briefly a number of aspects of Evatt's involvement at the UNCIO, it must first be acknowledged that the scope of this paper precludes giving proper attention to the work of other delegations at the conference. The paper, therefore, is only a partial account of the considerable debate that took place on these issues.

The Yalta Formula giving the right of veto to the permanent members of the Security Council was the most provocative and contentious issue at the conference – and, thanks to Evatt, the most public. Evatt, of course, represented only one of 20 nations

[1] Carolyn Anspacher in *San Francisco Chronicle*, 14 May 1945, quoted in Tennant, *Evatt*, p. 171.

concerned about, and trying to restrict, the scope of this great power veto. But engaging the interest of the press from the outset with the plea that there was "no reason why one great power should be able to veto an attempt to settle a dispute through negotiation and arbitration, particularly when that dispute might be in an area outside the power's sphere of influence",[1] Evatt became the face of the smaller nations' struggle to decide international issues in concert with the other powers. That discussion of an issue by the Council could be vetoed was incomprehensible.[2] (It must be noted here that there were some members of the US and UK delegations who also felt that the scope of the veto needed to be restricted on this point.) Evatt thought that the Security Council should be able to carry any measure with the support of seven of its eleven members and he wanted clear procedures established whereby the Council could investigate any threat to world peace without any of the great powers being able to sabotage those procedures.[3] But although Australia's amendments to the veto proposals, in general terms, were designed to "exclude 'veto' of permanent members from all arrangements relating to peaceful settlement of disputes", unlike those of most of the other nations, they did allow one exception. Evatt conceded that the great power veto could apply on "decisions involving enforcement action". That is, that it should be confined to economic and military sanctions after all peaceful means had failed.[4] It was the harsh reality that the great powers could not be forced to take action against their wishes and without them there would be no United Nations or collective security system. As he explained it to the press: "We don't mind a veto on a shooting-match, because the big powers have to carry the burden of shooting. What we object to is a veto on a talking match".[5] He would have been even more reconciled to the enforcement action veto if he could have separated the question of revision of the Charter from the Yalta voting formula as it was being interpreted.[6]

1 *Californian News*, 5 May 1945, quoted in Tennant, *Evatt*, p. 168.

2 Australian Delegation to Commonwealth Government, 29 April 1945, *DAFP, Volume VIII, 1945*, p. 151.

3 Forde and Evatt to Chifley (A/Prime Minister), 3 June 1945, *DAFP, Volume VIII, 1945*, p. 189.

4 Department of External Affairs to Posts, 24 May 1945, *DAFP, Volume VIII, 1945*, p. 174.

5 *San Francisco Chronicle*, 31 May 1945, quoted in Tennant, *Evatt*, p. 171.

6 Forde and Evatt to Curtin, 17 April 1945, *DAFP, Volume VIII, 1945*, p. 134.

No doubt because of his belief that the Australian constitution was unduly rigid,[1] Evatt felt particularly strongly that the great powers should not be able to veto any amendment to the United Nations Charter. In his view, periodical revision of the Charter would be necessary to meet changing world conditions. It was, therefore, preposterous if just one of the powers failed to ratify an amendment, that amendment was effectively vetoed, even if ratified by all other members of the United Nations. With the support of seven other countries, Evatt tried to water down this proposal so that amendments would be carried after they had been twice approved by a two-thirds majority in successive General Assemblies that included the concurrence of three of the five permanent members.[2] He was alone, however, in being prepared to allow some lee-way. Evatt accepted that the great powers had to lead the new organisation into peace but he regarded this period as a transitional phase.[3] The charter being negotiated, then, was a temporary document suited to this transitional period. This proposition, of course, was totally unacceptable to the Soviet Union, which was only interested in a fixed and permanent charter, and to the not completely unsympathetic United States delegation, which could not consider the prospect of a document ratified by Congress being amended by others at a later date.

One other aspect of the veto that alarmed Evatt was the provision that the Security Council must authorise enforcement action at a regional level. This was a situation that struck at the heart of national security concerns for a large, sparsely populated country like Australia. With the memories of the first attacks ever on Australian soil still fresh, it was vital that Australia have a regional security system as a second line of defence should the world security system fail.[4] The basis of the alternative arrangements that Evatt sought was that, if the Security Council itself did not act in an emergency, it had a right only to be kept informed of regional disputes.[5] Australia,

[1] See, Alan Renouf, *Let Justice be Done: The Foreign Policy of Dr H.V. Evatt*, University of Queensland Press, St Lucia, 1983, p. 219.

[2] See Minutes of British Commonwealth Meeting BCM (45) 5th Meeting, 6 April 1945; Forde and Evatt to Curtin, 17 April 1945; and Department of External Affairs to Posts, 24 May 1945, *DAFP, Volume VIII, 1945*, p. 125–6, 137, & 174.

[3] Australian Delegation, San Francisco Conference, to Commonwealth Government, 29 April 1945, *DAFP, Volume VIII, 1945*, p. 153.

[4] Forde and Evatt to Curtin, 17 April 1945, *DAFP, Volume VIII, 1945*, p. 137.

[5] See, Forde and Evatt to Chifley, 18 May 1945; and Department of External Affairs to Posts, 24 May 1945, *DAFP, Volume VIII, 1945*, p. 170 & 175.

of course, was not alone in its opposition to the regional security veto – the Latin Americans proving to be the most outraged. The issue eventually became one of the main topics of the conference and while Australia's proposals no doubt contributed to the debate and Australian concerns about collective security were assuaged, Evatt's later claim that Australian proposals "played an important part in helping to shape the amendment eventually adopted" is perhaps exaggerated.[1] The fact is that the formula that went into Article 51 was provided by the United Kingdom delegation.

Although he fought long, hard and tirelessly, Evatt was unsuccessful in obtaining any of the amendments he sought to the veto. At best he got a softening of the terms for amendment finally included in the Charter and, by the end of the conference, Soviet agreement that the veto should not be used to block free discussion of an issue. Yet it was mainly for his fight over the veto that he was recognised. For ten days he had pounded away at the implications of the proposals for the smaller nations and as the *New York Times* reported "by fighting head-on with Russia, tying up for days decisions which in more pliable hands might have slipped by silently, had dramatised the misuse of the veto power".[2] Although this was Evatt's biggest and most drawn-out fight of the conference, it was one that he accepted that he could never win completely and, importantly, he knew when to back away. He knew he was never going to overcome Soviet determination to have the veto they wanted, as he also knew that without the veto United States Congress support of the United Nations would rapidly vanish. He was less accommodating to the United Kingdom delegation, however, who he believed had hampered the Dominions through a lack of consultation on the British interpretation of the Yalta formula and their apparent divergence from points agreed at the British Commonwealth Meeting prior to San Francisco.[3]

The second great issue with which Evatt is associated was his campaign to enlarge the powers of the General Assembly. Here he was more successful. He emerged as the leading voice of the small powers in the long and complex process of dealing with this topic, eventually negotiating directly with the great powers. Like the some

[1] Parliament of the Commonwealth of Australia, *United Nations Conference on International Organization, Report by the Australian Delegates*, Canberra, 1945, p. 27.

[2] *New York Times*, cabled to Australian newspapers, quoted Tennant, *Evatt*, p. 176.

[3] Forde and Evatt to Chifley, 4 June 1945, *DAFP, Volume VIII, 1945*, p. 195.

20 other delegations that submitted amendments to raise the status of the Assembly, Evatt rejected the great powers' plan to give the Security Council dominance and confine the Assembly to considering "principles" and "questions" and only making recommendations on generalities. Evatt's view was that ultimately the Assembly "should become the central organ or the forum in which the conscience of the people of the world should have its most potent expression".[1] He was resolved that the smaller nations had to have the maximum possible role in international relations. The heart of the issue was which organ should be dominant: the Security Council of 11 members, the great powers where they were protected by the veto, or the General Assembly, representing the whole membership and where none enjoyed veto protection.

Initially, the Australian amendments were extreme. The Council would have become the creature of the Assembly with very particular functions and subject to constant Assembly surveillance even in the exercise of those functions. Evatt quickly discarded these and circulated a new amendment that included two major rights for the Assembly. The first was the right of the Assembly to discuss and make recommendations on any matter "affecting international relations", with just the one exception that the Security Council be left "unhampered in handling immediate threats to peace".[2] The second was a bid to avoid the difficulties that had arisen in the League of Nations, with the League Assembly unable to deal with matters under discussion by the Council even if these matters had become bogged down. Evatt's amendment sought that if a three-fourths majority of the Assembly considered that the Security Council "had ceased to exercise its function in relation to [a] dispute", the Assembly would have the right to take over and make recommendations on the issue.[3]

While the great powers could accept much in Evatt's amendment, they rejected these two key principles. Many of the delegations of the small powers felt as strongly as Evatt about restricting the functions

[1] Speech at the Plenary Session UNCIO, 27 April 1945, in *CNIA*, Volume 16, n° 4, 1945, p. 98. See also, Commonwealth Government to Cranborne, 5 September 1944, *DAFP, Volume VII, 1944*, p. 521.

[2] Speech at Plenary Session in *CNIA*, Volume 16, n° 4, 1945, p. 99; and Forde and Evatt to Curtin, 17 April 1945, *DAFP, Volume VIII, 1945*, p. 135.

[3] Amendment cited in W.J. Hudson, *Australia and the New World Order: Evatt at San Francisco, 1945*, Australian National University, Canberra, p. 93–4. See also, Department of External Affairs to Posts, 24 May 1945, *DAFP, Volume VIII, 1945*, p. 174–5.

of the Assembly and with their support and sensing that this was a fight that could be won, this time Evatt did not give way. By sheer energy and persistence, he eventually wore down the great power delegations which acknowledged that, as the accepted voice of the small powers, he was the delegate who had to be satisfied. With the conference at an impasse, Evatt entered into direct negotiations with the United States's Edward Stettinius and the Soviet Union's Andrei Gromyko. Stettinius tried to persuade Evatt to limit freedom of discussion in the Assembly to "questions relating to the maintenance of international peace and security". Evatt's subsequent amendment held an inspired solution. Dropping the reference to the Assembly's powers as being anything "within the scope of international relations", he referred to its scope as being that of the United Nations Charter itself.[1] Given that Article 2(7) of the Charter prohibited UN intrusion into the domestic jurisdiction of states, Evatt's change went a long way to allaying the great powers' fears that majorities in the Assembly might be able to direct the domestic policies of states. After further negotiation Evatt overcame continuing Russian attempts to limit the scope of discussion by laying three versions of a formula on the table and demanding they accept one. Such effrontery succeeded with United States support. The small powers had enlarged the function of the General Assembly, which now had the right to discuss and make recommendations on anything within the scope of the United Nations Charter or "relating to the powers and functions of its organs". The only exception was under Article 12 of the Charter, which prohibited the Assembly from making recommendations with regard to any dispute or situation that the Security Council was dealing with, unless requested by the Council to do so.[2]

The veto question and the powers of the General Assembly, although the most significant, were only two of the issues on which Evatt actively contributed to the debate at San Francisco. He concerned himself deeply with the narrow social provisions of the Dumbarton Oaks draft and helped to widen the scope of the United Nations in economic, social and humanitarian areas, as well as strengthen the authority of the Economic and Social Council.[3]

[1] Amendment dated 25 May is cited in Hudson, *Evatt at San Francisco*, p. 99–100.

[2] See Lee, "The Curtin and Chifley Governments, Liberal Internationalism and World Organisation", p. 52–3; and Tennant, *Evatt*, p. 173. Also Articles 10–12, UN Charter.

[3] Forde and Evatt to Curtin, 17 April 1945; Australian Delegation to Commonwealth Government, 29 April 1945; and Department of External Affairs to Posts, 24 May 1945, *DAFP, Volume VIII, 1945*, p. 137–8, 152–3, & 174.

Declaring that "peace and security must rest on economic justice and social security", he also sought a separate agreement to maintain full employment.[1] Here he came up against the United States delegation, a number of whom thought that "the Australians were trying to use the international Charter to force a change in their own country".[2] This was not the case. Nor was it naiveté on Evatt's part (as his domestic critics claimed) to think he could go head to head with the United States on such an issue. Although never particularly interested in economics, Evatt understood that Australia needed the larger industrial states to maintain full employment if it was not to suffer under the United States vision of a new world economic order. Eventually it was the Soviet Union that brokered a formula acceptable to all. It was convoluted, but Evatt prevailed to the extent that his desired full employment obligation became one of taking "joint and separate action … for the achievement of these purposes".[3] The late Bill Hudson, a former editor of the Australian *Documents on Australian Foreign Policy* series, who in his own words "immersed" himself in the UNCIO records, saw Evatt's performance here as being "so remorseless in pursuing the pledge, mainly in opposition to the United States, that finally he bored the great powers into submission".[4]

Evatt also regarded the future of the dependent territories as important and entered the fray in the debate on the trusteeship provisions of the Charter. His particular concern here was that the draft failed to make the welfare of the dependent peoples an aim of guardianship.[5] But the trusteeship question became a great power tussle and Evatt was pretty much frozen out in the closed sessions. Although he was prominent in the final drafting of the trusteeship Articles, his actual contribution to the Charter on this issue was limited to the inclusion of a requirement that colonial powers provide the United Nations with regular statistical reports on the economic,

[1] Speech at Plenary Session, in *CNIA*, Volume 16, n° 4, 1945, p. 101; and Department of External Affairs to Posts, 24 May 1945, *DAFP, Volume VIII, 1945*, p. 176.

[2] US Delegation, Minutes of 56th Mtg, San Francisco, 28 May 1945, *Foreign Relations of the United States*, 1945, Volume 1, p. 947.

[3] Eighth Reporting of Drafting Subcommittee II/3/A, p. 401, quoted in Hudson, *Evatt at San Francisco*, p. 134.

[4] W.J. Hudson, "Dr H.V. Evatt at San Francisco", in Department of Foreign Affairs and Trade, *Monthly Record*, Volume 62, n° 4, 1991, p. 170.

[5] Australian Delegation to Commonwealth Government, 29 April 1945, *DAFP, Volume VIII, 1945*, p. 153.

social and educational development of their dependencies.[1] He also had qualified success in seeking to establish criteria for the election of non-permanent members of the Security Council. On this issue, Evatt, as did the Canadians and other middle power delegations, contended that the non-permanent members of the Council should be drawn from and "represent powers whose material resources, geographical location and willingness to resist aggression make their actual cooperation with the great powers absolutely essential to the effective working of a security system".[2] But this view was countered by the significance that some of the smaller countries attached to geographical representation and in end both criteria were accepted with equal weight.

Of the 38 formal Australian amendments on the Dumbarton Oaks draft, 26 were either adopted without material change, adopted in principle or made unnecessary by other alterations. In addition to those mentioned, these included the amendments protecting the territorial integrity and political independence of states, and those providing that peaceful settlement proceed "not arbitrarily but in conformity with the principles of justice and international law".[3]

For two months, in a display of prodigious energy, Evatt had achieved this result through the tenacity of his advocacy and the care with which he judged the limits to which his arguments could be pushed. Deadlock or the withdrawal of one of the great powers was never part of his strategy, which was to "vote for the third reading, even if [Australia] did not get the amendments".[4] At times he was obstinate and abrasive and, as did a number of the other delegations, often irritated the great powers. But the powers had of course set up a conflict situation by convening a conference and then expecting to control it. Any such discussion necessarily was going to see either acquiescence by Evatt and the other small power delegates or some degree of conflict arise when they did not. The records show, however, that the Soviets were not offended by Evatt's approach and that the United States delegation overall had accepted him as a good political operator. The United Kingdom officials – not

1 Department of External Affairs to Posts, 24 May 1945, *DAFP, Volume VIII, 1945*, p. 175.

2 Australian Delegation to Commonwealth Government, 29 April 1945, *DAFP, Volume VIII, 1945*, p. 152.

3 Evatt to Makin, 23 June 1945, *DAFP, Volume VIII, 1945*, p. 230.

4 Eggleston (Australian Ambassador to US) to Bruce, 9 July 1945, *DAFP, Volume VIII, 1945*, p. 246.

ministers[1] – on the other hand had mostly been horrified at such barefaced Dominion disrespect. The more pertinent fact is that the records also show that while there had been the occasional brawl, from day one, Evatt had been a busy and constructive participant. The reality was that if he was to have any impact of what kind of organisation the United Nations would be, San Francisco was his one opportunity. Evatt's efforts and those of the rest of the overworked Australian delegation were indeed recognised the following year when Australia replaced the initial choice Canada as a non-permanent member of the Security Council. For the moment, Australia had achieved the place it sought in from the margins of international society. Evatt himself would be the third President of the General Assembly, the only Australian to have been ever elected to the position.

In going to San Francisco Evatt sought to defend or advance particular Australian interests in the shaping of a world organisation that would not only meet Australia's needs but also the security, social and economic, humanitarian and judicial needs of international society at large. Cabling a summary of the work of the Australian delegation to his Acting Minister at the end of the conference, Evatt set out his own thoughts and hopes for what had been achieved:

> Perhaps the most important achievement of the Conference is the work of the small nations in liberalising and making more democratic the Dumbarton Oaks text. Australia could not possibly have succeeded to the extent indicated herein but for the resolution and steadiness of many nations ... In view of this valuable cooperation it is in my opinion certain that the General Assembly of the World Organisation will be a democratic institution and will not tolerate any resurgence of Fascism.

At the final session of the Steering Committee, every delegate, including the leaders of the Big Five, rose and applauded Evatt, concurring with Edward Stettinius's statement that he had contributed more to the conference than any other delegate. Approve or disapprove of his audacity, agree or disagree with his arguments, Herbert Vere Evatt had left his mark on the negotiation of the United Nations Charter and it had been a virtuoso performance.

1 Evatt to Makin, 23 June 1945, *DAFP, Volume VIII, 1945*, p. 232.

Antoine Fleury[1]

La Suisse et l'installation de l'Office européen des Nations unies à Genève

Si la question des relations entre la Suisse et l'Organisation des Nations unies est un vaste sujet, sa complexité se nourrit d'une part du fait du refus du peuple suisse jusqu'en 2002[2] d'adhérer aux Nations unies en dépit de la participation active de la Confédération suisse aux organisations internationales et d'autre part de la présence à Genève de l'Office européen des Nations unies et de la plupart des organisations internationales du système des Nations unies. Ce sont les enjeux suisses et internationaux qu'implique l'installation de ce bureau des Nations unies au bord du lac Léman que nous allons examiner, en sollicitant essentiellement les documents tirés des Archives fédérales suisses et partiellement publiés dans les volumes 15, 16 et 17 des Documents diplomatiques suisses et disponibles sur le site Internet www.dodis.ch.

Il convient de rappeler que durant la Seconde Guerre mondiale, la Suisse a maintenu jusqu'à la fin des hostilités en septembre 1945 sa politique d'État neutre, réaffirmée en septembre 1939, à l'adresse de tous les belligérants, à la suite de l'agression contre la Pologne. À l'issue de la guerre, l'attachement du Conseil fédéral et du peuple

1 Professeur à l'Université de Genève.

2 Il revint au Ministre français des Affaires étrangères, Dominique de Villepin, de recommander à l'Assemblée générale des Nations unies l'adoption du projet de résolution portant admission de la Suisse aux Nations unies, le 12 septembre 2002.Pour une mise en perspective de la question de l'adhésion de la Suisse à l'ONU, cf. François NORDMANN. *La Suisse et l'ONU au vingt-et-unième siècle*. Genève, éditions du Tricorne, 2002.

suisse à la neutralité sort encore renforcé des épreuves de la guerre.[1] Cependant, les circonstances de la fin de la guerre et de la mise en place d'une nouvelle organisation internationale sont très différentes de celles qui prévalaient à l'issue du premier conflit mondial, même si les questions de principe se posent dans des termes quasi identiques.[2] Ainsi, la Suisse, qui avait été associée avec d'autres États neutres à certaines séances consacrées à la rédaction du Pacte de la Société des Nations, à Paris, en 1919, n'a pas participé à la Conférence des Nations unies convoquée à San Francisco pour mettre au point et adopter les documents élaborés par des experts des Grandes Puissances alliées, notamment à Dumbarton Oaks, en 1944, et approuvés par les Trois Grands – Churchill, Roosevelt, Staline – à Yalta, en février 1945. Autrement dit, quand la Conférence de San Francisco se réunit à la fin d'avril 1945, la guerre n'est pas terminée en Europe (l'Allemagne capitule le 8 mai) et l'issue encore incertaine en Extrême-Orient (le Japon ne capitulera que le 12 septembre 1945) au moment où la Charte des Nations unies est adoptée (le 26 juin). Dans ces conditions, les Puissances alliées n'ont même pas tenté d'inviter la Suisse avant tout parce qu'elle rendait d'inestimables services aux belligérants ; ceux-ci appréciaient unanimement, à part l'URSS, l'active politique de neutralité qu'elle a menée depuis le déclenchement des hostilités, notamment à travers des mandats de représentations des intérêts de presque cinquante États en guerre dans tous les continents et par une action humanitaire au nom de la Croix Rouge suisse ou par un soutien constant au Comité international de la Croix Rouge.

À la Conférence de San Francisco, en juin 1945, contrairement à la Conférence de la Paix de Paris en 1919, la désignation du siège de la nouvelle Organisation des Nations unies n'a pas été décidée. Cette situation va dicter à la Suisse une grande prudence, tout en manifestant une présence active, en participant à plusieurs conférences à caractère technique convoquées par les Nations unies dès 1944 (Travail, UNRRA, Transports aériens, Commerce) et un intérêt

[1] Notre contribution : « La neutralité suisse à l'épreuve de la Deuxième Guerre mondiale » in : *Guerres mondiales et conflits contemporains.* Paris, n° 194/1999, p. 29-59 ; pour les documents essentiels, on se réferera aux volumes 13, 14 et 15 des *Documents diplomatiques suisses*, désormais DDS ainsi qu'aux volumes 16 et 17 pour la période 1945-1949 et aux documents disponibles dans la base de données www.dodis.ch, selon les numéros indiqués.

[2] Notre contribution : « La Suisse et la préparation à l'après-guerre » in *Plans des temps de guerre pour l'Europe d'après-guerre 1940-1947*, Edit. Michel Dumoulin, Bruxelles, Bruylant, 1995, p. 175-195 ; pour les documents, cf. DDS, vol. 14 et 15, rubrique : L'après-guerre et les organisations internationales.

soutenu pour les projets d'activités et de mécanismes de la nouvelle organisation de paix et de coopération internationale. Mais, ce qui va faire que la Suisse a été immédiatement placée dans une position de partenaire de la nouvelle ONU, c'est le patrimoine laissé par la Société des Nations dont le sort n'avait pas encore été réglé. Il constituait, à vrai dire, un atout incomparable pour la Suisse et représentait un intérêt non négligeable tant au plan matériel que moral pour la nouvelle organisation qui avait besoin de locaux et de compétences.

En 1945, la Société des Nations disposait encore de quelque 110 fonctionnaires qui remplissaient diverses tâches techniques, installés dans un prestigieux Palais des Nations, inauguré en 1937. Or, qu'allait-il advenir à la fois des fonctionnaires restants (mais ceux-ci étaient aisément transférables dans la mesure où leurs compétences pouvaient être mises à la disposition des Nations unies) et surtout de l'imposant édifice financé par les États membres de la Société des Nations et dont la plupart se retrouvaient à l'ONU.

Dès l'été 1945, le nom de Genève était évoqué comme éventuelle nouvelle capitale du monde, mais d'autres solutions étaient imaginées, notamment celle d'une répartition de sièges administratifs entre Grandes Puissances, parmi lesquelles les États-Unis ne cachaient pas leur ambition de proposer une ville américaine comme siège central. Certes, il y avait des amis de la Suisse et de Genève, surtout dans les milieux diplomatiques européens, notamment au Foreign Office, pour conseiller aux Suisses de ne poser si possible aucune condition, notamment à propos de la neutralité, au cas où les Grandes Puissances en viendraient à proposer Genève comme siège de l'ONU.[1]

C'est dans ce contexte que certains milieux internationaux et suisses favorables à Genève, mais conscients aussi de l'impossibilité de mettre en cause le statut de neutralité de la Suisse pour des raisons relevant de sa politique intérieure ont envisagé de doter d'un statut d'exterritorialité un territoire restreint qui relierait le domaine de l'Ariana, sur lequel avait été construit le Palais des Nations, au Pays de Gex par un corridor qui permettrait une liaison entre le Palais des Nations destiné à abriter les organisations techniques de l'ONU et un édifice à construire sur territoire français dans lequel pourrait siéger le Conseil de sécurité et l'État-major qui lui serait

[1] Cf. DoDis 45 in www.dodis.ch. Sur le site indiqué, on consultera soit des documents originaux reproduits sous forme image, soit des références documentaires ou archivistiques.

rattaché. L'idée d'une enclave internationale, estimait-on, serait la condition qui pourrait décider, en particulier, l'URSS à approuver le choix de Genève, d'autant plus que la Suisse n'avait pas encore réussi à rétablir des relations diplomatiques avec Moscou (ce sera fait en mars 1946).[1] Mais rapidement, cette idée d'enclave a été rejetée par les experts suisses qui estimaient que les droits d'exterritorialité dont bénéficiaient les organisations internationales déjà établies en Suisse, au titre des privilèges et immunités diplomatiques, étaient suffisants.

En réalité, le Conseil fédéral s'est montré prudent par rapport à ces perspectives, préoccupé qu'il était de ne pas heurter de front les ambitions notoires des États-Unis que même d'autres Puissances avaient beaucoup de peine à contrer en ce qui concerne certains principes ou mécanismes de la nouvelle organisation.[2] C'est finalement la première Assemblée générale constitutive des Nations unies, réunie à Londres du 10 janvier au 14 février 1946 qui s'est prononcée en faveur de l'installation du siège permanent de l'ONU dans une ville américaine (non désignée) et qui a adopté les bases d'un règlement de la question du transfert des avoirs et de certaines activités de la Société des Nations à l'ONU. Dans une résolution du 12 février 1946, elle a recommandé en effet que l'ONU assure la continuité de certains pouvoirs et de certaines fonctions assumés jusqu'ici par la Société des Nations dès qu'une prochaine assemblée de la SdN aura été réunie régulièrement pour entériner sa dissolution et les transferts de ses avoirs et fonctions à l'ONU.

Or, l'organisation de cette dernière assemblée de la SdN a sollicité les autorités suisses et bien entendu l'administration résiduelle du Palais des Nations ; elle a réuni à Genève du 8 au 18 avril 1946 les délégations de 34 États sur la quarantaine d'États invités. Elle a été marquée par des discours émouvants et solennels de délégués prestigieux tel Lord Robert Cecil (un des pionniers de la SdN dès 1919), du délégué britannique Noël Baker ainsi que du délégué français Paul Boncour qui s'était déjà distingué par ses interventions au sein de la SdN ; en ce printemps 1946, il mobilisa son auditoire non par des envolées nostalgiques, mais par une invitation à l'optimisme en formulant ses vœux pour la réussite de l'ONU à laquelle la SdN ne

[1] DDS, vol. 16, n° 64, p. 194-196 ; aussi *Suisse-Russie. Contacts et ruptures 1813-1955*. Documents tirés des Archives du ministère des Affaires étrangères de Russie et des Archives fédérales suisses, choisis, annotés et présentés par Antoine Fleury et Danièle Tosato-Rigo, Berne, Haupt, 1994, surtout documents n° 200-204.

[2] DDS, vol. 16, n° 48, p. 141-148.

léguait pas seulement ses avoirs, pas seulement ses archives, mais surtout son expérience de vingt-cinq ans. Enfin, dans la séance de clôture, le 18 avril, à 15h00, présidée par le Norvégien Carl Hambro, l'Assemblée approuvait les rapports des commissions, notamment les conclusions de la première commission relatives à la reprise par les Nations unies d'institutions ou d'activités assumées par la SdN – Cour permanente de Justice internationale, assistance aux réfugiés, mandats, tâches de secrétariat, enregistrement des traités[1] – et les conclusions de la deuxième commission, chargée d'établir avec le comité ad hoc des Nations unies, créé déjà le 18 décembre 1945, un plan de transferts des avoirs et biens de la SdN, à la nouvelle organisation. Enfin, l'acte de dissolution de la SdN a été prononcé, par appel nominal de chaque pays, à l'unanimité des 34 délégués qui ont répondu par oui ou yes. Le détail a son importance car la séance a été radiodiffusée. Ce qui signifie que les participants et organisateurs souhaitaient donner à cet acte de dissolution une solennité manifeste, mus sans doute par le sentiment et la conviction qu'il ne s'agissait pas d'une cérémonie d'enterrement, mais au contraire d'un passage du témoin, vers un nouveau départ puisque l'ONU allait poursuivre ce que la SdN avait commencé, selon les paroles du Président Hambro.

Par cette dernière manifestation, la transition et par conséquent la continuité étaient assurées entre la SdN et l'ONU. Très concrètement, le transfert des biens et avoirs de la SdN à l'ONU, dont le principe avait été approuvé par l'Assemblée générale, le 12 février 1946, pouvait être assuré ; la valeur totale de ces biens avait été estimée à 47 631 518,61 francs suisses comprenant bâtiments, mobilier, stock de fournitures de bureaux, etc. Cependant, le bâtiment de la bibliothèque, construit grâce à un don de Rockefeller pour un coût de 5 564 206,22 francs suisses n'est pas pris en considération dans ce total, ni d'autres dons dont la valeur minimale a été estimée à 1 234 640 francs suisses.

L'Assemblée générale de l'ONU avait constitué en février 1946 un comité, chargé de négocier avec le gouvernement suisse des accords rendus nécessaires par le transfert aux Nations unies des biens et avoirs de la Société des Nations.[2] Des pourparlers eurent lieu à Berne

[1] À ce titre, le Secrétariat de la SdN a enregistré, publié et conservé 4834 traités ou conventions dont la garde et la gestion sont confiées au Secrétariat de l'ONU qui poursuit cette mission, en publiant notamment le *Recueil des Traités*, conformément à l'article 102 de la Charte.

[2] Cf. DoDis n° 141, 175 et 1792.

les 4-6 avril 1946 et se terminèrent à Genève le 19 avril, le lendemain même de la dissolution de la Société des Nations,[1] par la signature :

1. d'une Convention sur l'Ariana concernant les droits et obligations de la Suisse et des Nations unies en ce qui concerne l'affectation du domaine de l'Ariana (Palais des Nations et extérieurs). En fait, elle remplaçait la convention conclue le 26 mars 1929 entre la société des Nations et la Confédération suisse ;
2. d'un Arrangement provisoire sur les privilèges et immunités en vue de l'établissement à Genève de certains services de l'ONU, arrangement qui reprend les dispositions de la Convention adoptée par les Nations unies le 13 février 1946, destinée à servir de base à l'arrangement que les Nations unies avaient à négocier avec les États-Unis du fait du choix d'une ville américaine, non encore formellement désignée, pour abriter le siège de l'ONU.[2]

Pourquoi l'accord avec la Suisse était-il provisoire ? Tout simplement parce que la Suisse n'était pas membre des Nations unies et que l'on ignorait encore quels seraient les services que l'ONU déciderait d'installer à Genève. Toutefois, en approuvant ces accords destinés à assurer toute l'indépendance nécessaire aux activités de l'ONU, le Conseil fédéral voulait encourager les efforts déployés au sein des Nations unies en vue de maintenir et de développer à Genève un centre important d'activités internationales[3] ; dans ce but, il s'agissait d'y attirer au plus vite certains services, de ne dresser aucun obstacle à leur installation et de ne formuler aucune restriction si possible en ce qui concerne les activités que l'ONU pourrait y exercer, en invoquant notamment le respect de la neutralité du pays-hôte. Mais ce qui allait faciliter et accélérer l'établissement de services des Nations unies à Genève, c'est que l'ONU y disposait dès le 1er août 1946 de la jouissance du Palais des Nations dont elle était propriétaire depuis la dissolution de la Société des Nations ; là résidait l'atout majeur de Genève, puisque l'ONU ne possédait pas encore un quelconque bâtiment à elle pour son secrétariat provisoirement installé aux États-Unis. Or, le lendemain déjà, le Secrétaire général des Nations unies, le Norvégien Trygve Lie, débarquait à Genève pour visiter les lieux qu'il ne connaissait pas encore, et il se rendit à Berne, le 3 août, en

[1] Cf. DoDis n° 1383, 1408.

[2] Pour ces accords entre la Suisse et l'ONU, cf. *Recueil des Traités*, vol. I, p. 99-181.

[3] Cf. DoDis n° 120.

vue de s'assurer que le Conseil fédéral était bien disposé à lui accorder l'emploi inconditionnel du Palais des Nations.[1] Sa question était d'autant plus légitime que la Suisse n'était pas membre et qu'il était sans doute bien informé des réticences helvétiques à entrer à l'ONU tant que cette dernière ne reconnaîtrait pas le statut de neutralité de la Suisse comme la SdN l'avait fait en 1920. Aussi pour le Secrétaire général était-il important de savoir si la Suisse ne s'opposerait pas à la tenue de séances du Conseil de sécurité. Or, à Berne, les avis des experts et du Conseil fédéral étaient unanimes à penser qu'il fallait éviter de risquer de mettre en cause le statut de neutralité au cas où le Conseil de sécurité y siégerait, notamment en période de crises internationales impliquant des décisions militaires ; le Département fédéral des Affaires étrangères n'a donc pas pu répondre positivement à cette exigence formulée explicitement par le Secrétaire général d'utiliser le Palais des Nations « pour des réunions de tous les organes de l'ONU, et pour les activités de tous les services de l'ONU, sans exception ».

Ainsi le premier voyage du premier Secrétaire général des Nations unies à Berne, en août 1946, a été un demi-succès ; la clarification de la situation nécessitera une suite de contacts, puis de négociations à Genève, puis à New York, dans le cadre de la deuxième session de l'Assemblée générale des Nations unies, en automne 1946. Dans l'intervalle, toutes les organisations spécialisées des Nations unies – Organisation pour l'Aviation civile internationale, Organisation mondiale de la Santé, celle pour l'Alimentation et l'Agriculture – ont évoqué la possibilité de s'établir à Genève, tandis que l'Organisation internationale du Travail était déjà en train d'y effectuer le retour de son Bureau.[2]

Aussi la délégation suisse, présente en tant qu'observateur à New York à la fin de 1946, a-t-elle beaucoup contribué à clarifier les relations entre la Suisse et l'ONU, du fait que cette délégation se soit trouvée dans la situation d'avoir des problèmes concrets importants à régler avec le Secrétariat et avec certaines commissions de l'Assemblée tandis que les délégations de la plupart des États membres n'avaient pour ainsi dire pas de questions bilatérales à traiter avec les Nations unies. Or, l'un de ces problèmes concrets, en plus d'autres questions importantes comme la participation de la Suisse à la nouvelle Cour internationale de Justice qu'elle a réussi à faire entériner par

[1] DDS, vol. 16, n° 82, p. 248-250 et DoDis n° 56, 148, 251, 1439.

[2] DDS, vol. 16, n° 95, p. 296-298 et DoDis n° 45, 122, 245, 248, 249.

l'Assemblée plénière du 11 décembre 1946,[1] sans qu'ait été soulevée la question de l'adhésion préalable à l'ONU, concernait en premier lieu l'installation de services des Nations unies à Genève, au Palais des Nations[2] ; il s'agissait en particulier de clarifier les conditions liées à leurs activités, étant donné le statut de neutralité de la Suisse et de la non-appartenance à l'ONU.[3]

Dans les pourparlers qu'ils conduisirent à New York sur cet aspect délicat à propos duquel le Conseil fédéral n'était pas parvenu à une position satisfaisante, lors de la visite du Secrétaire général à Berne, en août, les délégués suisses, qui échangèrent de nombreux projets de déclaration avec les fonctionnaires du Secrétariat général au cours du mois d'octobre reçurent un soutien décisif du chef de la diplomatie suisse, Max Petitpierre ; dans une lettre, datée du 22 octobre 1946, adressée au Secrétaire général des Nations unies, Petitpierre annonçait qu'en plus de l'engagement pris dans l'accord du 19 avril 1946, de faciliter au mieux l'installation et la présence des délégués, experts et fonctionnaires accomplissant des tâches définies par les Nations unies, sous réserve d'activités qui pourraient être contraires à la neutralité suisse, le Conseil fédéral levait désormais toute restriction à l'application de cet accord et autorisait par conséquent les Nations unies à convoquer en Suisse toute réunion ou y installer tout service qu'elles jugeraient bon « sans aucune restriction ». Toutefois, le Conseil fédéral tenait à préciser que « la Confédération suisse n'encourt aucune responsabilité du fait des activités en Suisse de l'ONU, de ses organes, de ses fonctionnaires et de toute personne agissant pour son compte ou en son nom ». En ce qui concerne la neutralité proprement dite, le Conseil fédéral se limitait à émettre la réserve « que des opérations militaires en cas de conflit entre Membres des Nations unies ou entre les Nations unies et un État tiers ne seront en aucun cas dirigées du territoire suisse ». L'effort de clarification avait porté sur une formulation qui impliquait au départ une réserve générale à l'égard du Conseil de sécurité et qui ne s'appliquerait plus dans la nouvelle formule qu'en cas de guerre. Les termes de cette clarification des relations entre la Suisse et les Nations unies ont été portés à la connaissance de l'Assemblée générale, le 8 novembre ; ils ont été approuvés, le 28 novembre, à l'unanimité des délégués, qui avalisaient ainsi l'ultime réserve formulée par le gouvernement suisse en ce qui concerne l'installation d'un État-major opérationnel

1 Cf. DoDis n° 246.

2 Cf. DoDis n° 2339.

3 Cf. DoDis n° 40, 118, 151, 153, 254, 1486.

à partir de Genève en cas de conflit. Par rapport à son exigence formulée en août, il est vrai que le Secrétaire général, mal informé des implications diverses de la neutralité pour la Suisse, mais aussi pour l'ONU elle-même, avait finalement accepté la formulation juridiquement boiteuse, mais politiquement adroite, proposée par les diplomates suisses ; que le Secrétaire général l'ait acceptée a été considéré comme une concession de sa part. En effet, les délégués suisses avaient pu progressivement convaincre les fonctionnaires du secrétariat, chargés de la négociation, que les mesures que la Suisse prendra, en tant qu'État neutre, pour sauvegarder sa propre sécurité, ne pourra que profiter à la sécurité des organes des Nations unies installés à Genève, mais à condition que ces derniers ne soient pas impliqués dans des actions concrètes de caractère militaire. On laissait ainsi entrevoir la possibilité qu'en cas de conflit international les organes des Nations unies pourront poursuivre à Genève en toute sécurité leurs activités ordinaires, ce qui ne serait sans doute pas le cas s'ils se trouvaient installés dans un pays en guerre. N'oublions pas qu'en 1946 la perspective d'une troisième guerre mondiale était dans bien des esprits, notamment à la suite des premiers affrontements entre Washington et Moscou au sujet des agissements et prétentions soviétiques en Iran et en Turquie. Autrement dit, dans ce contexte où la paix générale était loin d'être assurée, l'installation des Nations unies à Genève, dans un État qui affirmait vouloir non seulement maintenir son statut de neutralité, mais prendre les mesures pour le garantir tant au plan diplomatique que militaire, recueillit l'approbation de tous les États présents à New York.

Le nouvel arrangement entre le gouvernement suisse et les Nations unies, concernant l'utilisation du Palais des Nations, approuvé par l'Assemblée générale le 14 décembre 1946,[1] levait enfin l'obstacle qui empêchait le Secrétaire général d'envisager l'utilisation en toute liberté de la place de Genève comme lieu d'activités permanentes ou de réunions d'organes de l'ONU. Pour le négociateur suisse, Daniel Secrétan, la Suisse voyait ainsi sa position doublement renforcée par rapport aux Nations unies, en ce sens que c'était la première fois que le nouvel ordre mondial reconnaissait implicitement le statut particulier de la Suisse, pays non-membre, mais néanmoins hôte de celle-ci et que grâce aux arrangements intervenus depuis avril 1946, le bureau de l'Organisation à Genève pourra se développer peu à peu ; son développement reflétera d'ailleurs, estime-t-il, la part grandissante que saura prendre l'Europe dans les affaires mondiales,

[1] *Recueil des Traités*, vol. I, p. 165-181.

pour rééquilibrer ainsi l'hégémonie américaine sur les Nations unies, que beaucoup d'observateurs de l'époque jugeaient certes inévitable et utile étant donné l'état de délabrement matériel dans lequel se trouvaient la plupart des États européens mais qu'il faudra rapidement contenir. Or, le fait que Genève ait été choisie procurait quelque espoir dans ce rééquilibrage, mais le démarrage était bien modeste, en tout cas plus modeste que ce que certaines prévisions avançaient ; en effet le premier budget voté par l'Assemblée générale pour le « bureau de Genève » ne s'élevait qu'à 800 000 dollars, soit 3 millions de francs suisses ; ce qui correspondait à un dixième du budget de la SdN, au temps de sa prospérité ; quant au nombre de fonctionnaires prévus pour Genève, il était évalué à 200 personnes. Dans ces conditions, note Secrétan, il « convient de ne pas se laisser aller à des illusions », même si l'adhésion prochaine d'États européens devait renforcer les services établis à Genève. Rappelons qu'en 1946 seuls onze États européens sur vingt-cinq étaient membres des Nations unies.

Parallèlement aux négociations menées durant l'été et l'automne de 1946 au sujet de l'établissement à Genève de certains organes et services de l'ONU, la diplomatie suisse a été tentée de solliciter de la part de l'Assemblée des Nations unies la reconnaissance du statut de neutralité comme condition de son adhésion à la nouvelle organisation de paix ; ce qui était visé, c'était une formule qui reprendrait l'essentiel de la déclaration de Londres de février 1920 qui avait permis au gouvernement fédéral de faire approuver par le peuple l'entrée à la Société des Nations. Pensant qu'il pourrait tirer parti des excellentes dispositions manifestées par les États au sujet de la fonction internationale de Genève, malgré la réserve exprimée par Berne au titre de la neutralité, le Chef du Département politique fédéral, Petitpierre, a adressé une lettre, datée du 19 octobre, au Président de l'Assemblée des Nations unies, le Ministre belge des Affaires étrangères, P. H. Spaak, dans laquelle il exprimait le souhait du Conseil fédéral d'examiner dans quelles conditions la Suisse pourrait être admise avec un statut spécial, à titre exceptionnel, au sein des Nations unies.[1] Bien au fait des obstacles juridiques et politiques qu'une telle demande impliquerait, le Président Spaak a conseillé de ne pas soulever un tel débat de principe au sein de l'Assemblée générale, car il risquerait de compromettre une politique qui a si bien réussi à la Suisse, à savoir de participer pleinement aux activités non

[1] DDS, vol. 16, n° 98, p. 300-301.

politiques des Nations unies.[1] Petitpierre a eu la sagesse de ne pas insister car tous les sondages auprès des délégués et hommes d'État considérés comme amis de la Suisse avaient montré qu'une telle demande aurait été rejetée quasi à l'unanimité des États membres et sans doute compromis la pleine participation de la Suisse aux institutions spécialisées de l'ONU à commencer par la Cour internationale de Justice. Par ailleurs, il était évident à l'époque, et cela semble être valable jusqu'à nos jours, que le peuple suisse ne saurait sacrifier le statut de neutralité sur l'autel de l'ONU.

Durant plus d'un demi-siècle, jusqu'à sa participation pleine et entière à l'Organisation des Nations unies, depuis septembre 2002, la Suisse a pu concilier une politique apparemment contradictoire, celle qui aurait dû normalement la conduire à l'isolement par rapport aux autres États, tous membres de l'Organisation des Nations unies, et celle d'un engagement permanent que requièrent les multiples intérêts communs avec les Nations unies du fait du développement de celles-ci à Genève, notamment par l'installation de la grande majorité des organisations spécialisées du système des Nations unies et d'un nombre exponentiel d'agences et d'organisations non-gouvernementales en relation avec les activités des diverses institutions internationales.

Prenant en considération ce développement impressionnant qu'a connu la fonction internationale de Genève qu'aucun expert n'aurait pu prévoir dans cette dimension en 1945/1946, il convient de reconnaître l'incomparable atout qu'a représenté à un moment crucial la présence d'un majestueux Palais des Nations ; sans cette présence la vocation internationale de Genève n'aurait guère eu de chances de reprendre le flambeau qu'elle tenait en tant que siège de la Société des Nations et du Bureau international du Travail. On peut aussi faire remarquer qu'une conséquence non moins importante de cette relance de la Genève internationale, c'est qu'elle a, plus que tout autre facteur, permis à la Suisse de demeurer neutre, sans pour autant être isolée. On peut même affirmer que, grâce au développement de l'Office européen des Nations unies en un véritable centre d'activités et de négociations internationales, la Suisse s'est trouvée au contraire en permanence au cœur des grands événements de ce dernier demi-siècle, sans qu'elle le recherchât. Elle a non seulement été sollicitée à accomplir plusieurs mandats au service de la communauté internationale, à commencer par sa participation à la commission de

[1] DDS, vol. 16, n° 100. p. 303-304.

contrôle de l'armistice en Corée de 1953 à nos jours, par l'accueil de la conférence sur les questions asiatiques qui mit fin au conflit franco-indochinois en 1954, de la première rencontre au Sommet, dix ans après la conférence de Potsdam, celui des Quatre Grands en juillet 1955 ainsi que de la grande conférence pour l'utilisation de l'énergie atomique à des fins pacifiques en août 1955 : autant de manifestations qui semblaient annoncer la fin de la guerre froide entre les deux grands blocs qui se disputaient le contrôle de notre planète.[1] Autant d'événements qui ont permis à la diplomatie d'être au centre des grands enjeux internationaux dont la série des six volumes des *Documents diplomatiques suisses* qui couvrent la période 1945-1961 rendent compte abondamment, complétés par de nombreux documents originaux disponibles sur le site www.dodis.ch.

[1] Pour des documents, des témoignages et des illustrations, cf. Guy METTAN. *Genève. Ville de Paix. De la Conférence de 1954 sur l'Indochine à la coopération internationale*, Genève, Slatkine, 2004.

Georges-Henri Soutou[1]

LA FRANCE ET LA CRÉATION DE L'ONU, 1944-1946

On admet en général que la France a soutenu l'ONU et le principe de la sécurité collective après la Seconde Guerre mondiale, dans la ligne de son appui sans réserve à la SDN et au principe de la sécurité collective avant la guerre.[2] La réalité est plus complexe, comme les archives du Quai d'Orsay et les documents publiés dans les volumes des *Documents Diplomatiques Français* de 1944 à 1946 permettent de s'en rendre compte. Certes, la participation à l'ONU avec un siège permanent au Conseil de sécurité manifeste le redressement du pays et l'affirmation de son rôle mondial. Mais les Français sont en fait divisés, après la mauvaise expérience de l'impuissance de la SDN avant 1939, sur la place à accorder à la sécurité collective par rapport à une politique plus classique d'alliances bilatérales. Et certains aspects de la Charte et de la nouvelle organisation internationale les gênent ; en effet ils tiennent compte des leçons de l'échec de la SDN, mais aussi de certains intérêts français qui risquent d'entrer en contradiction avec la Charte, comme l'intégrité de l'Empire français, devenu Union française en 1946. Ils tiennent compte également de la conjoncture rapidement changeante des années 1945-1947, et du passage de la « grande alliance » aux prolégomènes de la Guerre froide.

[1] Professeur à l'Université de Paris IV-Sorbonne

[2] Voir l'excellent récit dans Pierre Gerbet, *Le relèvement, 1944-1949*, Imprimerie Nationale, 1991 ; on voudrait montrer ici que les réserves à l'égard de la sécurité collective étaient en fait fortes.

La France se fait prier

Il faut se souvenir que la France Libre n'avait pas formellement adhéré à la Déclaration des Nations-Unies du 1er janvier 1942 (tout en adhérant à ses principes dès septembre 1941) car Washington avait refusé qu'elle devînt cosignataire de la Déclaration et accédât ainsi sur un pied d'égalité complète. Il s'agissait évidemment d'un épisode du combat de la France Libre pour sa reconnaissance pleine et entière. Le 24 octobre 1944, le lendemain de la reconnaissance du GPRF par les Alliés, les États-Unis convièrent la France à adhérer à la Déclaration, comme signataire et donc sur le même plan que les signataires primitifs.[1]

Mais Paris ne se hâta pas : la signature par la France n'intervint que le 1er janvier 1945; peut-être les débats difficiles à l'automne 1944 avec les Alliés à la Commission consultative européenne, ainsi que la volonté de conclure d'abord le Pacte franco-soviétique du 10 décembre 1944 contribuent-ils à expliquer ce manque d'empressement ?[2] En tout cas la France ne participa pas à Dumbarton Oaks en septembre-octobre 1944.

Mêmes problèmes de procédure (qui recouvrent en fait la volonté de se faire reconnaître comme grande puissance à part entière) lors de l'invitation à la Conférence de San Francisco : la France constate que d'importantes décisions concernant la future ONU ont été prises sans elle à Dumbarton Oaks et à Yalta. C'est pourquoi elle refuse de figurer parmi les Nations invitantes si le texte de l'invitation ne réserve pas la possibilité de discuter et d'amender le plan de Dumbarton Oaks. On parvient à un compromis avec Washington et Londres, mais Moscou refuse de modifier la formule d'invitation : la France ne sera donc pas puissance invitante à San Francisco.[3]

La France à San Francisco

Comme on le sait, la France participa bien à la conférence de San Francisco, mais donc pas comme puissance invitante, et elle tint à se démarquer des Trois Grands. En effet elle exprimait des réserves au sujet du projet de Dumbarton Oaks, en dehors même du fait qu'il avait été élaboré sans elle. Ces réserves portaient sur différents points importants :

[1] *Documents Diplomatiques Français*, 1944-II, n° 92.

[2] *DDF*, 1944-II, n° 79, 188, 228, 261.

[3] 1945-I, n° 108, 134, 146, 147, 148, 177.

- la procédure de vote au Conseil de sécurité, pour laquelle Paris aurait voulu au départ un équilibre entre le rôle nécessaire des Cinq membres permanents en vue de l'efficacité de l'ONU, et le souci de donner la parole aux petites puissances, conformément au rôle traditionnel de la France comme protectrice des petites et moyennes puissances, avec lequel Paris voulait très explicitement renouer.
- le problème des bases militaires aéronavales internationales, que voulaient développer les États-Unis, et qui concernait directement l'Empire français, où Washington envisageait d'implanter certaines de ces bases, ce qui faisait craindre à Paris une perte de souveraineté ;
- celui des *Trusteeships*, qui cristallisait les oppositions entre Paris et Washington sur l'avenir de l'Empire français ;
- la question essentielle de la compatibilité entre les pactes bilatéraux (en fait le pacte franco-soviétique de décembre 1944) et la future Charte ; en effet le projet de Dumbarton Oaks annulait en fait les pactes de défense régionaux.

Sur ce dernier point la France obtint satisfaction : il fut entendu que la future Charte préserverait le droit de légitime défense et d'alliance des pays membres. Pour les *Trusteeships* la France fut également satisfaite : le système mis en place (le conseil de tutelle) ne différait pas sensiblement de celui de la SDN ; quant à la déclaration votée à San Francisco au sujet des colonies, elle était suffisamment vague pour être compatible avec les projets en cours de réorganisation de l'Empire (Union française) et ne parlait pas d'indépendance.[1]

En ce qui concerne les procédures de vote, qui provoquèrent, on le sait, une crise majeure, Paris ne chercha pas finalement à les modifier de façon sensible ; d'ailleurs, on avait était satisfait d'avoir rejoint le groupe des Cinq, on adhéra pleinement pour finir au droit de veto des Cinq membres permanents, et la protection des droits des petites puissances passa au second plan. Cependant la France avait contribué à accroître le rôle de l'Assemblée par rapport à Dumbarton Oaks, et à faire en sorte que le veto de l'un des Cinq membres permanents ne puisse pas bloquer une procédure de révision de la Charte, ce qui donnait un minimum d'espoir aux petits pays d'une modification ultérieure...[2]

1 1945-I, n° 444.

2 1945-I, n° 367 et 411; 1945-II, n° 66.

En fait les Français étaient divisés.

On doit distinguer deux positions : celle de De Gaulle, et celle de la majorité des milieux politiques, qui en restaient largement aux conceptions d'avant-guerre. De Gaulle avait fixé ses instructions le 16 avril 1945 en vue de la conférence de San Francisco : en fait il exposait une vision très classique, se démarquant de la « sécurité collective » qui avait été l'obsession française des années 1930, se voulant plus réaliste que la SDN, considérant l'ONU avant tout comme forum permettant à la France de manifester son rôle mondial, et rattachant les États-Unis de la seule façon alors envisageable à la sécurité en Europe. Mais pour de Gaulle l'ONU serait un élément parmi d'autres de la sécurité française, avec les alliances bilatérales, d'abord avec URSS, peut-être le moment venu avec la Grande-Bretagne.

Mais à l'automne 1944 Paris avait créé une « commission pour l'étude des principes d'une organisation internationale » : composée par une palette de personnalités représentatives des groupes et partis de la Résistance, y compris la Gauche et les communistes. Cette commission remit un rapport le 30 janvier 1945, qui allait nettement plus loin dans le sens d'une organisation internationale, renouant en fait avec la sécurité collective et l'inspiration genevoise d'avant-guerre.[1] Il y avait donc deux visions différentes en France à propos de l'ONU.

En 1946, la ligne officielle est la sécurité collective.

Il n'est donc pas étonnant qu'après le départ du Général en janvier 1946, les gouvernements du Tripartisme (Communistes, socialistes, démocrate-chrétiens) aient proclamé la ligne de la sécurité collective et placé officiellement l'ONU au centre de la politique internationale de la France, à la différence du général de Gaulle. Cela résultait de la force de l'idéologie de la sécurité collective dans une partie de ces milieux ; de leur conviction qu'il était possible pour Paris de jouer un rôle de médiateur dans les premières grandes crises de la Guerre froide, qui se jouèrent en grande partie à l'ONU, en rehaussant le rôle de la France (crise grecque), en manifestant la nécessaire neutralité entre l'Est et l'Ouest (à cause de la présence du PCF au gouvernement) dans la crise iranienne, en prolongeant les solidarités de la Résistance (là aussi avec PCF) dans la crise espagnole.

Au moins en apparence, l'ONU était le moyen de défendre les intérêts français dans le contexte d'une situation de politique intérieure

[1] 1945-I, n° 62 et 72.

très particulière. Mais en fait les diplomates français ne se faisaient pas d'illusions : dès 1946 le conflit grandissant entre l'URSS et les Anglo-Saxons (même si la France refusait encore de prendre parti) compromettait à leurs yeux le fonctionnement normal de l'ONU.[1]

Néanmoins les Français s'efforcèrent de faciliter le fonctionnement de l'institution. Pour atténuer les inconvénients du droit de veto, qui dès 1946 menaçait de bloquer l'ONU, et sans doute pour complaire aux petites puissances, ils défendirent l'idée selon laquelle l'abstention d'un membre permanent ne valait pas veto, contrairement à la lettre l'article 27 de la Charte qui exige un « vote affirmatif » des membres permanents.[2] On sait les problèmes juridiques que l'application de cette formule lors de la délibération du 27 juin 1950 sur la Corée devait provoquer.

Mais la politique réelle est plus traditionnelle.

Cependant, l'engagement français avait ses limites. Certes, on s'efforçait de faire préciser les possibilités de l'ONU en matière de sécurité et de donner vie au comité d'état-major des Nations unies.[3] On évoquait couramment à l'époque dans certains milieux des projets maximalistes d'armée internationale.

Mais dans la réalité, les dirigeants français pensaient de façon beaucoup plus traditionnelle. La question des bases navales à mettre à la disposition de l'ONU dans le cadre de la sécurité collective, d'après les idées évoquées depuis 1944, est caractéristique (il existe un considérable dossier à ce sujet au Quai d'Orsay). En définitive il apparaît bien, dans la réalité des choses, que la politique française des bases ne découlait pas d'une volonté profonde de faire de la sécurité collective l'axe de la sécurité du pays. Au mieux, la sécurité collective ne pouvait être qu'un adjuvant de la sécurité nationale de la France. Au pire, elle risquait compromettre les alliances bilatérales conclues par Paris, dont surtout le Pacte franco-soviétique, elle pouvait conduire à une ingérence de l'ONU et en fait des États-Unis dans les bases et partant dans l'Empire. Les bases étaient certes un atout possible pour être pris au sérieux par les Alliés, dans l'état de dénuement militaire où se trouvait le pays. Mais cela ne devait pas risquer de remettre en cause l'indépendance nationale, l'intégrité de l'Empire, la politique d'alliance avec l'URSS, instrument

[1] Dépêche de Parodi du 24 mai 1946, 1946-I, n° 361.

[2] Lettre de Parodi du 20 décembre 1946, 1946-II n° 323.

[3] Dépêche du général Billotte, délégué français au comité d'état-major, le 11 octobre 1946, 1946-II, n° 200.

de la sécurité face à l'Allemagne, ni, après le départ du Général, la volonté de neutralité dans la rivalité croissante entre l'URSS et les États-Unis.

L'enthousiasme officiel pour la sécurité collective mondiale en 1946 dans la ligne des positions françaises à l'époque de l'ancienne SDN (plan Léon Bourgeois de 1919, protocole de Genève de 1924) fut d'ailleurs une courte parenthèse. En 1947, devant l'aggravation de la Guerre froide et l'insuffisance de l'ONU, la France, sans négliger l'ONU, comme on le vit lors de la crise coréenne, revint aux pactes bilatéraux (traité de Dunkerque le 4 mars avec Grande-Bretagne, tentatives avec Tchécoslovaquie et Pologne), avant le Pacte de Bruxelles de 1948 et le Pacte atlantique de 1949, systèmes régionaux de sécurité, qui certes n'étaient pas contraires à la Charte, mais ne correspondaient pas à l'esprit de 1945.

Maurice Vaïsse[1]

L'ONU, UNE TRIBUNE POUR LA POLITIQUE GAULLIENNE ?

L'image classique des relations entre de Gaulle et l'ONU est celle d'une hostilité radicale. Cette image n'est pas fausse, mais elle est partielle car elle ne s'applique pas à la deuxième partie des années 1960. C'est ce que je voudrais démontrer en me servant des volumes des *Documents Diplomatiques Français* de 1964 à 1966.

Dans les années 1950 et au début de la Ve République, tout concourt à opposer la France à l'organisation de New York. Confrontée aux problèmes de décolonisation, la France est en effet mise en accusation à l'ONU par le groupe afro-asiatique et elle doit se préparer chaque année à un procès d'automne lors de l'assemblée générale. Après les indépendances marocaine et tunisienne, c'est la question algérienne qui va empoisonner les relations entre la France et l'ONU car celle-ci est à la fois un terrain d'affrontement, un bouc-émissaire et un argument de propagande.[2] Au-delà même du conflit algérien, la décolonisation est un thème omniprésent à l'ONU et de Gaulle n'entend pas tolérer d'intervention dans les affaires françaises. L'interventionnisme du secrétaire général de l'époque, Dag Hammarskjöld, dans l'affaire algérienne et dans celle de Bizerte est loin d'être appréciée par Paris.[3] Enfin, la France désapprouve l'intervention de l'ONU au Congo, et refuse de participer aux frais engagés pour l'opération

[1] Professeur à l'Institut d'études politiques de Paris.

[2] Cf. sur cette question le développement sur la politique française à l'égard de l'ONU dans mon ouvrage, *La Grandeur, 1958-1969*, Fayard, 1998, p. 70-73. Pour le cadre général, cf. Marie-Claude Smouts, *La France à l'ONU*, Presses de la FNSP, 1979.

[3] *Ibid.*, p. 102-107.

onusienne.[1] Bref, « le machin » est voué aux gémonies par de Gaulle qui décide de pratiquer la politique de la chaise vide : à partir de la session de l'automne 1961, le ministre français des Affaires étrangères ne se rend plus à New York.

Tout change à partir de 1964. Au cours de la deuxième période des années 1960, c'est la rentrée officielle de la France à l'ONU avec la volonté d'y faire entendre une voix non-conformiste, de modifier les structures onusiennes et de s'en servir comme instrument dans sa politique.[2]

Le changement d'attitude à l'égard de l'ONU est manifeste à partir de 1964. L'ONU a alors une politique moins interventionniste, la décolonisation est presque achevée, la coexistence pacifique a succédé à la tension Est/Ouest. Du côté français, il n'y a plus de griefs majeurs : l'ONU apparaît comme un forum utile à de Gaulle, qui y voit un moyen de mettre des limites à l'hégémonie américaine.

Au début de l'année 1964, alors qu'il est question de la création d'une force des Nations unies chargée du maintien de la paix à Chypre (à la suite de la proclamation de l'indépendance de l'île en 1959, les incidents entre les deux communautés grecque et turque sont de plus en plus violents), de Gaulle s'y déclare défavorable et n'accorde pas de valeur à une garantie de l'ONU mais il est symptomatique que le 19 juin 1964 le représentant français au Conseil de sécurité accepte le renouvellement du mandat de la force de Nations unies et rend hommage à l'action du secrétaire général.[3] À partir de ce moment (et à l'exception de la crise suscitée en 1966-1967 par les troubles à Djibouti), on observe une convergence des points de vue de la France et de l'ONU.

En vérité, le rapprochement de la France avec l'Organisation des Nations unies dépend de plusieurs facteurs. Il est concomitant au mandat du nouveau secrétaire général. U Thant se fait une conception différente de sa fonction.[4] Le nouveau secrétaire général se considère comme un fonctionnaire au service des États, non comme une

[1] *Ibid.*, p. 107-110.

[2] Cf. Marie-Claude Smouts, *op. cit.*, p. 286-300

[3] *Documents Diplomatiques Français* (ci-après *DDF*), 1964-I, n° 267.

[4] Toutefois, en septembre 1963, l'Elysée réagit vivement à des propos d'U Thant sur l'Alliance atlantique : « Il n'appartient évidemment pas au secrétaire général des Nations unies, fonctionnaire international, de donner publiquement son interprétation de la politique extérieure de la France », *in :* communiqué, septembre 1963, *Lettres Notes et Carnets* (ci-après *LNC*) *1961-1963*, p. 368.

sorte de super médiateur. De son côté, la France adopte des positions de plus en plus proches de celles des États du Tiers-monde, en particulier au sujet du Vietnam.

Accueillant le 21 juillet 1964 le secrétaire général, U Thant, de Gaulle prononce une phrase élogieuse sur l'ONU, en laquelle la France « continue à fonder de grands espoirs sur son avenir », et il a l'occasion d'exposer sa politique.[1] U Thant lui déclare d'emblée son insatisfaction de « la domination de fait exercée par l'URSS et plus encore par les États-Unis » et son estime pour la conception française des relations internationales (décolonisation, indépendance nationale, aide économique généreuse), qui lui a valu le respect des petites nations. U Thant en tire la conclusion que la France doit jouer un rôle plus important à l'ONU. Dans cette optique, il souhaite la présence de Maurice Couve de Murville en novembre 1964 et celle de De Gaulle lors de l'Assemblée générale de 1965, qui marquera le 20e anniversaire de la création de l'Organisation. Il va même jusqu'à espérer une participation symbolique de la France au financement des opérations au Congo. De Gaulle lui explique que la France n'est pas hostile à l'ONU, mais qu'en raison de son opposition aux hégémonies, elle ne peut s'associer à des entreprises dirigées par les États-Unis. Toutefois, de Gaulle constate une évolution intéressante : de plus en plus d'États font partie de l'ONU et s'opposent aux super puissances. Si la tendance se confirme, la France pourrait prendre une part plus active au travail de l'Organisation. Le ministre des Affaires étrangères pourrait se rendre à l'Assemblée générale de 1964. Quant à celle de 1965, il est trop tôt pour en décider mais il n'a pas d'objection à une présence française, y compris la sienne. En tout cas, la France envisage de mettre l'ONU à contribution pour pousser les États-Unis à accepter une conférence sur le Vietnam, où ils s'enfoncent « dans une illusion permanente ».

De Gaulle marque son estime à U Thant qui reste dans la limite de ses attributions et dont l'action en faveur du retour de la paix au Vietnam coïncide avec celle de la France.[2] Il apprécie la personne et l'action d'U Thant. Il loue « sa lucidité, son impartialité et sa sagesse ». Lors de ses visites suivantes à Paris, U Thant est reçu avec des égards particuliers ; en 1966, de Gaulle lui reconnaît « conscience et intelligence, jugement et désintéressement, équité et sagacité ». Il souhaite même que le secrétaire général (dont le mandat expire en

[1] Entretien de Gaulle-U Thant, *DDF*, 1964-II, n° 32.

[2] Entretien de Gaulle-Brejnev, *DDF*, 1966-II, nos 54, 55, 70.

novembre) reste à son poste, car il serait très difficile de le remplacer.[1] Le rapprochement est facilité par la présence aux côtés d'U Thant d'un collaborateur français, Alain Dangeard, qui truffe ses discours de citations de De Gaulle, à la grande fureur des Américains.

Un autre facteur important du rapprochement est le soutien que la France trouve dans les États africains et malgache. Roger Seydoux souligne « la cordialité et la liberté » des rapports de la France avec eux et se félicite qu'en dehors des questions dites coloniales (Rhodésie du Sud, colonies portugaises, *apartheid*) la France puisse faire valoir ses vues.[2]

Certes, la crise financière, qui sévit, reste un motif de différend entre la France et l'ONU. Mas elle ne dégénère pas en conflit. Bien au contraire. Alors que le problème du budget de l'ONU est à l'ordre du jour au début de 1965, le secrétaire général, voulant éviter que soit soulevée la question de l'application de l'article 19 de la Charte – suspension du droit de vote pour les pays ayant deux ans d'arriérés dans leurs cotisations – propose le 1er février 1965 de faire traiter en même temps les questions financières et politiques et de confier l'affaire à un comité. Dans sa conférence de presse du 4 février 1965, le général de Gaulle propose une réforme de l'ONU tendant au respect de la Charte grâce à l'affirmation des prérogatives des cinq membres permanents du Conseil de sécurité (dont Pékin) et il se prononce contre les empiétements de l'Assemblée générale, dont il condamne « les séances tumultueuses et scandaleuses où il n'y a pas moyen d'organiser un débat objectif ».[3] Ces propositions sont inacceptables pour les Américains qui n'entretiennent pas de relations diplomatiques avec Pékin, et pour les nombreux États du Tiers-monde qui forment la masse de l'Assemblée, qui serait ainsi dépouillée de tous pouvoirs. Lorsque l'intervention américaine à Saint-Domingue est évoquée devant le Conseil de sécurité, Roger Seydoux – dans une déclaration balancée – estime néanmoins que l'on se trouve face à un véritable interventionnisme dont « la nécessité n'apparaît pas à l'évidence ».[4] « C'est […] le fait même de l'interventionnisme que nous n'acceptons pas ».[5] Bref, la France se sert de l'ONU pour critiquer la politique américaine.

[1] Entretien de Gaulle-U Thant, *DDF*, 1966-I, 2005.

[2] Tél. 2703/2720, 23 octobre 1965, Seydoux/MAE, *DDF*, 1965-II, n° 213.

[3] *Discours et Messages* (*DM*), t. 4, p. 334-337.

[4] *DDF*, 1965-I, n° 204.

[5] *DDF*, 1965-I, n° 259, t. 2920-3, Couve de Murville/Seydoux, 5 juin 1965.

C'est à partir de l'Assemblée de 1965 que la France participe de nouveau et sans réserve aux activités de l'organisme. Pour la première fois depuis 1960, Maurice Couve de Murville prend part à la discussion générale lors de la vingtième session de l'Assemblée générale des Nations unies, en septembre 1965.[1] Il rappelle la doctrine de la France selon laquelle la décision des opérations militaires doit être laissée à la compétence exclusive du Conseil de sécurité. Il considère qu'il faut admettre la Chine populaire et il insiste sur les principes retenus par la France pour le règlement de la crise vietnamienne : indépendance, neutralité, et non-intervention dans les affaires intérieures des États. À la suite d'une démarche du professeur René Cassin, membre du Conseil constitutionnel, sollicitant de Gaulle de faire un geste financier et politique en faveur de l'organisation des Nations unies, de Gaulle ne répond pas négativement[2]… Il explique d'abord que la France porte un intérêt aux activités de l'Organisation et qu'elle est ouverte à l'idée d'une contribution financière dans le cadre de l'examen des dépenses de l'ONU.[3]

En fait, la voix de la France est désormais d'autant plus écoutée qu'elle est non-conformiste. De Gaulle veille en effet « à ce que la France prenne chaque fois que cela se peut, une position originale, si possible médiatrice ». En témoignent les prises de position au sujet de la guerre du Vietnam et à l'occasion de la guerre des Six jours et en faveur de la représentation de la Chine de Pékin. Le rapprochement avec l'ONU est tel que le projet d'une visite de De Gaulle est même envisagé. « C'aurait été du délire » assure Roger Seydoux, le représentant permanent (1962-1967). Mais ce projet se heurte à différentes difficultés, dont la principale est qu'on ne peut visiter New York sans passer par Washington.

Toutefois, la connivence entre la France et les petits États ressemble fort à un malentendu. Car même si la France veut apparaître comme le porte-parole des non-alignés, de Gaulle recherche en fait, comme toujours, le concert des grandes puissances. D'ailleurs, les projets français de réforme de l'ONU sont explicites puisqu'ils confient l'autorité d'un directoire mondial aux membres permanents du Conseil du Conseil de sécurité, qui se trouvent être aussi

[1] Télégramme 3947/59, 22 décembre 1965, Seydoux/MAE, *DDF*, 1965-II, n° 343.

[2] Alors que dans sa conférence de presse du 9 septembre 1965, de Gaulle avait pris soin d'expliquer que « nous n'acceptons pas d'être lié, fut-ce dans l'ordre financier, par des interventions armées, contradictoires avec la Charte et auxquelles nous n'avons pas donné notre approbation » *DM*, t. 4, p. 384.

[3] Lettre à René Cassin, 22 septembre 1965, *LNC 1964-1966*, p. 121-122.

les puissances nucléaires. Ces propositions ne peuvent plaire aux Américains, à cause de l'admission de Pékin au Conseil de sécurité, et sont mal accueillies par les pays non-alignés, qui seraient marginalisés. Cette conception du fonctionnement de l'Organisation conduit la France à n'accepter qu'à contre cœur l'élargissement du Conseil de sécurité qui passe de onze à quinze membres.

Sur le plan du financement des opérations de maintien de la paix, les propositions du gouvernement français pour améliorer ce système (création d'un comité d'experts chargés de préciser quel est le déficit de l'ONU et de mettre au point des méthodes de gestion plus économiques) sont d'abord interprétées comme un alibi pour réduire les activités de l'ONU ou pour justifier le refus d'aider à combler le déficit des Nations unies.

La France est également contestée en raison de ses prises de position ambiguës à propos de l'*apartheid* en Afrique du Sud avec laquelle elle entretient des relations commerciales importantes (uranium, or), sous le prétexte qu'il s'agirait d'une immixtion dans les affaires intérieures d'un pays.[1] Tout en refusant en 1965 de se joindre à la résolution condamnant la Rhodésie, (qui a déclaré unilatéralement son indépendance), et enjoignant des sanctions économiques, elle cesse toutes relations politiques et commerciales avec le pays d'Ian Smith.[2]

R. Seydoux note « le traitement privilégié » dont la France a bénéficié en 1965 et le préjugé favorable dont elle jouit auprès des délégués du Tiers Monde mais il craint qu'il en soit autrement par la suite car son abstention lors des votes sur la Rhodésie et l'*apartheid* « a quelque peu entamé le capital de sympathie » de la France auprès du Tiers Monde.[3]

Une fois la décolonisation achevée et pourvu qu'on n'empiète pas sur ses prérogatives la France adopte à partir de 1964 une attitude beaucoup plus positive et s'en sert même pour renforcer son image de nation « au milieu du monde ». Cette politique de présence, cette stratégie de la troisième voie, Roger Seydoux l'explicite clairement :

[1] Le délégué guinéen attaque vigoureusement la France qui est « la meilleure alliée de l'Afrique du Sud », tél. 2 novembre 1966 ; Seydoux/MAE, *DDF*, 1966-II, n° 328.

[2] La minorité blanche (4 %) de Rhodésie, colonie de la Couronne britannique, proclame son indépendance, défiant à la fois le gouvernement travailliste de Londres et les mouvements d'opposition des Africains (*DDF*, 1965-I, n° 214), R. Seydoux conteste la compétence de l'ONU pour statuer sur l'évolution de la Rhodésie.

[3] Tél. 3947/59, 22 décembre 1965, Seydoux/MAE, *DDF*, 1965-II, n° 343.

« Quel pays, au demeurant, grand, moyen ou petit, pourrait se résoudre volontairement à négliger le forum où se réunissent chaque année près d'une centaine de ministres des Affaires étrangères ? »[1]

[1] Tél. 1144 du 24 juin 1966, Seydoux/MAE, Archives diplomatiques.

Louise Fischer[1]

AN AMBIVALENT RELATIONSHIP: ISRAEL AND THE UN, 1945–1949

The relationship between Israel and the UN is a complex one. From the beginning Israel has appreciated the role played by the UN in the establishment of the State; on the other hand she has felt that the UN did not do enough to ensure her security. In this paper I will relate to the early years of the organization, when these attitudes were being formed. In our publications these issues are reflected in the documents of the Foreign Ministry and its predecessor, the Political Department of the Jewish Agency, and of course in documents from the UN archives. I shall also be quoting some unpublished documents by the Israeli foreign minister, Moshe Sharett, a selection of whose papers I am editing and hope to publish shortly. Sharett was identified with the UN more than any other Israeli political figure at that time, and the ups and downs of his career reflect Israel's relations with the UN and the international community. They also throw light on the question which was recently explored in a lecture by my colleague Dr Yehoshua Freundlich, why Israel did not develop "an orientation based on the UN".[2] This was a formula used by the Israeli leadership in the early 1950s: when pressed to define their position between East and West, they would say that Israel supported the UN. In fact, for various reasons, Israel gradually moved into the Western camp. But the weaknesses of the UN itself, when dealing with the "Palestine question", also played a part in this process.

1 Editor, Israel State Archives.

2 Yehoshua Freundlich, unpublished lecture, "Moshe Sharett and the UN", (in Hebrew), 2004.

In February 1947 the UN was called upon to determine the future of Palestine. This territory, with its some 650,000 Jewish inhabitants and 1,200,000 Arabs, was still held under British Mandate. The Jews were determined to create a state of their own for themselves and the persecuted Jews of the world. The Arabs were equally determined to prevent them, and the question was what the UN could do to prevent a violent conflict with possible Great Power involvement.

When the UN was founded in 1945, Israel, which was not yet a state, was not unvited to the San Francisco conference. The Jewish Agency found it difficult to gain a hearing, despite the fact that Jewish units had fought on the side of the Allies in the Second World War. Five Arab states were among the participants. An unofficial representative of the Agency, Eliahu Epstein (Elath), wrote of the advantage enjoyed by the Arabs, while the Jews were still in the position of beggars, seen "either as nuisances or conspirators".[1]

Hanging around in the corridors of international institutions was not a new experience for the spokesmen of the Jewish Agency, an elected body representing the Zionist movement. The right of the Jews to immigrate to Palestine and to establish a Jewish National Home had been recognized by the League of Nations and included in the terms of the Mandate. However, the Jews themselves were not represented at the League. In September 1937 Moshe Shertok, who later adopted the Hebrew name of Sharett, was attending a session in Geneva. He was forced to find seating in the press gallery. He wrote bitterly to a colleague of the need for direct representation: "Apart from the dire political necessity, it was morally humiliating for the representative of 17 million Jews to sit there dumb and outside the Pale".[2] This inferior position was a forceful reminder of the need of the Jews for a state, and of the paradox that until they had one, few would listen to them.

At San Francisco the Arab states proposed to grant independence to all territories under trusteeship. In view of the Arab majority in Palestine, this proposal would have ensured the setting up of an Arab state. Although no specific territories were discussed at the conference, an article in the UN Charter was accepted protecting existing rights under the Mandate. However this meant little as long as the British continued with the restrictive policy they had adopted in

1 Political Documents of the Jewish Agency (PDJA), vol. I, May 1945–December 1946, Jerusalem 1996, report by Eliahu Epstein, 30th May 1945, p. 14–17.

2 Central Zionist Archives (CZA), S25/1513, Moshe Shertok (Sharett) to Bernard (Dov) Joseph, 23rd September 1937.

1939, which largely prevented the immigration of Jewish Holocaust survivors to Palestine.

During 1946 the Zionist movement was engaged in a bitter struggle with the British government, demanding control of immigration and establishment of a Jewish state in Palestine. From time to time UN trusteeship was proposed as an alternative. In fact as a Mandatory power Britain was obliged to have the Mandate renewed by the UN, and the Soviets had given notice of their intention to bring up the subject. Debate was postponed at Britain's request but it was clear that British rule could continue only if the UN decided on a trusteeship regime or if a move was made towards another solution. The unofficial Zionist representative Nahum Goldmann regarded trusteeship as unrealistic. The trend of the UN was towards independence. If even Palestine's less developed neighbour, Transjordan, had received independence, it would be difficult to justify trusteeship for Palestine. Furthermore, the USSR was likely to object to a British or American role.[1]

By February 1947 Britain had despaired of finding a solution in Palestine and the British Foreign Secretary Bevin announced that his government had decided to transfer the problem to the UN. The secretary-general, Trygve Lie, proposed sending a commission of enquiry to Palestine. A Special Session of the General Assembly was called to appoint the commission. Bevin may have hoped that the UN would fail to find a solution and return the Mandate to Britain, free of her obligations to the Jews. Sharett noted that by transferring the debate to the UN, Britain had forced the US, which had criticized her policy, to take a stand.[2] The US would either have to share in responsibility for the solution or return the problem to Britain. But even if Britain still aspired to continue her rule in Palestine she lacked the necessary determination and resources to do so.

In those early days of the UN great hopes were placed in the organization for the creation of a new world order. As a result of the Holocaust many nations felt a particular responsibility to help the Jews achieve a state of their own. However the situation was complicated by rising Great Power rivalry. The USSR had an interest in dislodging Britain from her colonial holdings in the Middle East. The US, on the other hand, was concerned about the oil supply

[1] PDJA I, Nahum Goldmann to Moshe Shertok, 20th February 1946, p. 279–283.

[2] Moshe Shertok, Report on the Special Session of the General Assembly, Mapai (Israel Labour Party) Secretariat, 11th June 1946, Mapai Archive, 24/47.

to Europe. Despite President Truman's support for Jewish immigration to Palestine and the influence of the pro-Zionist lobby, the State Department was anxious to keep Arab friendship. Thus the US opposed Lie's proposal for a Palestine commission including the Great Powers in order to keep the Soviets out.

The majority of the UN at that time consisted of smaller states which were not committed to one of the blocs. At the Special Session which met at the end of April 1947 it was decided to send a Special Committee on Palestine (UNSCOP) to examine the problem, made up of representatives of these states. The Arab states tried unsuccessfully to have Palestine discussed at the session itself. Anticipating this, the Jewish Agency demanded the right to attend the Session and take part in discussions. After pressure from public opinion, the Jewish Agency was allowed to appear before the Political Committee of the UN, together with the Palestinian Arab representatives.

Eleven countries were chosen to join the UNSCOP committee from Europe, Latin America, the British Commonwealth and Asia. Iran and India were seen as representatives of the Arabs' interests.[1] The Arab demand that the primary aim of the committee be the independence of Palestine was rejected. The committee was directed to visit Palestine and any other country the members might choose, allowing them to go to the DP camps in Europe.

Sharett's strategy during the Session, particularly in approaching new nations like India, was to emphasize that Zionism was the national liberation movement of the Jews. He rejected Arab attempts to portray it as a tool of Western colonialism and argued that a Jewish state surrounded by Arabs would be forced to seek good relations with them and to preserve the rights of its Arab minority.[2]

At the close of the session the Soviet representative, Andrei Gromyko, made a speech reversing traditional Soviet opposition to Zionism and expressing sympathy for the Jewish people's aspiration to a state. He added that Palestine should be independent and that the USSR preferred a single-state solution. If Arabs and Jews could not reach agreement it would however support partition.[3] This policy did not reflect a definite decision to support partition, which

[1] PDJA vol. II, January-November 1947, introduction, p. xvi-xxii.

[2] CZA, report by Moshe Shertok of a conversation with the Indian ambassador, Asaf Ali; Moshe Shertok in the Political Committee of the General Assembly, 12th May 1947, At the Gate of the Nations, (in Hebrew), Am Oved, Tel Aviv, 1958, p. 63–72.

[3] PDJA, vol. II, Editorial note, p. 368.

was reached only in September 1947, but rather Soviet attempts to increase her involvement in the Middle East.[1]

The change in the Soviet stand and the fact that the UN had recognized the Jewish Agency's right to appear were encouraging signs for the Agency. Abba Eban, later Israel's representative at the UN, concluded that, despite earlier pessimistic views, "UNO has an independent personality which cannot easily be suppressed at the dictates of a single great power".[2] The Zionists, who had earlier viewed the UN as a judicial tribunal, realized that it was more of a political body tending towards compromise and practical solutions. They decided to co-operate with UNSCOP and to make every effort to obtain a favourable report. The Palestine Arabs, on the other hand, boycotted the committee. The British officials remained aloof and gave technical assistance only. Despite Zionist attempts to persuade the US to exert its influence in their favour, the Americans preferred to remain neutral, in order to prevent Russian involvement. As a result a vacuum was formed which allowed the smaller states to play an active role.[3] The members of the committee, mostly ex-civil servants or judges, knew little of the dispute. But they were courageous and independent-minded and were determined to "grasp the nettle" and to find a clear-cut solution.[4]

UNSCOP visited Palestine from mid-June to mid-July 1947 and heard Zionist and Government witnesses. In Lebanon they met representatives of the Arab states who demanded an Arab state in all of Palestine, offering the Jews religious and cultural autonomy. The more moderate King Abdullah of Transjordan did not mention his plans to annexe the Arab areas of Palestine. At the end of July UNSCOP met survivors and their representatives in the DP camps. The committee was deeply impressed by their determination to reach Palestine and by the struggle of the Yishuv, the Jewish community in Palestine, against British rule. While terrorist acts by dissident Jewish organizations led to harsh British retaliation, the official Jewish organizations concentrated on illegal settlement and immigration, culminating in the arrival of the immigrant ship "Exodus". The Chairman of the Committee and some of its members were

1 Yehoshua Freundlich, "Moshe Sharett and the UN".

2 PDJA, report by Aubrey (Abba) Eban, 14th May 1947, p. 362.

3 Yehoshua Freundlich, From Destruction to Resurrection, Zionist Policy from the End of the Second World War to the Establishment of the State of Israel (in Hebrew), Tel Aviv, 1994, p. 96–97.

4 Freundlich, Destruction, p. 100–101.

present in Haifa to see Jewish immigrants forcibly transferred by British soldiers to ships for deportation back to Europe. UNSCOP concluded that British rule in Palestine had broken down and that the Mandate must go. Publicly the Zionists also demanded all of Palestine, but they made it clear that they would accept a Jewish state in an adequate area of the country if it was offered.

During the drafting of the committee report in Geneva, two sections emerged. The majority, comprising seven members, eventually recommended partition into two states, together with an economic union; the minority (India, Iran and Yugoslavia) recommended a federal state with sovereignty in practice in the hands of the Arabs; the Australian representative abstained. The Jewish state would include 62% of the country, including the southern desert area, the Negev, Eastern Galilee and the coastal plain. The Arab state would include most of the hill district, Western Galilee and Gaza. Jerusalem, despite its Jewish majority, was to come under UN trusteeship. The assistant secretary of the committee, Ralph Bunche of the USA, who had helped to draft the trusteeship provisions of the UN Charter, played a central role. His close contacts with the Zionists helped to ensure that the final partition plan would be acceptable to them; however it is said that in fact he drafted both reports![1]

The Zionists welcomed the majority report, and David Ben-Gurion, chairman of the Jewish Agency, noted with satisfaction that it recognized the Jews' rights and called it the "beginning of redemption".[2]

At the September General Assembly, East-West tension was increasing. Trygve Lie transferred consideration of the report to an Ad Hoc committee headed by the Australian Foreign Minister, Herbert Evatt. The head of the British delegation announced that his government would carry out the recommendations of UNSCOP only if both parties accepted them, and would not impose a solution. The committee also discussed the borders of the Jewish state, particularly the Negev which the British wanted awarded to the Arabs for strategic reasons. Thanks to Soviet opposition this was prevented. The Zionists, headed by Sharett, mounted an extensive political campaign. Sharett assured supporters, worried by Arab threats to resist partition, that the Jewish defence forces were able to ensure the security of the Yishuv. The Canadian representative, Lester Pearson, helped

1 W.R. Louis, The British Empire in the Middle East 1945–1951. Quoted in Shabtai Rosenne, Bunche at Rhodes: Diplomatic Negotiator, in Extracts from an International Law Miscellany, Martinus Nijhoff Publishers, Dordrecht 1993, p. 714.

2 PDJA II, David Ben-Gurion to Paula Ben-Gurion, 2nd September 1947, p. 619.

to draw up a compromise plan for the implementation of partition and evacuation of the British forces.[1]

In his speech before the Ad Hoc committee Sharett rebutted the argument of the Arab states and their supporters that the UN Charter gave the Arab population self-determination and was an insuperable barrier to the establishment of a Jewish state in Palestine. He emphasized that the Jews were willing to adjust their right of self-determination to that of others, but not to give it up. "We regard it as inconceivable that the justice and equality which the Charter enshrines should be destined for all mankind save the Jewish people".[2]

After the partition resolution had been passed in the Ad Hoc committee, the General Assembly voted on 29th November 1947 with a two-thirds majority for the establishment of the Jewish state. The USSR, the US and France voted for the resolution: Britain abstained.[3]

The Palestine issue was regarded as a test case for the ability of the UN to solve complicated international problems. Many feared that its fate would be that of the League of Nations: paralysis and failure. Sharett noted that this factor brought some states which had been hesitant, such as France, to support the partition plan. During the debates it became clear that the alternative to partition was no solution at all, and they did not want to be accused of responsibility for this situation.[4]

At the General Assembly Shertok and Epstein, who were Russian born, worked closely with the Soviet delegation. After much vacillation, at the end of October 1947 the USA had abandoned its neutral stance and exerted its influence in favour of partition. This extraordinary co-operation between the two Powers meant that the UN was successful in outlining a solution to the dispute, at least from the Jewish point of view. The partition resolution was regarded by Sharett as a major contribution to the legitimacy and security of Israel. However the UN did not become a central factor in the political thought and practice of Israel. Sharett's view was not shared by David Ben-Gurion, who became the first Prime Minister of Israel.

[1] PDJA II, introduction; Freundlich, From Destruction, p. 130–166.

[2] CZA, S25/7993, Statement of Moshe Shertok before the Ad Hoc Committee on the Palestine Question.

[3] PDJA II, introduction.

[4] CZA, Z5/2375, Meeting with Non-Zionist Organizations, 26th October 1947.

Ben-Gurion, who also served as Minister of Defence and led the country during the 1948 war, was more impressed by the failure of the UN to ensure the implementation of the partition resolution than by its achievements. His negative attitude towards the UN continues to influence the Israeli public and its policy makers to this day.

The Arab states refused to accept the partition resolution and prepared to prevent by force the establishment of the Jewish state. Violent clashes with the Palestine Arabs had already begun. Britain, while officially remaining neutral, turned a blind eye to the infiltration of Arab volunteer fighters and arms. She refused to co-operate in the transfer of powers to the Jewish and Arab authorities, but announced that she would withdraw her forces on 15th May 1948.

The main factor preventing the UN from playing any significant role at this point was its failure to send an international force to enforce the resolution. The possibility of setting up a force had come up during the Assembly and in February 1948 Trygve Lie began to take soundings. However the Americans were determined not to take part, motivated by the fear that the Soviets would then demand a role. The vacuum created by the inaction of the Great Powers may have helped UNSCOP, but it also prevented the creation of an effective force. Another committee of small powers, the UN Palestine Commission, was set up to supervise the execution of the partition resolution. This committee remained in New York due to British obstruction. In March an advance party reached Jerusalem, already under siege, but was virtually ignored by the British.[1]

On 5th March the Security Council decided to hold consultations of its members on the violence in Palestine. These made it obvious that support for partition was waning, particularly in the US, due to Arab pressures and fears that the Jews could not withstand their attack. The State Department put forward trusteeship as an alternative, but Britain refused to act as trustee or to postpone its withdrawal. The main support for partition came from supporters of the UN idea, especially Dean Acheson, the US Assistant Secretary of State, and Trygve Lie. They were dismayed by the danger to the prestige and effectiveness of the UN if members were able to frustrate its decisions by the use of force.[2]

1 Shabtai Rosenne, The United Nations and Israel's War of Independence, in Extracts from An International Law Miscellany, Martinus Nijhoff Publishers, Dordrecht, 1993, p. 642–653.

2 Rosenne, The UN, p. 649–651;Political and Diplomatic Documents (PDD), December 1947–May 1948, ISA, Jerusalem, 1979, introduction, xv-xxiii.

A serious problem for the Jewish forces was the lack of heavy arms or planes. The USA had imposed a boycott on sales to both sides. Sharett was unsuccessful in persuading the UN to allow the Jews to buy arms.[1] On 15th May 1948, following the Declaration of Independence by the Provisional Government of Israel, forces from Egypt, Syria, Trans-Jordan and Iraq invaded Palestine and penetrated deep into the Jewish state. Only the supply of arms by Czechoslovakia enabled the Jewish state to withstand the invasion. That same morning President Truman gave de facto recognition to the new state. Full recognition by the USSR quickly followed. A resolution was passed to appoint a UN Mediator to try to bring about a peaceful settlement.

Even if the UN had not succeeded in preventing war, it did play a part in management of the crisis and setting up machinery for a ceasefire. On 15th May the Israeli representative asked the Security Council to declare that conditions in Palestine constituted a threat to peace and to call on the Arab states to end their aggression. A resolution calling for a truce was passed by the Security Council, which came into effect on 11th June 1948. The Swedish diplomat Count Folke Bernadotte was appointed as a Mediator and an organization of Truce Observers set up which exists to this day. In July the Arabs renewed the fighting. After Israel had taken control of areas assigned to the Arab state in Western Galilee and around Jerusalem, the Security Council imposed a second truce. Bernadotte pressed the Israeli government to agree to his plan for a settlement. Nevertheless the limitations of the UN's role as a peacemaker were becoming apparent. Bernadotte and his staff failed to implement some of the provisions of the ceasefire and were believed to favour the Arabs.[2] It was rumoured that he was under British and American influence. He proposed the annexation of the Arab parts of Palestine to Transjordan, considered a British dependency, and the return of the Arab refugees who fled or were forced to leave their homes during the fighting. While Galilee should go to Israel, part of the Negev should be given to the Arab state. Reports spread that he also proposed the separation of Jerusalem from Israel.

Jerusalem had been cut off from the rest of the country during the war and religious and cultural institutions, including churches, were

1 PDD, M. Shertok, Address at Meeting of the United Nations Palestine Commission, 15th January 1948, p. 173–174.

2 Documents on the Foreign Policy of Israel (DFPI), vol. 1, introduction, p. xiii-xxiv.

damaged in the fighting. Israel felt that the international community had hardly lifted a finger to help. The war left Jerusalem in effect partitioned between Israel and Transjordan, and Israel was determined not to relinquish control of her part of the city.

In September 1948 Bernadotte was assassinated by members of the Lehi (Stern Gang) terrorist group. Bernadotte was replaced by his assistant, Bunche. Britain and the US attempted to carry out the Bernadotte plan at the UN General Assembly of September 1948. The Israeli delegation demanded adherence to the 1947 partition resolution in order to prevent the detachment of the Negev from Israel. At the same time, in order to justify retaining Israel's conquests beyond the 1947 borders, they claimed that the resolution was no longer relevant to the situation on the ground. Their success was largely due to Israel's military strength (at this time she completed the expulsion of Egyptian forces from most of the Negev). As Sharett explained to the Cabinet at the end of October 1948, there was little enthusiasm at the UN to use military force to expel Israel from positions given to her by the 1947 resolution.[1]

Nevertheless the session ended with a diplomatic defeat. The Israeli leadership opposed the return of the Palestinian refugees after the war. They were reluctant to increase the Arab minority and believed that the refugees would soon be integrated in the Arab states. However resolution 194 was adopted calling on Israel to allow refugees who wanted to return to do so. Israel postponed her response to this demand to future peace negotiations. The resolution also reaffirmed the internationalization of Jerusalem and set up a Conciliation Commission to advance a peace settlement.[2]

The UN played an important part in the negotiation of the armistice agreements which ended the war. Israel had already sought admission to the UN, but the ceasefire left her without recognized borders. Few states outside the Eastern bloc had accorded her full recognition. Bunche was able to exploit her need for international recognition and foreign aid to induce her to make concessions. During the first six months of 1949 Israel signed armistice agreements with Egypt, Transjordan, Lebanon and Syria. While the agreement with Transjordan was achieved in direct negotiations, Bunche, with a combination of bullying, charm and drafting skill, played an important part in the compromises which led to the other

1 M. Shertok, Cabinet Minutes, 26th October 1948.

2 DFPI, vol. 2, introduction, p. xi-xiv.

agreements.[1] The demarcation lines were worked out in military subcommittees. Decried as long and unworkable, these borders have shown their relevance in recent months.

In January 1949 Sharett discussed Israel's relations with the UN in a speech at a party forum. Israel would not automatically obey every demand of the UN, but she should not lay herself open to the accusation of open defiance of its authority. He emphasized that the UN was not an abstract concept, with a separate existence apart from the member states. Nevertheless international public opinion exists and regards the UN, with all its weaknesses, as "the last resort which may succeed in preventing the outbreak of a new world catastrophe ..." Any state which endangers world peace is seen with great suspicion, and Israel must do her best not to alienate the UN. But if her vital interests are involved, and she is sure that her case is justified, condemnation by the UN may be unavoidable. Even then, Sharett did not see the UN as the determining factor in making Israeli policy.[2]

In May 1949 Israel was admitted to the United Nations. After her first official application for membership was unsuccessful, the application was renewed with the signing of the armistice with Egypt. On 11th May 1949 Sharett took his seat as the Israeli delegate at the General Assembly, the fulfillment of a personal and national dream. On his return to Israel Sharett emphasized the responsibilities as well as the benefits of UN membership. Many of those who had supported Israel did so from a desire to right a historic wrong. They would hold Israel to high moral standards and expect her to act as a force for peace and progress and not only to follow her own interests.[3]

In the coming years Cold War tensions and the refusal of the Arab states to make peace with Israel led relations with the UN to sour. The "Middle East dispute" was rarely absent from the agenda. Hopes that the Conciliation Council and the Lausanne Conference would transform the Armistice Agreements into a comprehensive peace settlement did not materialize. The Agreements did not resolve fundamental issues, and contained many compromises and deliberate ambiguities. The UN Mixed Armistice Commissions set up to deal with border incidents were ineffective. Israel believed that they

[1] Rosenne, Bunche at Rhodes, p. 713–719.

[2] M. Shertok, Speech to the Mapai Council, 12th January 1949.

[3] M. Sharett, Cabinet Minutes, 24th May 1949.

were hostile and that the Security Council took Arab violations of the border lightly. From 1953 on the Soviet Union began to support the Arab states and repeatedly used the veto against Israel in the Security Council. The perception that the UN could not be relied on to defend Israel's security was one of the factors leading to the decline in influence of the Foreign Ministry. In 1956 Sharett himself was ousted from the position of Foreign Minister and the military and security establishment took the lead in determining policy, a process clearly reflected in our documents. Nevertheless Israel as a small state dependent on larger Powers could not turn her back on the world and the UN continued to play an important role in her affairs.

Georgios Polydorakis[1]

THE PARTICIPATION OF GREECE IN THE SAN FRANCISCO CONFERENCE FOR THE CREATION OF THE UNITED NATIONS (1945) AND ITS FIRST PARTICIPATION IN THE SECURITY COUNCIL AS A NON-PERMANENT MEMBER (1952–1953)

The Greek contribution to this part of the conference will be based on the research that was conducted in the Service of Diplomatic and Historical Archives of the Hellenic Ministry of Foreign Affairs for the preparation of a DVD, an electronic publication, on the participation of Greece in the San Francisco Conference for the creation of the United Nations in 1945 and its first participation in the Security Council as a non-permanent member in the years 1952 and 1953. All documents referred to in this paper come from the Archives of the Greek Ministry of Foreign Affairs.

As mentioned in the first part of this Conference, the Service of Diplomatic and Historical Archives of the Hellenic Ministry of Foreign Affairs in which I have the honour and privilege to serve and its Director Mrs. Photini Tomai-Constantopoulou, decided to produce the above mentioned DVD at the beginning of 2005, as a tribute and a solemn contribution of the Archives of the Ministry of Foreign Affairs on the occasion of the participation of Greece, for the first time since 1953, in the UN Security Council for the years 2005 and 2006.

[1] Scientific Counsellor, Service of diplomatic and historical Archives.

The documents retrieved during the research indicate that Greece was invited to the San Francisco Conference through a letter sent to the Greek Minister of Foreign Affairs Ioannis Sofianopoulos by the then Ambassador of the United States to Athens Linkoln MacVeaugh on March 5th 1945, on behalf of his government as well as of the governments of the United Kingdom, the Soviet Union and China. Foreign Minister Sofianopoulos, on behalf of the Greek government replied a few days later, on March 10th,[1] accepting of course the invitation to the Conference and announcing that he personally would lead the Greek Delegation.

The Conference was scheduled to begin on April 25th. On April 4th Sofianopoulos, just before his departure from Athens, announced the rest of the members of the Delegation that was to travel to San Francisco. According to that initial list (which by the end of the Conference had undergone a few changes), apart from the Minister of Foreign Affairs, as delegates were also appointed the Under-Secretary for Foreign Affairs George Melas, the Governor of the Bank of Greece Kyriakos Varvaressos, Ambassador John Politis and the Greek Ambassadors to London and Washington DC Athanassios Agnides and Kimon Diamantopoulos respectively. The Delegation would also include three more diplomats of lower rank, two legal advisers, one economic adviser, two military advisers, three members of the Press Office, two attachés and six experts on different economic sectors, in total 25 persons, notwithstanding the Press correspondents from the Greek newspapers that followed the Delegation. Of course, when the Delegation arrived in San Francisco a few new members were added, mainly auxiliary personnel (typists, drivers, translators etc.). One of them was invited to be the later Greek Prime Minister Andreas Papandreou who at the time served in the US Navy and the Greek Delegation wished to have him as translator.[2]

The first stop of the Delegates who left Athens on their way to San Francisco, was London, and while there on April 8th, the Greek government back home resigned and Prime Minister Nikolaos Plastiras was replaced by Prime Minister Petros Voulgaris. Nevertheless, since the Delegation had already left Greece, it was deemed necessary not to change its Head and therefore Foreign Minister Sofianopoulos, was reappointed, thus becoming, thanks apparently

1 See document with Prot. Number 2587/10.03.1945 in the File KY 1945/84.4.

2 See letter from Alexis Liatis to John C. Bell, Secretary of the San Francisco Conference, dated May 16th, 1945 in the File KY 1945/76.2.

to the Conference, the only Minister of the previous government who maintained his place in the new one, until his return to Athens in July 1945 after the end of the Conference.

As it was natural, the talks and negotiations among the Delegations present in San Francisco during the more or less two months that the Conference lasted, did not concern exclusively the creation of the Charter of the United Nations. Bilateral talks between the governments and the first talks about the terms of the peace treaties after the war that was about to end, took also place. Greece was very much interested in these talks as one of the victorious states that had fought hard and was severely damaged during the war. Opportunities for financial and technical assistance for its reconstruction that Greece could obtain from these negotiations was of course of special interest.

The UN Charter was signed on June 26th 1945 and the Minister of Foreign Affairs Ioannis Sofianopoulos was the one who signed it on behalf of the Greek government declaring that "*Greece, which for no less than three and a half years with courage endured the sufferings of war and of a triple enemy occupation, hails today with joy this great historic event*".[1]

A few days later the Greek Delegation returned to Athens after a short stop in Washington DC that allowed Sofianopoulos to meet with the President of the United States and other officials.

And thus the first part of the project was concluded.

The second part refers to the first Greek membership of the UN Security Council in 1952 and 1953.

The research of course did not start by studying directly the 1952 and 1953 records. It also included the records of 1950 and mainly 1951, which contained the preparation for submitting the candidature to the UN General Assembly and all the negotiations and deliberations that followed until the election of Greece in December 1951.

The period of the negotiations proved to be even more interesting than the period of the membership itself, at least as far as the records existing in the Archives of the Greek Ministry of Foreign Affairs are concerned.

[1] See discourse of the Minister of Foreign Affairs on June 26th, 1945 in the File KY 1945/76.1.

Greece had unofficially expressed its willingness to participate in the Security Council already since the time of the San Francisco Conference in 1945. Its request was not satisfied at that time, but by the beginning of the 1950s the Greek governments of the time believed that the international situation was favourable for the election of Greece as a non-permanent member of the Council for two years. At the beginning it seemed that Greece was going to try to be elected in the seat that Turkey would leave after its mandate for the years 1951 and 1952 was over. But by the end of 1950 there were more and more discussions about whether Greece should apply for the vacancy that Yugoslavia would leave after its mandate would be over at the end of 1951.

By April 1951 the Greek government started contacting other governments on the issue, starting from the permanent members of the Security Council, trying to assure their vote and assistance. The United States' government was the first to be approached, already in April 1951, through a letter by Prime Minister Sophocles Venizelos to the American Ambassador in Athens John E. Peurifoy.[1] The main arguments that the Greek government used in this and all the subsequent letters to persuade its interlocutors, were a) that the criterion determined by the UN Charter that there should be an "equitable geographical distribution" of the seats of the non permanent members was covered, since Greece would occupy the seat of its neighbour Yugoslavia and b) that Greece "*had the right to participate in the Security Council because it was among the countries that had, right from the beginning, and even more obviously since the Korean affair, tried their best to enforce the letter as well as the spirit of the Charter*".

The United States, on which depended heavily for its election, seemed to be in favour of the candidature from the very first minute. The reports coming to Athens from the Permanent Representative of Greece to the United Nations in New York Alexis Kyrou, a very important Greek diplomat, indicated that by May 1951 the American government had already taken the decision to support the Greek election, although the official reply of the US Embassy on June 1st to the Greek Prime Minister's letter was more or less neutral.

[1] See letter from Prime Minister S. Venizelos to Ambassador John E. Peurifoy with Prot. Number 30030/OHE/B5/12.04.1951 in the File KY 1951/127.1.

On the contrary, China on the relative letter on August 8th, announced to the Greek government that it had decided immediately to support the Greek candidature.

The candidature was officially announced through an official letter to all the members of the Organisation on September 12th 1951.[1]

By October it was apparent that the only major problem for the Greek candidature was the British opposition to it. The United Kingdom believed that the election of a country of the western block to replace a country of the eastern block would be a provocation to the Soviet Union and this had to be avoided. The French government also followed the same tactics at the beginning of the voting rounds, but later during the rounds that took place in December it supported the Greek candidature.

Thus, in the first rounds of the voting that took place in Paris in November 1945 Greece did not manage to acquire the 2/3 of the votes in the General Assembly as it is required by the Charter in order to be elected. Nevertheless, the American government reassured the Greek representatives that at the end Greece would be elected over Byelorussia, which was its main opponent, proposed for the vacant seat by the eastern block.[2] Apparently there were thoughts in some officials in Athens that after having failed to be elected immediately, Greece had to withdraw in order to avoid humiliation.

Fortunately for Greece, these officials did not prevail and finally on December 20th 1951 it was elected as a non-permanent member of the Security Council for the period 1952–1953, as the UN Secretary-General Trygve Lie officially announced to the Greek Minister of Foreign Affairs Sophocles Venizelos on that same day.[3]

Thus, Greece held a seat in the Security Council from 1st January 1952 until 31st December 1953.

During these two years the Security Council held 84 meetings (42 in 1952 and 42 in 1953), a number that, according to the Greek

[1] See letter by Ambassador Alexis Kyrou with Prot. Number 5254/12.09.1951 in the File KY 1951/127.1.

[2] See letter by Ambassador I. Politis to the Ministry of Foreign Affairs with Prot. Number 467/6.12.1951 in the File KY 1951/127.1.

[3] See letter by the UN Secretary General Trygve Lie Minister of Foreign Affairs S. Venizelos with Prot. Number SCA.GA.295/1/02/20.12.1951 in the File KY 1951/127.1.

Permanent Representative at the UN Alexis Kyrou[1] was not satisfactory at all, compared at least with the 73 meetings held in 1950, or the 62 in 1949 and 168 in 1948.

Nevertheless, the issues discussed in these meetings were quite important for the maintenance of peace around the globe at the time.

In 1952 the Security Council dealt with the following issues:

1. The India-Pakistan question over the Jammu and Kashmir area.
2. The question of Tunisia.
3. The question of an appeal to states to accede to and ratify the 1925 Geneva Protocol for the prohibition of the use of bacterial weapons.
4. A request for investigation of alleged bacterial weapons.
5. The application of 14 states for UN membership.
6. The dissolution of the Commission for Conventional Armaments.

In 1953 the issues that were included in the agenda of the Security Council were:

1. The appointment of a new UN Secretary-General.
2. The election of a new judge of the International Court of Justice.
3. The question of Morocco.
4. The Governor of Trieste.
5. Conflicts on the Israel-Jordan borders.
6. A protest by Syria against Israel concerning work on the west bank of the River Jordan in the demilitarized area.
7. The applications of states to become parties to the Statute of the International Court of Justice.

During these 84 meetings, only 7 Resolutions were adopted by the Security Council (2 in 1952 and 5 in 1953), while several more were rejected and consequently no relative decision was taken, at least within these two years (ex. the admission of new members, the question of Tunisia etc.).

[1] See Report entitled "General conclusions from the two-year mandate of Greece in the Security Council", Prot. Number 6490/31.12.1953 in the File KY 1954/Director General-General issues.

In all these occasions, Greece always voted in favour of the positions of the other countries of the Western bloc. More precisely, the Greek vote was identical with the one cast by the United States, including in the cases of procedural vote (adoption of agenda etc.). It is worth noting that Greece aligned with the US even in questions concerning the decolonisation process (ex. Tunisia), where one would expect that Greece would align with smaller countries.

The only exception to this almost identical vote record between Greece and the United States was the three votes during the discussion of the question of Morocco, in which case Greece voted in favour or abstained in procedural issues (inclusion in the agenda, appearance of other member-states before the Security Council during the discussion of the question), while the United States voted against in all cases. Let us note that these votes took place in September 1953, only 7 months before the Greek Government appealed to the UN for the Cyprus question, another issue of decolonisation.

The connection between the two questions was admitted by Alexis Kyrou, the Greek Permanent Representative at the Security Council, in numerous documents before the voting took place on September 3rd, 1953, when the Greek government tried to form its final stance regarding Morocco. And it is even more clear in the Kyrou's report on the results of the vote. In that document he explains that the Greek stance

> … was, undoubtedly I think, the one that it should be in order not to offend our ally, France, not to collide with our Arab friends' sensibility, and not to appear that we close, by ourselves, the way to the United Nations for the possibility to appeal in the future regarding the Cyprus question.[1]

In conclusion, that first participation of Greece in the UN Security Council was deemed interesting and useful. Alexis Kyrou, again in his final report after the end of the Greek mandate, he concluded that, although the Security Council

> … is not – and it would not be possible to be – an almighty global directorate, it remains nevertheless the most important international institution,

[1] See Report entitled "The Morocco question before the Security Council", Prot. Number 4218/3.9.1953 in the File KY 1953/Directorate C-UN Department/The Morocco and Tunisia questions-Z11-46.

> which is capable of affecting indirectly or even in a negative way the actions of the Great Powers and the policy of the smaller countries.[1]

According to Kyrou, the smaller countries by participating in the Security Council "... acquire many opportunities to consolidate their prestige and to promote perhaps their special interests, as long as they are elementarily cautious and act in a diplomatically smart way".

When Greece first thought of applying for membership in the Security Council, doubts were expressed by many politicians and journalists on the necessity of such a move, primarily because it would bring the country to a difficult position to "judge" friends and allies. Kyrou thought that a policy of not participating in institutions and not being active in international relations would be "... of an obvious castrating nature ... not realistic in today's international conditions". For Kyrou and for Greece it was obvious at the time, as it is also today when the country participates again in the Security Council, that

> Life contains undoubtedly many risks, but the triumph of victory comes to those who are alive and to those who are fighters. The Greek people, after all this struggle and all these holocausts, deserves a diplomatic service that is alive, vigorous, modernized, bold, a diplomacy which is not stuck to the comfortable but barren motto "don't deal with whatever is already bad".[2]

[1] See Report entitled "General conclusions from the two-year mandate of Greece in the Security Council", Prot. Number 6490/31.12.1953 in the File KY 1954/Director General-General issues.

[2] *Ibid.*

Pietro Pastorelli[1]

ITALY'S ACCESSION TO THE UNITED NATIONS ORGANIZATION

Italy's accession to the United Nations is a minor issue in Italian post-war foreign policy, but this does not make it any less worthy of attention, considering the importance it had for a number of years.

It has generally been neglected by historiographers. As for the writings of the original protagonists, apart from Mario Toscano's articles[2] there are a few references in Egidio Ortona's memoirs.[3] Yet there is a vast amount of published documentation. Interesting material has been published in various volumes of American documents from the period 1943–1955, and in the 10th series of Italian documents referring to 1943–1948. For if we are to carefully examine this subject and fully grasp its significance over the years, we have to return to the linkage between Italy and the United Nations, that is to say, the time the United Nations existed, but not the United Nations Organization. It is a history which unfolded in four phases, beginning with the 1943 Armistice.

For the Italy-United Nations linkage started after the overthrow of Mussolini, when the king and Badoglio decided to seek a way out of the conflict by getting Italy to change sides. *"He had come to discuss the question of how Italy could arrange to join the United*

[1] Professeur à l'Université *la Sapienza*, Rome.

[2] Mario Toscano, *Italia ed ONU*. In "*Rivista di Studi Politici Internazionali*", 1955, n° 3 ; *Id.*, *L'Italia nell'ONU.ivi*, 1956, n° 1 ; republished in Mario Toscano, *Corsivi di politica estera 1949–1968* for *Rivista di Studi Politici Internazionali*. Milano, Giuffrè, 1981, p. 17–25.

[3] Egidio Ortona, *Anni d'America*, vol. I : *La ricostruzione :* 1944–1951, vol. II : *La diplomazia* : 1953–1961. Bologna, Il Mulino, 1984 and 1986.

Nations in opposition to Germany with the view to expelling the Germans from Italy in collaboration with the Allies", wrote General Smith in the minutes of his meeting with Castellano in Lisbon on 19 August 1943.[1] The Allies responded by insisting, first of all, that Italy should sign the military armistice; and then, after beginning to fight the Germans, the conditions would be in place for Italy to establish a different relationship with the United Nations. I have dealt elsewhere[2] in some detail with this lesser known aspect of the history of the Armistice, and so I shall therefore not dwell at length on it here. I should just like to mention that, having met the condition for the cessation of hostilities (the 3 September military armistice) at his first meeting with the British and American envoys of the Allied Command, McMillan and Murphy, in Brindisi on 15 September Badoglio officially requested that "Italy be considered an allied country of the United Nations".[3] The reply this time was "co-belligerence", an undefined formula which was intended to be a substitute for alliance, but which, after signing the unconditional surrender on 29 September in Malta, proved to be just a word, with no legal and political substance, as had been clearly stated in the declaration itself, in language that in no way changed the terms of the surrender.[4] But the Badoglio government continued to pursue the objective of bringing Italy into the United Nations coalition as a means of shaking off the status of a defeated country. After seeking, in vain, to accede to the Atlantic Charter on 17 December 1943,[5] Badoglio reiterated the request to join the Alliance: the first time was to Roosevelt through the intelligence services on 27 January 1944,[6] but since the US President had replied that it would only be possible to consider it once the Italian government included the anti-fascist political forces,[7] he repeated it on 3 April 1944, announcing that his last ministerial post had been filled and included members

[1] *Foreign Relations of the United States, 1943 : The Conferences at Washington and Quebec*. Washington, United States Government Printing Office, 1970, p. 1071.

[2] Pieto Pastorelli, *Dalla prima alla seconda guerra mondiale : Momenti e problemi della politica estera italiana 1914–1943*. Milano, LED, 1997, cap. IX : *La Acobelligeranza*.

[3] Harold Macmillan, *War Diaries : Politics and War in the Mediterranean, 1943–1945*. London, Macmillan 1984, p. 222–223.

[4] It should be recalled that the declaration of war on Germany on 13 October 1943 was also without value.

[5] Badoglio to Joyce, 17 December 1943, in *I Documenti Diplomatici Italiani*, serie decima, vol. I. Roma, Istituto Poligrafico e Zecca delle Stato, 1992, D. 101.

[6] Badoglio to Roosevelt, 27 January 1944, ivi, D. 127.

[7] Roosevelt to Badoglio, 21 February 1944, ivi, D. 141.

of Italy's main political forces.[1] Lastly, he tried again through Intelligence Service channels by sending Professor Pozzi on a mission to Roosevelt, to deliver his third letter dated 24 April 1944.[2]

It should not, however, be thought that the idea of allying Italy with the United Nations coalition was peculiar to the king and Badoglio, because after the removal of Victor Emanuel III with the Lieutenancy of his son, and the installation of a government that was more representative of the antifascist forces under the prime ministership of Bonomi, the latter put the same request to the American government on 2 July 1944;[3] and since the reply that arrived on 4 September evaded the issue, but spoke of the possibility of amending the text of the unconditional surrender of 29 September 1943,[4] this point was immediately seized upon to propose an agreement to replace it, such that Article 1, noting Italy's endorsement of the United Nations declaration on January 1942 – that is to say, the document instituting the United Nations coalition – implied recognition of Italy as an ally.[5] Since the discussions on this issue continued inconclusively, and the coalition was by now being replaced by the establishment of the United Nations Organization, Italy decided to apply fort UN membership. After being sounded out beforehand, the United States said that it had already raised the issue at the Yalta Conference but that nothing had been done because of opposition from the British, and the response of the Soviets who had said that if Italy could be admitted on the grounds of co-belligerence, so should Hungary, Romania and Bulgaria.[6]

Attempts were then made to secure membership as observers, relying on the special nature of the Italian case: the earliest co-belligerent, the greatest contributor to the common cause, the diplomatic status of Italian representatives in Moscow and Washington and the fact that Italy was the largest country in the category of co-belligerents.[7] The State Department replied that the current institution of the United Nations Organization made no provision for

1 Badoglio to Roosevelt, 3 April 1944, ivi, D. 187.

2 Badoglio to Roosevelt, 24 April 1944, ivi, D. 205.

3 Bonomi to Roosevelt, 2 July 1944, ivi, D. 282.

4 Roosevelt to Bonomi, 25 August 1944, ivi, D. 369.

5 Prunas to Kirk, 26 September 1944, ivi, D. 430.

6 Tarchiani to De Gasperi, 8 March 1945, in *I Documenti diplomatici Italiani*, vol. II Roma, Istituto Poligrafico e Zecca dello Stato, 1992, D. 85.

7 Tarchiani to De Gasperi, 22 March 1945, ivi, D. 103.

observers.[1] But there were such a strong belief in, and insistence on, this special character of Italy, that on 26 April 1945 at the opening of the San Francisco Conference, the Italian government sent a declaration to all the delegations expressing "deep disappointment at the exclusion of democratic Italy" from the Conference, and claiming the right to participate.[2]

But in order to obtain the yearned-for status of ally, Italy played another card – the declaration of war on Japan, hoping that this would have a better outcome than the declaration of war on Germany in October 1943.[3] And an American Undersecretary did, in fact, draw up a statement for the Potsdam Conference which said, "The Govt of the US is convinced time has come to recognize new democratic Italy – allied with UNations in war against Germany and now in war against Japan – as member of family of nations" and that the US therefore intended to support Italy's accession to the world security organization.[4] And it was actually Truman who put the proposal to Churchill and Stalin at the first session of the Conference.[5] The matter was discussed on several occasions: the other two Powers did not oppose the idea, but Churchill set the condition that Italy's admission should only take place after concluding a peace treaty, and Stalin required this to be done simultaneously with the admission of the other "co-belligerents".[6] The agreement between the three Powers was therefore achieved on the basis of the ninth point of the final protocol on the deliberations of the Conference which stated, "The conclusion of such a Peace Treaty with a recognised and democratic Italian Government will make it possible for the Three Governments to fulfil their desire to support an application from Italy for membership of the United Nations ...".[7] The three Powers also undertook the same commitment to Bulgaria, Finland,

[1] Tarchiani to De Gasperi, 13 April 1945, ivi, D. 124.

[2] De Gasperi to Tarchiani, 26 April 1945, ivi, D. 150.

[3] De Gasperi to Tarchiani, 13 July 1945, ivi, D. 332.

[4] Grew to Byrnes, 16 July 1945, in FRUS, *The Conference of Berlin 1945*, vol. II, Washington, United States Government Printing Office, 1960, D723.

[5] First plenary meeting, 17 Iuglio 1945, ivi, p. 53 and 60; *Documents on British Policy Overseas*, series I, vol. I, London, Her Majesty'Stationery Office, 1984, p. 342.

[6] The discussion took place in the plenary sessions on 24, 28 and 31 July 1945; see the records: FRUS, *The Conference de Berlin*, vol. II, p. 357–366 and 370–372, 461–463 and 467–469, 520 and 535; *Documents on B.P.O.*, series I, vol. I p. 646–651, 960–962, 1080–1081.

[7] FRUS, *The Conference of Berlin*, vol. II, p. 1492–1493 and *Documents on B.P.O.*, series I, vol. I, p. 1273–1274.

Hungary and Romania, albeit in less emphatic language. The only acknowledgement that Italy was a special case was the statement that Italy's peace treaty would be one of the first tasks to be addressed by the newly instituted Council of Foreign Ministers. This recognition appeared extremely important to the Italian government, because the Italian government had only been officially notified of the part of the Potsdam protocol that related to Italy,[1] and not the whole of the text of point 9, with the result that Rome was not fully aware of the fact that, following the peace treaty, Italy's accession to the United Nations organization would take place together with the other German satellite states.

The Potsdam formula was set out in the preamble to the peace treaty would enable the allied Powers to support Italy's application to join the United Nations Organization.[2] Even before it was signed, the United States sounded out the British and the Soviets to see whether they were favourable towards Italy's immediate accession.[3] Bevin replied that it was not appropriate to do so before signing the treaty, and Gromyko stated his readiness to move beyond the provisions of the Potsdam protocol for all the countries envisaged there.[4]

In conclusion, at the end of this first phase, the results were extremely modest: promises by the four powers to support Italy's accession to the United Nations organization, subject to the political proviso that this would take place simultaneously with the accession of the other former satellites of Germany and at the moment that Italy accepted the peace treaty. But Italy's attempt to become an ally of the United Nations in war, as a means of wiping out the military defeat, was not accepted, and nor, was the alter and more comprehensive plan to prevent the new democratic Italy from having to pay for the evils of Fascism. That was unacceptable to the victors: Italy was one entity, and it became democratic after signing the peace treaty, and hence after making up for all the turmoil in the international order for which it was responsible, it could be fully readmitted

1 Charles to De Gasperi, 3 August 1945 in DDI, serie decima, vol. II, D. 381d

2 Ministero degli Affari Esteri, *Trattati e Convenzioni fra l'Italia e gli altri Stati*, vol. 61, Roma, Tip. Ris. MAE, 1965, p. 27.

3 Acheson to Johnson, 26 and 28 June 1946, in FRUS, 1946, vol. I: General; The United Nations, Washington, United States Government Printing Office, 1972, p. 397–398.

4 Bevin to Byrnes, 1 July 1946 and Johnson Byrnes, 3 July 1946, ivi, p. 403–404 and 404–406.

to the international concert of nations. This idea, as Di Nolfo[1] has already pointed out, was very difficult for the Italian political world to understand, and indeed one might say that in time it was endured, rather than accepted. However the conviction remained unshaken that overcoming Italy's defeat at the international level was at least linked to the United Nations even though the UN had not helped to wipe it out and avoid the repercussions.

After signing the peace treaty, the Italian government believed that the moment had finally come to accede to the United Nations organization. On 19 May 1947 it submitted the official application for admission, without waiting until the British condition had been met for the entry into force of the treaty. It was obviously felt that when the Security Council examined the application, that condition would already be in place. Adequate account, however, had not been taken of the political proviso laid down by the Soviets, either because of a lack of information about the real intentions of Moscow and Washington regarding the problem of the simultaneous admission of the signatory states of the peace treaties, or because of the conviction that Italy's position was essentially different from that of Finland, Hungary, Romania and Bulgaria by virtue of the special nature of the Italian case, in which Italy continued to believe. Prior consultation with the American government did not help to clarify ideas, because the United States merely declared that they would lend their full support to the Italian application.[2] One thing is certain: in the course of the debate at the constituent assembly to ratify the peace treaty at the end of July, Sforza vigorously argued, among the points in favour of so doing, that ratification would give Italy the best credentials for establishing her right to enter the UN.[3]

There were also two other fundamental reasons for steadfastly seeking membership of the United Nations, in addition to a conviction that this was a commitment that the four Powers has entered into: to shake off the status of a defeated country, and to become fully incorporated into the international community, and the hope that within the UN it would be possible to work for the "policy for

[1] Ennio Di Nolfo, *La Formazione della politica estera italiana negli anni della nascita dei blocchi. In L'Italia e la politica di potenza in Europa* (1945–1950), Milano, Marzorati, 1990, p. 604.

[2] Acheson to Marshall, 9 April 1947, in *FRUS*, 1947, vol. III : *The British Commonwealth, Europe.* Washington, United States Government Printing Office, 1972, p. 536.

[3] Carlo Sforza, *Cinque anni a Palazzo Chigi : La politica estera italiana dal 1947 al 1951.* Roma, Atlante, 1952, p. 23–28

the revision" of the treaty which had been announced by Nenni in October 1946 when he became foreign minister. From the time the application had been submitted, very intense and detailed consultations had been held with friendly states and Latin America, regarding the applicability and the interpretation of articles 53 and 107 of the Charter which discriminated against the former enemy states in the Second World War, with the intention of making it clear that these articles could not apply to Italy. With regard to the second reason, Italy encouraged an initiative which, once again, came from Latin America, to raise proposals for a revision of the peace treaty in the General Assembly, on the assumption that the United Nations Charter had a similar clause to article 18 of the League of Nations Charter.[1] It was only in December 1947 that it became clear that this clause did not exist: but the UN could have done something more regarding this revision, because it was within the powers of the General Assembly, one year after the entry into force of the peace treaty, to table proposals on the final destiny of the colonies, which the great Powers undertook to endorse.

When it became evident from the preliminary discussions on the Security Council that the Soviet and American positions regarding their erstwhile enemies were irreconcilable, with the United States maintaining that Hungary, Romania and Bulgaria did not meet the requirements for admission to the United Nations because of the nature of their governments, the Italian government made a feeble attempt to induce the United Nations to accept a blanket admission, that is to say, to admit all the countries that had applied.[2] But faced with the determined opposition of America, Italy did not insist on this any further, even though she continued to emphasised the importance of the question.[3] The Soviet veto was raised on 1 October, blocking the favourable opinion of the General Assembly. And the matter was closed as far as the 1947 session was concerned.

[1] The documentation is in *DDI*, serie decima, vol. VI. Roma Istituto Poligrafico e Zecca della Stato 1997.

[2] Memorandum of conversation Lovett-Tarchiani, 15 August 1947, in FRUS, 1947, vol. I : *General; The United Nations*. Washington, United States Government Printing Office, 1973, p. 249–251 and Tarchiani to Sforza, 15 August 1947, in *DDI*, serie decimal, vol. VI, D. 333.

[3] Memorandum of conversation Lovett-Tarchiani, 28 August 1947, and Memorandum of conversation Armour-Tarchiani, 11 September 1947, in *FRUS*, 1947, vol. III, p. 957–959 and 965–967; Tarchiani to Sforza, 28 August and 11 September 1947, in *DDI*, serie decima, vol. VI, DD. 389 and 446.

The discovery that the United Nations organization was not competent to revise the peace treaty, the participation on an equal footing in the important European negotiations as a result of the offer of Secretary of State Marshall, and even more so Bevin's subsequent invitation to the "new" Italy eventually to become a member of the Western Union, the split between the East and the West which occurred, also officially, in the latter part of 1947, the prospects of the important general election on 18 April 1948, shifted the attention of the Italian government away from the problem of the United Nations. If it had depended on Italy, it would have been a long time before the question was raised again. But in 1948, it once again came to the fore. And it was the United States that brought it up. On the eve of the general election, the Department of State had the idea that, in addition to the initiative for the Free Territory of Trieste (which was to lead to the tripartite declaration of 20 March) it might have helped the consultation to end with a pro-West outcome if the British-Franco-American proposal for Italy's admission to the United Nations could be proposed once again at the special session that was to be held in the spring to deal with the question of Palestine.[1] It was not that the United States were now willing to accept the Soviet idea of bringing all the former enemy countries into the UN en *bloc*: they expected a new Soviet veto, but it was precisely this veto that they believed could be used to their electoral benefit. After consultations with the French and British – and it was the British in particular that raised many objections because they did not consider that the Soviets would allow themselves to be used so easily considering the delicate position of the United States in this regard.[2] Lastly, the Italian government was sounded out.[3] Sforza was not very enthusiastic, and said that Italian public opinion did not consider UN membership to be an essential requirement for improving the country's international status: he did not therefore feel that a second move, following Trieste, was necessary.[4] He then pointed out that support for United Nations accession would obviously be welcomed,

1 Marshall to Austin, 12 marzo 1948, in *FRUS*, 1948, vol. I : *General : The United Nations*, Part. I. Washington, United States Government Printing Office, 1975, p. 173–174.

2 Caffery to Marshall, 15 and 17 March 1948; Gallman to Marshall, 16, 18 and 23 March 1948, ivi, p. 176 and 179; 176–177, 179–180 and 183–184.

3 Marshall at Dunn, 25 March 1948, ivi, p. 184 and Tarchiani to Sforza, 26 March 1948, in *DDI*, serie decima, vol. VII. Roma, Istituto Poligrafico e Zecca delle Stato, 2000, D. 488.

4 Dunn to Marshall, 26 March 1948, in *FRUS*, 1948, vol. I, p. 185–186.

but that it was necessary to space it out more.[1] The United States nevertheless moved ahead, taking France and the United Kingdom along with it.[2] The problem was raised once again on the Security Council on 10 April; the American delegate read his statement and the Soviets, as predicted, placed their veto on it and the result of the re-examination of the outstanding applications ended with a vote in favour of the accession of Burma! Given the short interval that remained, the question was not even raised as an electoral issue.

But the issue dragged on for another next two years without any pressure from Italy. In 1949, on 13 September, there was a further Soviet veto,[3] and in 1950 Italy suggested taking advantage of the absence of the Soviet delegate to once again examine the Italian application, but the United States refused to go along with it.[4] Interest in United Nations membership remained, but it was now purely a generic interest, no longer motivated by the specific reasons that had existed in 1947. Italy's international situation had now changed radically as a result of the two decisions taken by the government in 1949: the European option, under which Italy took part in setting up the Council of Europe on 5 May, and the even more important decision – the Atlantic option – which took Italy into the North Atlantic Treaty Organisation on 4 April, as an ally of 10 countries from the former of the United Nations War coalition. These new ties, moreover, would be more useful to enable the United Nations to resolve the problem of the colonies, and – hopefully – Trieste, as well. This was what Sforza at least had at heart, and for a time perhaps De Gasperi, too. At least nothing is known of any dissension in this regard, or of any initiatives relating to United Nations membership.

De Gaspari, however, continued to think about the question: the records make it clear that his particular concern was with the moral aspect of Italy's rehabilitation which would be sanctioned by taking part in the great international forum of the victors. Indeed, one might say that he considered this to be a personal debt that the

[1] Dunn to Marshall, 28 March 1948, ivi, p. 186 and Sforza to Tarchiani, 27 March 1948, in *DDI*, serie decima, vol. VII, D. 492.

[2] Lovett to Austin, 8 April 1948, in *FRUS*, 1948, vol. I, p. 192–194.

[3] On the US position : US Delegation Position Paper, 22 October 1949, in *FRUS*, 1949, vol. II : *The United Nations; The Western Hemisphere*. Washington, United States Government Printing Office, 1975, p. 301–307.

[4] Memorandum of conversation Hickerson-Tarchiani, 13 July 1950, in *FRUS*, 1950, vol. II : *The United Nations; The Western Hemisphere*. Washington, United States Government Printing Office, 1976, p. 104–105.

victors had to discharge to him personally, honouring their commitment to support Italy's accession to the United Nations set out in the preamble to the peace treaty – almost as a form of remuneration for that signature that had cost so much soul-searching. And this gave rise to the third phase of the problem, that opened formally with a letter sent by Sforza to Schuman on 4 February 1951, just after the Italo-French meeting at Santa Margherita Ligure, that was to set the negotiations for the European Defence Community in motion. Sforza wrote,

> I think that we should be able to say, in a more solemn manner than in the past, that the Allies are committed to making all the necessary efforts to ensure that Italy is no longer deprived for a long time of her right to membership of the supreme organization from which she has been excluded so far, specifically in violation of both the letter and the spirit of the peace treaty.[1]

This letter was also sent to Bevin and Acheson and recalled that the Italian government was now being accused of deceiving the country in the debate on the ratification of the peace treaty.

Sforza left the Foreign Ministry in July, and was succeeded by De Gasperi himself, as at the time of the preparation for the peace. The opportunity for dealing fully with this question was provided by De Gasperi's visit to the United States in September. The discussions were based on a long memorandum[2] in which, from a re-examination of all he declarations made in previous debates, two conclusions were drawn: the first was that the Soviet veto was illegal because the USSR had always recognized that Italy met the necessary requirements for admission to the United Nations organization: the second was that Italy's position differed from that of other former enemies, because they had not been given similar unanimous recognition. These gave rise to the proposal to circumvent the Soviet veto by tabling a resolution before the General Assembly, supported by the consultative opinion issued by the International Court of Justice in The Hague on 3 March 1950, on which the conclusions were based, declaring acceptance of the Italian application. If carried by the General Assembly with a two-thirds majority, this resolution would have had the effect of making up for the lack of action by the Security Council on the basis of the "united action for peace" resolution that had been adopted a year earlier.

1 Sforza to Schuman, 5 February 1951, in SFORZA, *op. cit.*, p. 435–441.

2 Text published in *FRUS*, 1951, vol. II : *The United Nations : The Western Hemisphere.* Washington, United States Government Printing Office, 1979, p. 335–341.

Italian lawyers had been working very hard to provide the government with an instrument that at least appeared to be appropriate to achieve admission without requiring the Soviet Union or the United States to go back on their respective positions. But in discussions at the State Department, Acheson was not convinced of the soundness of the idea: he was much more inclined to use the argument, when the question was raised once again on the Security Council, that Italy's case was a wholly special one, because the United Nations had given Italy the trusteeship of Somalia.[1] The discussion continued through the diplomatic channels. De Gaspari insisted on the proposal in a personal letter to Acheson,[2] receiving the terse reply that the United States would act on Italy's behalf, but "under the Charter"[3] and making it clear to the representative to the United Nations that "USG will not agree to any 'deal' involving admission of satellites in return for admission of Italy. USG will seek to discourage any effort to obtain Ital admission by non-Charter means, i.e. by GA without SC recommendation".[4]

In 1952 the Italian government once again reiterated the importance of UN admission, looking ahead to the forth coming general election, because the issue was now a matter of public controversy, with the opposition emphasizing that Italy's failure to gain admission was not so much due to the well-known Soviet veto, but essentially to an American veto.[5] The United States therefore tried to think of some intermediate form of participation such as an "interim partnership" or "associate membership", but Italy made it clear that she was interested only in "full membership", deeming any other solution "humiliating" and contrary to the undertakings in the peace treaty.[6] Finally, the Observer to the United Nations, Guidotti, officially notified the State Department that "his government does not intend at present to press actively any further steps to obtain Italy's admission to the United Nations".[7] This was on 9 April 1953. Two months later, the elections brought to an end the long period of governments under De Gasperi. Among the other thorny issues that

[1] Minutes of Meeting Acheson-De Gasperi, 24 September 1951, *ivi*, p. 347–348.

[2] De Gasperi to Acheson, 23 October 1951, *ivi*, p. 365–366.

[3] Webb to De Gasperi, 30 October 1951, *ivi*, p. 367.

[4] Acheson to Austin, 15 December 1951, *ivi*, p. 410.

[5] Memorandum Hickerson, 30 January 1952, *ivi*, p. 449–150.

[6] Acheson to Austin, 3 December 1952, in *FRUS*, 1952–1954, vol. III : *United Nations Affairs*. Washington, United States Government Printing Office, 1979, p. 881.

[7] Memorandum of conversation Lodge-Guidotti, 9 April 1953, *ivi*, p. 938–939.

remained to be settled was the fact that he had failed in his intention to overcome Italy's status as a former defeated country by achieving the much yearned-for admission to the United Nations.

The fourth and final phase began two years later in 1955, and for what were largely different reasons, just as the Italian domestic situation and the international situation was different by that time. Italy was now in the age of competitive coexistence, which was the new kind of cold war against Stalin's successors, and by now it was the so-called "Geneva spirit" that seemed to underlie relations between the two blocs. In this climate, but for other reasons, the Soviets had changed their attitude regarding the Austrian issue, making it possible on 15 May 1955 to conclude the Austrian State Treaty, as the peace treaty was called, with that part of Hitler's Reich that the Big Four had pledged to restore to independence. Austria now qualified for admission to the United Nations and would accede as soon as possible. But this posed a political problem to Italy, which saw her United Nations membership being overtaken by her northern neighbour which by whatever name it might be used, was also a former defeated enemy, but unlike the other countries in that class it had not joined any military alliances but was bound to neutrality. The opposition had an easy time attacking the government coalition: it was neutrality that gave admittance to the United Nations, which was currently being revitalized; whereas joining alliances led to exclusion from it. But since Austria was a neighbouring country, the government coalition itself was also very sensitive, for reasons of prestige, not to endure the humiliation of being overtaken by the Austrians. Admission to the United Nations had also been one of the issues on which the slow, and still uncertain, progress towards bringing the Socialist party into the government coalition had been based; for the Socialists, there was absolutely no reason for the United States to display hostility towards the countries of Eastern Europe, with the result that their attitude was taken to be tantamount to a veto on admission. Moreover, admission to the United Nations took on a new international political value considering the ongoing revival of its activities through various initiatives, of which one of the most important was the process of becoming the forum for the disarmament negotiations: Italy's exclusion from these negotiations involved foreign, international and domestic policy aspects. Lastly, it was impossible to ignore the presence of the United Nations at a time when developments in the international situation were beginning to establish the idea of the universal character of the United Nations Organization.

With all these considerations in mind, Italy decided to resume the formalities to apply for membership of the United Nations at a time when the first rumours began the rounds of a Canadian initiative to overcome the Soviet veto that was blocking the accession of 14 states, in the form of a "package deal". In practice, under this deal, the United States would lift its hostility towards the Communist countries in exchange for the admission of a much larger number of countries belonging to its own area. In short, the Americans were being asked to sacrifice their principled position regarding new accessions in order to obtain a substantial enlargement of Western influence within the organization.

Before the United States had time to overcome their doubts over this proposition, the Italian government under Prime Minister Antonio Segni, and with the Liberal MP Gaetano Martino as his Foreign Minister, took the first step on 20 June 1955 by instructing the Italian Ambassador in Washington "not to take any initiative", but to warn the State Department that "admitting other States without Italy would prove disastrous" – an "ambiguous" telegram, as Ortona called it.[1] Minister Martino spoke much more candidly in his address to the Chamber of Deputies on 27 September, once again emphasizing Italy's right and wish to join the United Nations.[2] The matter was taken up directly with Secretary of State Dulles on his visit to Rome on 23 October. But Dulles was not very responsive to Italian pressure from the Prime Minister, and merely replied that the United Sates was opposed to the package deal because every State had to be appraised individually, but he did indicate the new stance that the United States was now thinking of adopting: the members of the Security Council would refrain from vetoing the new admissions.[3] This was a compromise that Dulles found very difficult to accept, and which he only bowed to under pressure from President Eisenhower, whose arguments were also influenced by the Italian case with which he had been familiar from the beginning, even though there is no evidence that this was decisive to his decision.[4]

1 Ortona, *op. cit.*, vol. II, p. 142.

2 Gaetano Martino, *Discorsi parlamentari.* Roma, Grafica Editrice Romana, 1977 : vol. II, p. 563–564, but it is also noted in the Memorandum Merchant, 30 September 1955, in *FRUS*, 1955–1957, vol. XI : *United Nations and General International Matters.* Washington, United States Government Printing Office, 1988, D. 127.

3 Minute in *FRUS*, *1955–1957*, vol. XXVII : *Western Europe and Canada.* Washington, United States Government Printing Office, 1992 D. 90.

4 Hoover to Dulles, 5 November 1955, in *FRUS*, 1955–1957, vol. XI, D. 143.

The last time the Italian government brought pressure to bear was to prevent the United States from voting on the package deal, by submitting procedural proposals to Washington that would allow the United States to appear to be in favour of Italy's admission, without changing its stance.[1]

In the tumultuous voting on the Security Council and at the General Assembly, the "package deal", was eventually adopted, and 16 countries, including Italy, joined the United Nations organization on 14 December 1955.[2]

The event of which – as I said at the beginning – there are few traces in the history books, was warmly welcomed in Italy at the time, but it was also the target of criticism. The fact that Italy had entered the organization with 15 other countries as a result of a compromise that did away with the special nature of the Italian case based on Italy's particular merits and rights caused particular displeasure in some quarters. But in reality, as we have seen, in reality Italy had no merits and no rights. Italy had never become a member of the United Nations war coalition: the 15 October 1943 declaration of war on Germany was without any value, as was the later declaration of war on Japan on 15 July 1945, as was the so-called "cobelligerence", even though here are traces of the first in the third of these in the Preamble to the Peace Treaty. As far as the right to be admitted among the first of the defeated nations was concerned, this priority in the Potsdam declaration only referred to the drafting of the Treaty and not to admission to the United Nations, for which the five countries considered in the declaration were all put on the same plane, just as they were subsequently in the Preambles to each of the five Peace Treaties with regard to the commitment of the Big Four to support the admission to the United Nations of each of them. And the same commitment also appeared in the Austrian State Treaty. Italy could not therefore lay claim to any preferential right, and could not therefore complain at being part of the group of medium and small states that were entering the United Nations to make a contribution towards achieving its institutional purposes that each one of them was able to. It must, however, be recalled that there was inevitably a sense of regret, due to the conviction that the new democratic Italy was a quasi-Ally of the victors, as Quaroni astutely

[1] Memorndum of conversation Dulles-Brosio, 6 December 1955, *ivi*, D. 204; ORTONA, *op. cit.*, vol. II, p. 144.

[2] *Yearbook of the United Nations*, 1955. New York, United Nations Department of Public Information, 1956, p. 22–29.

noticed as early as January 1946.[1] On the other hand, the feeling of satisfaction was also exaggerated and out of proportion, because no one could properly claim this to have been an Italian foreign policy success. Despite the commitment of many states, Italy's UN membership was not the direct result of some well-coordinated policy, but was to meet a need, achieved because of a favourable international situation that Italy was able to exploit to obtain direct and indirect support from various friends in the small circle of European countries of the day and within the broader framework of the Atlantic Alliance. When Italy's admission to the United Nations – and even earlier to the War coalition – had been pursed as a political solution to Italy's specific problems, it had been an unmitigated failure.

Although this issue is of little importance, it is nevertheless a page in Italian foreign policy that does deserves to be remembered because of its direct linkage with the crisis in Italian history brought about by the Second World War.

[1] Quaroni to De Gasperi, 5 January 1946, in *DDI*, serie decima, vol. III. Roma. Istituto Poligrafico e Zecca dello Stato, 1993, p. 75.

Paola Olla Brundu[1]

L'EXCLUSION DE TAÏWAN DE L'ORGANISATION DES NATIONS UNIES : UNE DÉFAITE TACTIQUE DES ÉTATS-UNIS OU UNE VICTOIRE STRATÉGIQUE DE LA CHINE ?

25 octobre 1971: la Chine populaire devient membre permanent du Conseil de Sécurité des Nations unies ; Taïwan est exclue de l'Organisation. Il est curieux de constater comment, même parmi les historiens, le jugement porté sur ces deux événements a été influencé par le facteur K, ou, pour mieux dire, par la façon dont Henry Kissinger les a racontés dans ses Mémoires.[2] Selon cette version des faits le sacrifice de Taïwan n'aurait été qu'un effet secondaire inévitable du dégel sino-américain, effet certes embarrassant, mais somme toute négligeable n'entachant pas l'œuvre d'art accomplie grâce au travail patient et habile de la diplomatie kissingérienne. Il s'agissait au pire d'un moindre mal, bien compensé d'ailleurs par les accords conclus entre Nixon et Mao à Shangaï en février 1972, et dont les origines pouvaient être identifiées à la fois dans les procédures « ésotériques » suivies par le secrétaire d'État William Rogers et dans la réticence des alliés à jouer pleinement leur fonction de soutien.[3]

1 Professeur à l'Université d'État de Milan.

2 Cf. William Cohen, *America's Response to China: a History of Sino-American Relations*, New York, Columbia University Press, 1990, p. 198; Nancy B. Tucker, (ed.), *China Confidential. American Diplomats and Sino-American Relations 1945-1996*, New York, Columbia University Press, 2001, p. 260; Nancy B. Tucker, "Taïwan Expendable? Nixon and Kissinger Go to China", http://www.historycooperative.org/journals/jah/92.1/tucker.html.

3 Henry Kissinger, *White House Years*, Boston, Little Brown & Company, 1979, p. 733-787.

Il est tout aussi curieux de constater comment le jugement peut se modifier si nous libérons ces deux événements du cadre triangulaire rigide, déformant pourrait-on dire, dans lequel Kissinger les a comprimés, pour les insérer dans la dimension globale qui leur est propre. En élargissant la perspective, on se rend compte que ceux-ci, bien qu'étroitement liés entre eux, ont eu chacun leur histoire et que tous deux ont eu une origine, un sens et une portée assez différents de ceux que Kissinger en a proposés. On peut aussi affirmer que la sortie de Taïwan de l'ONU ne fut pas une simple bavure à l'intérieur d'une grande stratégie.[1] En réalité, elle représentait pour les États-Unis une défaite bien plus cuisante que ce que Kissinger a bien voulu en dire et pour la Chine une victoire dont la dimension stratégique échappe à qui la mesure au seul regard des effets contingents.[2]

Avant d'entrer dans le vif de ces affirmations, il est important de rappeler brièvement les termes de la question du siège chinois à l'ONU.

Huit années durant, une résolution présentée par l'Albanie et une motion de procédure présentée par les États-Unis s'étaient opposées sur ce sujet au sein de l'Assemblée générale. La résolution albanaise demandait pour la Chine populaire l'entrée à l'ONU ainsi que le siège de membre permanent du Conseil de Sécurité (CdS) et, en même temps, l'exclusion de Taïwan de l'Organisation. La motion américaine demandait l'attribution pour toutes ces questions de la mention « importantes » afin qu'elles fussent assujetties à l'approbation de la majorité des deux tiers de l'Assemblée. En novembre 1970, la résolution albanaise fut une fois de plus bloquée par le succès de la motion américaine, mais elle avait enfin obtenu la majorité simple, tandis que cette dernière n'avait obtenu qu'un consensus beaucoup plus modeste que l'année précédente.[3] Bref, la tendance était nettement en faveur de la Chine. D'où une nouvelle stratégie américaine renonçant à s'opposer à son entrée dans le CdS et concentrée exclusivement sur le maintien de Taïwan au sein de l'Organisation. C'est ainsi que le 25 octobre 1971 une nouvelle motion de procédure demandait la qualification de « question importante » seulement

1 Henry Kissinger, *Diplomacy*, New York, Simon and Schuster, 1994, p. 702-734.

2 Voir à cet égard Jussi M. Hanhimäki, « "Dr. Kissinger" or "Mr. Kissinger"? Kissingerology, Thirty Years and Counting », *Diplomatic History*, vol. 27, n° 5, novembre 2003, p. 658-659, 663.

3 Congressional Quarterly (ed.), *China: US Policy since 1945*, Washington D. C., Congressional Quarterly, 1980, p. 365. Cf. Giovanni Armillotta, « Albania and the United Nations: Two Cases Seen from a Diplomatic Perspective », *The International Journal of Albanian Studies*, I (1997), n° 1 (Fall).

pour l'exclusion de Taïwan tandis qu'une toute nouvelle résolution proposait la double représentation chinoise au sein de l'Assemblée générale et l'attribution à la Chine du siège de membre permanent du CdS. La motion de procédure était cruciale. Si elle était approuvée, Taïwan ne serait pas exclue de l'Organisation même en cas d'approbation de la résolution albanaise.

Tel ne fut pas le résultat. La motion américaine fut battue par 59 voix contre 55 et 15 abstentions ; la résolution albanaise, soumise au vote dans la foulée, dépassa largement la majorité simple (76 voix contre 35 et 17 abstentions), obligeant les États-Unis à retirer leur résolution sur la double représentation. La Chine faisait partie de l'ONU, Taïwan en était exclue et la résolution américaine n'aurait eu que le seul résultat de rendre cet état de fait encore plus embarrassant.[1]

Les États-Unis furent donc désavoués avec un écart de 4 voix seulement.

Les pays membres de l'OTAN, à l'exception de la Grèce, du Portugal et du Luxembourg, votèrent contre la motion américaine ou s'abstinrent (ce qui revint au même) à l'instar de tous les pays européens – sauf l'Espagne – et de nombreux autres pays amis ou clients dont le Pakistan, l'Iran et le Maroc. À très peu d'exceptions près – le Venezuela, l'Indonésie et l'Arabie Saoudite –, même les pays producteurs de pétrole et presque tous les pays pauvres s'exprimèrent contre ou s'abstinrent. Les voix en faveur de la motion américaine vinrent du Japon, de l'Australie, de la Nouvelle Zélande, des Philippines et du bloc latino-américain à l'exception du Chili.[2]

Ces faits suggèrent deux hypothèses.

Première hypothèse : la bataille pour s'opposer à l'exclusion de Taïwan n'avait été qu'une bataille de façade destinée à amadouer Taipeh, ses partisans les plus fidèles et l'opinion publique américaine et, par conséquent, les pays amis des États-Unis s'étaient considérés libres de voter selon leurs propres intérêts et inclinations. Par ailleurs, pourquoi Kissinger aurait-il justement accompli son second voyage à Pékin lors du déroulement des débats et du vote à l'ONU s'il en avait vraiment craint l'issue ? Il était assez logique de prévoir

[1] Bush à Rogers, télégrammes du 26 octobre 1971, in *Foreign Relations of the United States (FRUS), 1969-1976*, vol. V, *United Nations, 1969-1972*, Washington D.C., United States Government Printing Office, 2005, doc. n° 429 et doc. n° 430.

[2] Congressional Quarterly (ed.), *op. cit.*, p. 366.

qu'une telle coïncidence aurait poussé les indécis en direction d'un vote favorable à la Chine.[1]

Mais si la bataille fut une fiction, comment expliquer alors la vigueur des pressions de Rogers et de Nixon lui-même pour convaincre au dernier moment les gouvernements récalcitrants à soutenir les États-Unis ?[2] Et comment expliquer l'insistance avec laquelle Rogers et George Bush, alors ambassadeur à l'ONU, et même Nixon, demandèrent à Kissinger de reporter la date de son départ pour Pékin afin qu'il eût lieu après le vote à l'Assemblée générale ? De même, comment expliquer le temps consacré par Nixon lui-même au problème du lieu où « garer » Kissinger à son retour de la Chine afin qu'au moins la date de celui-ci ne coïncidât pas avec celle du scrutin ?[3]

D'où l'hypothèse inverse : l'Administration américaine redoutait l'échec et avait mobilisé toutes ses énergies pour l'éviter, mais la plupart de ses amis – alliés et clients – ne l'avaient pas suivie. L'exclusion de Taïwan de l'ONU fut donc une défaite sensible pour les États-Unis.[4]

Ces deux pistes ont été explorées en commençant par la documentation américaine publiée tout récemment et par celle des Archives du ministère des Affaires Étrangères italien qu'il nous a été possible de consulter.[5] On est ainsi parvenu à la conclusion qu'essentiellement cinq facteurs sont à prendre en considération si l'on veut donner une réponse plausible à l'interrogatif de fond contenu dans le titre de cette étude.

Un premier facteur saute aux yeux à une simple lecture croisée des mémoires des protagonistes américains et des témoignages de leurs

[1] Par ailleurs, c'est probablement sur cette prévision que le Premier ministre chinois Chou En-lai avait compté quand il avait obtenu que l'annonce de la visite de Kissinger, prévue pour le 5 octobre, fût reportée de dix jours (Henry Kissinger, *White House Years*, cit., p. 774).

[2] *Ibid.* Voir aussi Egidio Ortona, *Anni d'America. La cooperazione 1967-1975*, Bologna, Il Mulino, 1989, p. 328.

[3] Nixon suggéra une halte à Hawaii ou en Alaska. Rogers choisit le glacial aéroport militaire de Andrews en Alaska (Henry Kissinger, *White House Years*, cit., p. 786). Voir. aussi George Bush (with Victor Gold), *Looking Forward*, New York, DoubleDay, 1987, p. 114-116; H.R. Haldeman, *The Haldeman Diaries*: *Inside Nixon White House*, Putnam Pub. Group, New York, 1994, à la date du 28 septembre 1971.

[4] L'expression est celle de Jean Baptiste Duroselle dans son ouvrage *Histoire Diplomatique de 1919 à nos jours*, Paris, Dalloz, 11e édition, p. 781.

[5] À partir d'ici, ASMAE. Les documents consultés n'ont pas encore été classés suivant la collocation archivistique. Ils seront donc cités avec la seule indication de la provenance, du numéro et de la date lorsque ces indications sont disponibles.

collaborateurs les plus proches.[1] Un substantif pourrait le résumer à lui seul : schizophrénie.

Tous, au sein de l'Administration américaine, auraient voulu empêcher l'exclusion de Taïwan de l'ONU, mais chacun mesurait les divers aspects du problème selon ses priorités, ses attentes ou ses craintes spécifiques, voire personnelles. Kissinger, concentré sur sa prochaine mission ultra-secrète en Chine,[2] cultivait l'espoir qu'une solution pouvait venir de là[3] et, dans l'attente, il veillât surtout à éviter que la question ne prît une tournure susceptible de troubler le dialogue d'abord à distance puis rapproché avec Chou En-lai. Nixon, quant à lui, craignait avant tout l'impact dramatique du rapprochement à la Chine s'il n'était pas associé à une solution au problème du siège chinois à l'ONU acceptable pour Taïwan. Rogers et Bush, qui ignoraient tout du projet de Kissinger et de Nixon, étaient anxieux d'arriver à une solution à brève échéance afin de pouvoir prédisposer les manœuvres diplomatiques nécessaires en vue de la session d'automne de l'Assemblée générale.[4]

Cette première impression reste pleinement confirmée par l'examen des documents d'archives. Le 25 mars, au cours de la réunion du *National Security Council* tenue exclusivement pour évaluer les divers aspects de la question,[5] Kissinger, peut-être persuadé que Nixon le suivrait, s'activa avec ténacité pour empêcher que la solution ne fût arrêtée et mise en œuvre avant d'avoir vérifié directement

[1] Alexander Haig (à l'époque assistant de Nixon et collaborateur de Kissinger au NSC), « Bob » Haldeman (assistant de Nixon, ami personnel et chef du staff de Kissinger au NSC), John Holdridge (membre du staff du NSC en tant que spécialiste de la Chine et de l'Asie orientale), Winston Lord (membre du staff de Kissinger au NSC), Harry E. T. Thayer (conseiller de Bush).

[2] Outre Nixon, les seuls à être au courant étaient Alexander Haig, John Holdridge, Winston Lord, Dick Smyser (ami personnel de Kissinger, membre du NSC en tant que spécialiste du Vietnam) et Joseph Farland, ambassadeur à Islamabad.

[3] Herry Kissinger, *White House Years*, cit., p. 733.

[4] Cf. Richard Nixon, *The Memoirs of Richard Nixon*, London, Sidgwick and Jackson, 1978, p. 546-555 ; Henry Kissinger, *White House Years*, cit., p. 719, 770-774 ; George Bush (with Victor Gold), cit., p. 143-145 ; Alexander M. Haig, Jr. (with Charles McCarry), *Inner Circles: How America Changed the World: A Memoir*, New York, Warner Books, 1992, p. 192-223 ; H.R. Haldeman, *op. cit.*, p. 318-328 et 361, 369 ; John Holdridge, *Crossing the Divide: an Insider Account of the Normalization of US – China Relations*, Lanham, Rowman & Littlefield Publishers, 1997 p. 35-77 ; 42, 50, 68, 75. Cf. aussi les témoignages de Winston Lord et de Harry E. T. Thayer in Nancy B. Tucker (ed.), *China Confidential*, cit., respectivement p. 235 et p. 264-265.

[5] Wright (NSC) à Kissinger, note du 3 mars 1971, in *FRUS*, *1969-1976*, vol. V, cit. doc. n° 333 ; compte rendu du Senior Review Group Meeting du 9 mars 1971, ivi, doc. n° 335 ; Bush à Rogers, télégramme du 13 mars 1971, ivi, doc. n° 338 ; Bush à Rogers, télégramme du 23 mars 1971, ivi, doc. n° 340.

auprès de Chou En-lai jusqu'où les États-Unis pouvaient s'exposer dans la défense de Taïwan. Mais Nixon, tout en s'inquiétant autant que Kissinger de cet aspect, était encore plus soucieux des sondages qui donnaient largement en tête les partisans de Taïwan même si les partisans de la Chine, soutenus par la presse dominante, continuaient à gagner du terrain.[1] Il s'orienta donc aussitôt vers l'option de la double représentation chinoise à l'ONU. Compte tenu des prévisions, celle-ci apparaissait en effet à Rogers et à Bush comme étant la seule susceptible de catalyser les voix soit des pays qui voulaient donner le feu vert à l'entrée de la Chine dans l'Organisation, soit celles de Taïwan et de ses amis les plus tenaces.[2]

Une fois cette voie retenue, Rogers fut chargé de s'occuper des aspects procéduraux mais la maîtrise du processus décisionnel resta solidement dans les mains de Kissinger et de Nixon. Rogers n'eut même pas la faculté de choisir la manière et le moment d'informer les pays amis et les alliés de la solution envisagée par les États-Unis. Le dernier mot en revenait là encore à Kissinger et à Nixon.[3]

L'effet multiplicateur de cette approche « trialiste » est impressionnant. Alors que le reste du monde, les alliés et les amis surtout, spéculaient sur la position des États-Unis, Rogers et ses collaborateurs, ignorant qu'il y avait dans l'air l'espoir d'une solution digne de ce nom,[4] continuaient à produire sans répit des ébauches de motions et de résolutions,[5] sans cependant être en mesure de prévoir, sinon en termes très approximatifs, les scénarios qui pouvaient en découler car Kissinger et Nixon ne voulaient pas que les autres pays fussent

[1] En réalité Marshall Wright, assistant de Kissinger au NSC, à travers un examen attentif des sondages et des éditoriaux des principaux journaux, était arrivé à la conclusion que les secteurs de l'opinion publique les plus significatifs du point de vue politique n'étaient plus opposés à un changement de politique par rapport à la présence de la Chine communiste aux Nations unies (Wright à Kissinger, note du 3 mars 1971, ivi, doc. n° 333, cit.). Les milieux auxquels se référait Wright n'étaient cependant pas les plus importants pour Nixon.

[2] Compte rendu de la réunion du *National Security Council* (NSC) du 25 mars 1971, ivi, doc. n° 342. Selon la version de Kissinger, à l'origine de l'attitude de Nixon il n'y avait que sa réticence à entrer en collision avec Rogers (Henry Kissinger, *White House Years*, cit., p. 773).

[3] Kissinger à Nixon, note du 9 avril 1971, in *FRUS, 1969-1976*, vol. V, cit., doc. n° 344 ; entretien Nixon-Rogers-Kissinger du 27 mai 1971, ivi, doc. n° 358.

[4] Henry Kissinger, *White House Years*, cit., p. 733.

[5] Rogers à Nixon, note du 3 juillet 1971, in *FRUS, 1969-1976*, vol. V, cit., doc. n° 369 ; Green (assistant de Rogers aux affaires d'Asie orientale et du Pacifique) et De Palma (assistant de Rogers aux affaires des Organisations internationales) à Rogers, note du 12 juillet 1971, ivi, doc. n° 372 ; Herz (assistant de Rogers aux affaires des Organisations internationales) à Rogers, note du 28 juillet 1971, ivi, doc. n° 384.

impliqués ni même consultés, à l'exception de Taïwan. Leurs instructions à Rogers étaient de ne pas soulever la question avec les autres diplomaties à moins d'y avoir été sollicités et dans ce cas, à la demande relative aux intentions des États-Unis, la réponse devait être que l'Administration penchait pour la double représentation en tant que solution possible.[1]

Devant un tel mélange de réserve et d'imprécision, les autres gouvernements pouvaient difficilement découvrir leurs cartes ou ne pas se sentir désorientés. Rogers en était tout à fait conscient et il le souligna avec insistance devant Nixon et Kissinger. La victoire ou la défaite se jouerait sur une poignée de voix et le facteur temps n'avantagerait pas les États-Unis. Plus la mise au point de la position américaine serait tardive, plus la défaillance des alliés même les plus fidèles serait inéluctable. En bref, Rogers avait perçu ce qui était en train de se passer et l'on peut affirmer qu'il l'avait perçu à temps pour pouvoir mettre en place une offensive diplomatique qui eût quelques chances de succès.[2]

La documentation italienne fournit de nombreux éléments pour étayer cette dernière affirmation.

Premier élément : l'abstention de l'Italie sur la motion présentée par les États-Unis aurait pu facilement être transformée en un vote favorable si la diplomatie américaine, au lieu de s'appuyer sur l'efficacité des chantages de la dernière minute, avait pris en considération l'aide que l'Italie aurait pu offrir spontanément à la stratégie élaborée par Rogers. Au mois de novembre de l'année précédente, la diplomatie italienne avait conclu avec la Chine un accord de reconnaissance réciproque au terme d'une négociation longue et exténuante.[3] Cela lui avait permis d'acquérir une très bonne expérience des méthodes et des tactiques des Chinois qu'elle aurait bien pu mettre à la disposition du Département d'État et de Kissinger lui-même. En plus Rome avait déjà son ambassadeur à Pékin et elle était donc en mesure de recueillir des précieux renseignements sur les intentions de ce gouvernement et les contre-mesures qu'il pourrait adopter pour neutraliser les manœuvres de Washington. En outre, l'Italie était sur le point d'assumer son semestre de présidence de la CEE et elle se trouverait donc dans les meilleures conditions pour solliciter les membres les

[1] Entretien Nixon-Rogers-Kissinger du 27 mai 1971, ivi, doc. n° 358.

[2] Kissinger à Nixon, note s.d. (entre le 23 et le 25 mars), ivi, doc. n° 341 ; entretien Nixon-Rogers-Kissinger du 27 mai 1971, doc. n° 358, cit.

[3] Voir les détails dans notre étude « Pietro Nenni, Aldo Moro e il riconoscimento della Cina comunista », *Le Carte e la Storia*, X, n° 2, 2004, p. 29-51.

plus réticents à suivre les États-Unis. Et, surtout, plusieurs mois avant que des rumeurs circulassent sur le penchant de Washington pour l'option de la double représentation chinoise à l'ONU,[1] la diplomatie italienne était déjà arrivée d'elle-même à la conclusion que celle-ci constituait non seulement la voie pour aider les États-Unis à sortir de leur « situation embarrassante »[2] mais aussi la solution la moins traumatisante pour les rapports que Rome entendait cultiver parallèlement avec Pékin et Taipeh.[3] L'opinion publique italienne, largement favorable à l'entrée de la Chine dans l'ONU, mais en même temps hostile à l'exclusion de Taïwan, l'aurait accueillie favorablement et même l'opposition communiste aurait pu la tolérer, pourvu que Moscou, à l'époque encore sa principale, quoique vacillante, référence, l'eut approuvé – ce qui compte tenu des circonstances paraissait très probable.

En substance, la *Farnesina* et le Département d'État, à l'insu de l'un et de l'autre, œuvraient pour une solution analogue. Analogue jusque dans les formulations puisque tous les deux considéraient comme essentielle la recherche d'un « rationnel » justifiant la proposition de la double représentation chinoise et tous les deux avaient abouti à la même conclusion : ce « rationnel » ne pouvait être qu'un puissant rappel à l'universalisme des Nations unies. L'analogie se retrouvait enfin dans les inquiétudes sur les effets qu'un tel rappel pourrait déclencher en ouvrant la voie à un précédent applicable aux autres pays divisés : l'Allemagne, le Vietnam et la Corée.[4] Les conclusions dégagées furent cependant différentes. Rome, ne parvenant pas à déchiffrer les véritables intentions de Washington, laissa tomber son projet, d'autant plus qu'entre temps elle avait compris que les Soviétiques ne penchaient pas en faveur de la double représentation chinoise à l'ONU. Moscou préférait plutôt congeler la question, dans l'attente que la fin du mandat de Tchang Kai Chek facilitât l'option prise en considération par les deux diplomaties chinoises : le passage de Taïwan sous la souveraineté de la Chine populaire au

[1] ASMAE, Ortona à MAE, dépêche télégraphique n° 05571 du 28 mai 1971.

[2] ASMAE, Gaja à Moro, note s. n° du 25 mars 1971.

[3] ASMAE, Direction Générale des Affaires Politiques (DGAP), Ducci (Directeur générale des Affaires politiques) à Gaja (Sécretaire général du MAE), note s. n° du 23 mars 1971.

[4] *Ibid.* ; cf. les instructions de Kissinger à Rogers et à Helms (*Central Intelligence*) du 19 novembre 1970, in *FRUS, 1969-1976*, vol. V, cit., doc. n° 312 ; Wright à Kissinger, note du 3 mars 1971, doc. n° 333, cit. ; comptes rendus du *Senior Review Group Meeting* du 9 mars 1971, doc. n° 335, cit., et du *National Security Council* du 25 mars 1971, doc. n° 342, cit.

gouvernement de laquelle le fils aîné de Tchang pourrait participer jouissant d'un rôle important.[1] Par ailleurs, le Département d'État dut céder à l'aversion de Nixon et de Kissinger pour le concept même d'universalisme et à leur crainte des conséquences qu'aurait comporté le fait d'y faire recours au sein de l'ONU, créant ainsi les bases pour l'entrée dans l'Organisation d'autres pays communistes comme la République Démocratique Allemande, la Corée du Nord et le Vietnam du Nord.[2] La vague allusion à ce principe contenue dans la résolution sur la double représentation déposée dans sa version définitive le 20 septembre au comité de l'Assemblée générale fut tout ce que Rogers obtint.[3] Trop peu et trop tard. L'Italie avait déjà pris sa décision tout comme les autres pays communautaires.[4] Pas même le Pape, appelé en extremis par Nixon, ne put, ou peut-être ne voulut, intercéder pour qu'elle fût modifiée.[5] Paul VI tenait à sauvegarder la position de Taïwan mais apparemment il tenait encore plus à l'entrée

[1] ASMAE, Gaja à Trabalza (ambassadeur à Pékin), télégramme n° 2436/C du 23 juin 1971.

[2] Rogers à Nixon, note s.d. (probablement du 26 ou 27 mai), in *FRUS*, *1969-1976*, vol. V, cit., doc. n° 357 ; Kissinger à Nixon, note s.d. (probablement du 26 mai), 1971, ivi, doc. n° 341, cit...

[3] Voir à ce propos le texte du discours prononcé par George Bush le 30 septembre 1971 devant les membres de la « *Investment Association of New York* » et publié dans le communiqué de presse USUN-149/71.

[4] ASMAE, Moro à Vinci (ambassadeur aux Nations unies), télégramme n° 129 du 23 septembre 1971 ; Ducci à Gaja et à Moro, note n° 063/0911 du 23 août 1971 ; Ducci à l'Ambassade à Pékin, télégramme n° 3354/C du 22 septembre 1971.

[5] Egidio Ortona, *op. cit.*, p. 328-329. Il convient de souligner que la diplomatie américaine évita aussi de préciser ses intentions à l'occasion de la visite du ministre des Affaires Étrangères italien Aldo Moro à Washington dix jours avant le vote à l'ONU. Lorsque Moro demanda quelle solution avait été étudiée pour résoudre dans sa dimension globale le problème de Taïwan, Kissinger se déroba à la question et Nixon et Rogers se limitèrent à remarquer que Taïwan devait rester à l'ONU, manifestant tous deux la conviction qu'à ce propos il allait de soi qu'aucune surprise désagréable ne viendrait du côté de l'Italie (Egidio Ortona, *op. cit.*, p. 327-328). Quand ensuite, à trois jours du vote, il fut clair que le soutien de l'Italie, qu'ils considéraient comme acquis, se limiterait tout au plus à l'abstention sur la motion de procédure américaine (Haig à Nixon, note s.d., probablement du 20 octobre 1971, in *FRUS*, *1969-1976*, vol. V, cit., doc. n° 422, p. 839), Rogers tenta de remédier en expliquant avec arrogance à Ortona au cours d'une longue conversation téléphonique que, contrairement à ce que l'on pensait à Rome, la bataille à l'ONU pour sauver Taïwan ne serait pas du tout une bataille de façade et que les États-Unis étaient extrêmement sérieux – « *dead serious*! » – lorsqu'ils demandaient le soutien de l'Italie (Egidio Ortona, *op. cit.*, p. 328-329). Etant donné les résultats insatisfaisants de l'initiative de Rogers, trois jours avant le vote Nixon lui-même se chargea de téléphoner personnellement au Président de la République Giuseppe Saragat, au Président du Conseil Emilio Colombo et à Paul VI, soulignant le même concept et exprimant son incrédulité devant le fait qu'une nation amie comme l'Italie s'apprêtât à prendre une position opposée à celle des États-Unis (entretien Nixon-Rogers-Bush-Haig, compte rendu du 22 octobre 1971, in *FRUS*, *1969-1976*, vol. V, cit., doc. n° 425, p. 846).

de la Chine à l'ONU, ce qui faciliterait la protection des catholiques dans ce pays de la part du Vatican.

Deuxième élément. Les effets en chaîne produits par le soupçon d'une entente en cours, ou même peut-être déjà établie, entre Washington et Pékin.[1] Le soupçon se fit jour à la nouvelle de l'invitation adressée au mois d'avril par les Chinois à l'équipe de ping-pong américaine.[2] Ceci devint une quasi-certitude le 15 juillet lorsque arrivèrent les annonces bien plus sensationnelles de la rencontre entre Kissinger et Chou En-lai, de l'invitation à visiter la Chine adressée à Nixon par Mao et des prochaines missions de Kissinger à Pékin afin d'y préparer la visite présidentielle.[3] Au fur et à mesure des annonces et des réponses ambiguës que le Département d'État fournissait aux demandes d'explications présentées par les diplomaties alliées,[4] à cette certitude s'ajouta un autre doute : celui que les faibles pressions exercées par la diplomatie américaine pour s'assurer le soutien à son option encore mal définie – pressions par ailleurs limitées jusqu'au mois d'août à la France, à la Belgique et à la Grande-Bretagne[5] – n'avaient en réalité que l'objectif essentiellement tactique de rassurer Taïwan et les autres pays du secteur – en premier lieu le Japon, l'Australie et les Philippines – que le rapprochement des États-Unis à la Chine ne remettrait pas en cause leurs engagements vis à vis de leurs alliés.[6] Lors de l'annonce du premier voyage de Kissinger en Chine, ce soupçon devint lui aussi une certitude qui accentua chez les Européens la crainte de tomber dans un piège : une bataille pour sauver la présence de Taïwan au sein de l'ONU à laquelle les

[1] ASMAE, DGAP aux ambassades, dépêche télégraphique n° 063/0646/C du 12 juin 1971 ; Ducci à Gaja et à Moro, note s. n° du 18 août 1971 ; DGAP aux ambassades, dépêche télégraphique n° 063/0925/C du 26 août 1971 ; DGAP aux ambassades, dépêche télégraphique n° 063/0950/C du 4 septembre 1971.

[2] ASMAE, Giusti del Giardino (ambassadeur à Tokyo) à Moro, télégramme du 19 avril 1971, cité dans Giusti del Giardino aux ambassades, dépêche télégraphique n° 908. Levine, membre du staff du NSC, exprima d'ailleurs à Kissinger la préoccupation que la chose pût être perçue comme le signe que la Chine entrerait à l'ONU dans le courant de l'année (Levine à Kissinger, note du 14 avril 1971, in *FRUS*, *1969-1976*, vol. V, cit., doc. n° 345).

[3] Rogers aux ambassades, télégramme du 21 juillet 1971, ivi, doc. n° 376.

[4] ASMAE, DGAP aux ambassades à Pékin, Tokyo, Bruxelles et à la mission aux Nations unies, dépêche télégraphique n° 063/0435 du 24 avril 1971 ; Ortona a MAE, rapports des 25 mai et 28 mai cités dans DGAP aux ambassades, dépêche télegraphique n° 063/0652/C du 12 juin 1971.

[5] ASMAE, Moro aux ambassades, dépêche télégraphique n° 063/0927/C du 26 août 1971.

[6] ASMAE, Ducci à Gaja et à Moro, note n° 063/0911 du 23 août 1971, doc. cit. ; Ortona à MAE, télégramme s. n° du 24 août 1971.

États-Unis, s'ils s'étaient déjà accordés sur son exclusion avec Pékin, auraient seulement feint de participer, laissant dans ce cas les pays européens en payer seuls les conséquences auprès de la Chine.[1]

Cette dernière constatation nous conduit au deuxième facteur : la méfiance des Européens envers les plans de Nixon et Kissinger et comme conséquence leur désir de revanche et leur convergence sur la question du siège chinois à l'ONU.

Pour la première fois dans l'histoire de la Communauté Européenne, les six ministres des Affaires étrangères réunis à Rome le 22 septembre sous la présidence italienne ressentirent la nécessité d'« un certain degré d'unité dans la manière d'aborder la question à l'ONU ». Chacun exposa aux autres ses inquiétudes et ses orientations et tous s'accordèrent sur « l'opportunité de consultations rapprochées entre les diverses représentations et délégations à New York[2] ». Par la suite tous respectèrent l'engagement pris et d'ailleurs tous votèrent de la façon qu'ils avaient annoncée.

On avait cru avoir identifié tous les ingrédients de la pulsion des Européens vers une politique étrangère commune qui après tant d'années commençait justement à reprendre vigueur au printemps-été 1971. Tous, ou presque, semblaient concerner l'attitude du grand allié : d'abord l'imposition de partager le « fardeau commun » suivie de la menace de réduire les troupes américaines basées en Europe puis de l'entente ABM négociée avec l'Union soviétique sans consulter les partenaires ; le 15 août encore, la suspension brutale de la convertibilité du dollar en or avec en plus la surtaxe de 10 % sur les importations ; enfin le régionalisme théorisé par Nixon qui reléguait l'Europe au rang de succédané régional des États-Unis et la diplomatie triangulaire de Kissinger qui l'ignorait.[3] Autant de motifs d'inquiétude et de frustration nous ont conduit à la conclusion que celles, qui touchaient maintenant même la Grande-Bretagne d'Edward Heath,[4] étaient le principal moteur de la PEC comme, peut-être, de l'enthousiasme des pays communautaires pour le projet de la CSCE.

[1] ASMAE, Ducci à Gaja et Moro s. n° du 18 août 1971, *doc. cit.* ; Ortona à Ducci, télégramme n° 2516 du 22 août 1971. Voir aussi Egidio Ortona, *op. cit.*, p. 328.

[2] ASMAE, DGAP, Ducci à Trabalza, télégramme n° 3354/C du 22 septembre 1971.

[3] Cf. Franz Schurmann, *The Foreign Politics of Richard Nixon. The Grand Design*, Berkley, Institute of International Studies, University of California, 1987, p. 321-326 ; 355-368 ; Geir Lundestad, *The United States and Western Europe since 1945: from "Empire" by Invitation to Transatlantic Drift*, Oxford, Oxford University Press, 2003.

[4] Cf. Edward Heath, *The Course of my Life: An Autobiography*, Hodder and Stoughton, London, 1998. Sur ce sujet voir Ilaria Poggiolini, *Alle origini dell'Europa*

Ce qui, jusqu'à maintenant, nous avait échappé est justement le rôle joué dans ce contexte par la « variable chinoise ».

En effet, le retour de la Chine sur la scène internationale avait ouvert aux Européens un nouveau scénario. Dans celui-ci l'ambition de se concevoir et de se construire non plus seulement en tant que pôle économique et financier, mais également en tant que pôle politique prenait sens et consistance. Affranchie de l'Union soviétique, la Chine redevenait un acteur international à part entière. Ce simple fait suffisait à faire voler en éclats tous les schémas, bipolaires aussi bien que triangulaires. Que les États-Unis l'eussent ou non voulu, il se créait ainsi une situation fluide dans laquelle d'autres acteurs, et l'Europe au premier chef, pourraient s'insérer et jouer un rôle indépendant bien mieux qu'ils n'avaient pu le faire jusqu'alors. En somme, pour les Européens la Chine n'était pas un simple côté du triangle dessiné par la diplomatie américaine : c'était un pays de 700 millions de personnes, disposant d'armements nucléaires, avec un immense marché (encore plus précieux en considération du choc infligé au commerce international par les mesures monétaires et protectionnistes prises par Nixon), ses besoins en technologie et sa propre politique de puissance – quoiqu'elle eût des symétries contingentes avec celle des États-Unis.

Le poids réel que ces évaluations eurent dans la tentative de relance d'une coopération en matière de politique extérieure à ce moment-là reste à vérifier.[1] Il est cependant vrai que la diplomatie chinoise œuvra avec finesse pour que les Européens s'engagent dans cette voie.[2] Elle suivit avec attention les problèmes liés à l'élargissement de la communauté, saisissant toutes les occasions pour inciter les pays membres à prendre conscience des potentialités d'une Europe élargie et compacte.[3] Une Europe non pas en antithèse avec l'Amérique, mais capable d'en contenir les débordements et surtout de

allargata: la Gran Bretagna e l'adesione alla CEE (1972-1973), Milano, Unicopli, 2004.

[1] Cf. l'ouvrage contemporain de Dick Wilson, « China and the European Community », *The China Quarterly*, n° 56 (oct.-dec. 1973), p. 647-666.

[2] ASMAE, Gardini (ministre conseiller à Paris) à MAE, télégramme du 17 juin 1971 cité dans DGAP aux ambassades, dépêche télégraphique n° 063/0712/C du 22 juin 1971.

[3] ASMAE, DGAP à Moro, note s. n° du 29 avril 1971. Le Département d'État, informé par Ortona de l'attitude des dirigeants chinois, en souligna avec complaisance la signifiance anti-soviétique pendant qu'il définit « de façade » l'autre motivation sous-entendue : l'intérêt de Pékin à l'élargissement de la Communauté en fonction de l'indépendance de l'Europe par rapport aux États Unis (Ortona a MAE, dépêche télégraphique n° 04123 du 23 avril 1971).

réagir avec fermeté à ceux de l'Union soviétique, comme le précisa le vice-ministre des Affaires étrangères Chiao Khuan-Hua au chargé d'Affaires italien Antonino Restivo.[1] Il est également vrai qu'au moment de voter à l'ONU aucun pays communautaire ne se rangea aux côtés de l'Amérique, excepté le Luxembourg, qui le fit surtout par solidarité envers Taïwan en tant que petit pays. Tous – et idéalement même le Luxembourg – se prononcèrent conformément aux attentes de la Chine, chacun s'exprimant, par son abstention ou par son vote, selon le degré d'autonomie dont il jouissait par rapport à Washington.[2]

Ceci nous conduit à relever le troisième facteur qui nous explique la position prochinoise d'un si grand nombre de pays à l'occasion du vote à l'ONU : la finesse de la diplomatie de Chou En-lai, d'autant plus frappante si on la compare avec les retards et la maladresse de la diplomatie américaine.

La sagesse sophistiquée et l'à propos dont elle fit preuve pour sélectionner avec un soin méticuleux les pays qu'elle était certaine de pouvoir attirer de son côté, négligeant totalement et sciemment ceux qu'elle n'arriverait jamais à convaincre, sont vraiment étonnants.[3] La tactique de la carotte et du bâton fut utilisée avec art et sous une forme à tel point inusitée chez les occidentaux qu'elle devint irrésistible. La carotte venait d'abord sous forme d'exquises manifestations d'attention et de courtoisie puis, de façon inattendue et indéchiffrable, arrivait le bâton : la froideur, l'arrogance, les impolitesses. Pour finir, l'interlocuteur, désorienté et épuisé par l'irrationalité apparente de ce comportement, se voyait adresser la demande sous forme d'un problème à résoudre. C'est à ce moment seulement que commençait la négociation et si celle-ci n'était pas jugée satisfaisante elle était brusquement interrompue pendant des heures, des jours, des mois, des années même. L'arme diplomatique favorite était le temps et elle n'était jamais laissée entre les mains de l'interlocuteur. Il était très rare que l'on montrât de la hâte, même lorsque la nécessité de conclure était pressante. Bien au contraire, dans ce cas on laissait entendre l'opposé : la Chine, à la différence de son interlocuteur pour qui, surtout s'il était occidental, la rapidité était partie

1 ASMAE, Restivo (chargé d'Affaires à Pékin) à Moro, télégramme n° 12202 du 25 mars 1971.

2 Cf. ASMAE, Ducci à Trabalza, télégramme n° 3354/C du 22 septembre 1971, *doc. cit.*

3 ASMAE, DGAP aux ambassades, dépêche télégraphique n° 063/0795/C du 20 juillet 1971.

intégrante du résultat, pouvait se permettre d'attendre : pour elle le temps n'avait pas la même valeur que pour les autres.

En ayant recours à cette tactique, bien avant que les États-Unis n'eussent communiqué aux pays amis et alliés leur position définitive au sujet de la double représentation, la Chine s'était déjà assurée que le Canada, la France, la Grande-Bretagne, l'Italie, la Hollande et la Belgique voteraient dans un sens excluant le maintien de Taïwan au sein de l'ONU.[1] De la même manière – semblerait-il – la diplomatie chinoise gomma les hésitations de nombreux autres pays y compris celles du Pakistan, qui désirait acquérir des mérites aux yeux de Pékin mais craignait en même temps d'indisposer Washington dont il était allié et client. Elle parvint à s'assurer non seulement la voix du Pakistan mais aussi sa médiation pour détourner sur la Chine l'attention du monde musulman proche de l'Union soviétique et tout particulièrement des pays arabes producteurs de pétrole.[2]

D'où le dernier élément, peut-être le plus important, qui ressort de la documentation italienne : l'offensive diplomatique de Pékin n'affronta jamais la question de l'entrée de la Chine à l'ONU. Elle se concentra directement et uniquement sur l'exclusion de Taïwan. Fut-ce pour une question d'orgueil ou parce que même Pékin soupçonnait que la solution concoctée par les États-Unis serait celle d'une double représentation ?

La réponse que les documents fournissent à cette interrogation introduit le quatrième facteur de l'issue du scrutin à l'ONU : la diplomatie toute personnelle de Kissinger.

En effet si l'on examine avec attention les procès verbaux des entretiens du 10 juillet 1971 entre Kissinger et Chou En-Lai, on découvre que, longtemps avant les alliés, Chou apprit de la bouche même de Kissinger tous les détails de la voie choisie par Washington pour permettre à la Chine de s'installer dans le CdS tout en maintenant Taïwan dans l'ONU jusqu'au moment où Pékin, exploitant les avantages offerts par sa nouvelle position, obtiendrait la majorité des

[1] ASMAE, Pansa Cedronio (ambassadeur à Ottawa) à Moro, télégramme du 16 juin 1971 cité dans DGAP aux ambassades, dépêche télégraphique n° 063/0738/C du 26 juin 1971 ; Gardini à MAE, télégramme du 26 août 1971, cité dans DGAP aux ambassades, dépêche télégraphique n° 063/0927/C du 26 août 1971 ; Trabalza à Moro, rapport n° 597 du 26 août 1971 ; cf. aussi Ducci à Trabalza, télégramme n° 3354/C du 22 septembre 1971, *doc. cit* ; Moro à Trabalza (ambassadeur à Pékin), télégramme n° 129 du 23 septembre 1971 ; ambassade à Bruxelles à MAE, dépêche télégraphique n° 4609 du 14 septembre 1971.

[2] ASMAE, Fabbricotti (ambassadeur à Colombo) à MAE, dépêche télégraphique, n° 061/240/C du 11 juin 1971.

deux tiers nécessaire pour l'en chasser. La théorie des deux Chines ou celle d'une Chine et d'un Taïwan avait été définitivement mise de côté – assura Kissinger – pour les États-Unis il n'existait qu'une seule Chine, et Nixon était prêt à l'affirmer dans la formule de reconnaissance mutuelle, bien que ne pouvant le rendre public avant les élections présidentielles de l'année suivante.[1]

C'était – pour utiliser une métaphore militaire – comme si le commandant en chef d'une armée se préparant à la bataille avait eu pour seul souci celui de révéler à l'ennemi sa stratégie, laissant pendant ce temps ses troupes libres de se complaire dans l'idée que la bataille n'aurait pas lieu ou bien qu'elle serait fictive.[2]

Risque calculé ou formidable erreur tactique ? On pencherait pour la première hypothèse – celle du risque calculé – à condition que Chou eût lié l'engagement de la Chine dans le dialogue à la certitude qu'en aucune circonstance les États-Unis ne bloqueraient son admission à l'ONU – mais tel ne fut pas le cas[3] – et que Kissinger, étant arrivé à la conclusion que le Chinois « ne considérait pas le problème ONU d'une importance fondamentale dans les rapports entre les deux pays »,[4] eût dépensé toute son énergie pour atteindre le but qu'il s'était apparemment fixé : le maintien de Taïwan dans l'ONU jusqu'à ce que la Chine eût rassemblé elle-même les voix nécessaires pour l'expulser. Telle ne fut toutefois pas l'attitude de Kissinger. De retour à Washington, il se déchargea complètement du problème sur Rogers et ne fit rien pour lui faciliter la tâche. Au contraire – comme on l'a déjà relevé – il effectua son second voyage en Chine précisément lors du déroulement des débats et du vote à l'ONU sans se soucier des spéculations qu'une telle coïncidence pouvait alimenter.[5]

[1] Entretien Kissinger-Chou En-lai du 10 juillet 1971, après-midi, in William Burr (ed.), *The Beijing-Washington Back-Channel and Henry Kissinger's Secret Trip to China – September 1970-July 1971*, National Security Archive, Electronic Briefing Book n° 66, 2002, http://www.gwu.edu/~nsarchiv/NSAEBB/NSAEBB66/, doc. n° 35, p. 16-17.

[2] À ce propos, voir ASMAE, Ortona à MAE dépêches des 20 et 24 août, cités dans DGAP aux ambassades, dépêche télégraphique n° 063/0950/C du 4 septembre 1971.

[3] En effet, comme Chou le fit remarquer à Kissinger, la Chine avait déjà acquis cette certitude en se basant tout simplement sur les nombres aux Nations unies (entretien Kissinger-Chu En-lai du 10 juillet, après-midi, 1971, doc. n° 35, cit., p. 17).

[4] Henry Kissinger, *White House Years*, cit., p. 773. En effet, Chou se limita simplement à observer que si les États-Unis avaient renoncé à la théorie des deux Chines ou d'une Chine et une Taïwan, ils avaient dans ce cas un problème : celui du siège chinois à l'ONU (entretien Kissinger Chou En-lai du 10 juillet, après-midi, doc. n° 35 cit., p. 17).

[5] Kissinger a écrit à ce propos dans ses Mémoires : « je ne réussis pas à trouver le vote d'un seul pays qui aurait été différent si je n'étais pas allé en Chine ». (Henry

Kissinger prévoyait-il un échec dont il ne voulait pas être tenu pour responsable ? Ou bien n'avait-il pas cerné la valeur stratégique que la victoire de la Chine pouvait revêtir dans le contexte international et plus encore dans le cadre des relations bilatérales ? Cette seconde hypothèse semble être la plus convaincante. Chou En-lai avait clos le sujet Nations unies en observant : « nous ne considérons pas une question urgente celle de réclamer notre siège à l'ONU : nous nous en sommes bien passés pendant 21 ans [...] nous ne donnons aucune importance à l'ONU ».[1] Kissinger en avait à juste titre déduit que la Chine n'entrerait pas dans l'Organisation en cas de maintien de Taïwan.[2] Cependant, peut-être persuadé que, comme lui d'ailleurs,[3] Chou En-lai jugeait l'ONU réellement insignifiante, il ne perçut pas le sous-entendu : la Chine ne permettrait pas aux États-Unis de décider des délais et des modalités de son entrée dans l'Organisation.

Chou avait lancé un défi et c'était un défi d'autant plus formidable qu'il était exempt de chantage : chacun, certain que cela n'aurait aucune conséquence sur le dialogue si bien entamé, pourrait jouer pleinement ses cartes et mettre toutes ses forces dans la bataille, Washington pour maintenir Taïwan dans l'ONU et Pékin pour l'en chasser. La date d'entrée de la Chine à l'ONU ainsi que la durée de la permanence de Taïwan étaient apparemment au centre du défi, mais le véritable enjeu était la force que la Chine pourrait tirer d'une victoire pour laquelle par ailleurs elle ne risquait rien, ni le siège au CdS, qui était virtuellement acquis, ni son prestige car, dans l'arène globale où se déroulerait la joute, seul le prestige des États-Unis était en jeu. Cependant, si elle gagnait, elle gagnait tout : la mise à l'écart de Taïwan, l'humiliation des États-Unis et la bizarre consolation pour tous deux d'avoir participé au « band wagon » qui avait amené la Chine au sein de l'ONU. Le défi lancé par Chou était en apparence tactique mais la victoire, si elle revenait à la Chine, serait stratégique. Au moment où, une fois mis de côté les intérêts symétriques contingents qui les aient rapprochés, Washington et

Kissinger, *White House Years*, cit., p. 733). On ne peut pas lui donner tort d'autant plus que le dommage, il l'avait fait d'abord.

[1] Entretien Kissinger-Chou En-lai du 10 juillet 1971, après-midi, doc. n° 35, cit.

[2] Henry Kissinger, *White House Years*, cit., p. 784 ; cf. aussi entretien Kissinger-Chou En-Lai du 10 juillet, après-midi, doc. 35, cit, p. 18.

[3] Voir Edward C. Keefer, « The Nixon Administration and the United Nations: "It's a Damned Debating Society" », rapport présenté à la 8e *Conférence internationale des pays éditeurs de documents diplomatiques*, Paris, 6-7 octobre 2005. Je remercie l'auteur de m'avoir mis à disposition son ouvrage avant la publication.

Pékin affronteraient la substance de leurs relations bilatérales, la portée de cette victoire apparaîtrait dans toute sa valeur.

Kissinger nous raconte avoir confié à Chou que pour les Américains la Chine était un mystère, recevant comme réplique que pour les Chinois, en revanche, l'Amérique n'en était pas un.[1] La réponse à la question de savoir s'il a pris un risque calculé ou commis une erreur est peut être tout entière ici. Kissinger avait concédé et révélé à Chou beaucoup de choses que celui-ci n'aurait pas dû obtenir si facilement ni apprendre si prématurément. Et cela – semblerait-il – afin de presenter les États-Unis comme un *partner* fiable et de pousser Chou à lui dire ce que Nixon et lui-même avaient besoin de savoir. Chou ne lui cacha rien, mais Kissinger ne voulut pas ou ne sut pas comprendre.[2] Le sens et la portée globale que Chou En-Lai avait voulu donner au défi échappèrent à Nixon tout comme à Kissinger. Cependant Nixon ne se méprit ni sur le sens, ni sur la portée des sondages qu'il exigeait qu'on lui apporte quotidiennement sur son bureau. Un échec pouvait mettre en péril le renouvellement de son mandat et ce fait était suffisant pour qu'il consacre toutes ses forces à l'éviter. Son acharnement à maintenir Taïwan à l'ONU fut par conséquent aussi tenace que celui de Rogers et de Bush mais il ne fut pas à la hauteur de la situation et ceci nous amène au cinquième et dernier facteur de l'échec subi par les États-Unis le 25 octobre : la rudesse des manœuvres diplomatiques américaines de la dernière minute.

En vérité, il n'était pas aisé de concilier des exigences aussi différentes en une seule opération : montrer à la Chine que les États-Unis étaient d'accord avec son entrée à l'ONU ; convaincre Taïwan du contraire et la pousser à accepter que la Chine s'installe à sa place au CdS ; déchiffrer et tenir en respect les pulsions ambiguës du Parti Républicain, répliquer aux critiques contradictoires de l'opposition démocratique et répondre aux attentes assez floues de l'opinion publique ; neutraliser les fuites en avant des pays amis et des alliés.

Avec une patience extraordinaire, Nixon se consacra tout d'abord à la tâche d'adoucir Taïwan. À cette fin, Rogers et Bush œuvrèrent coude à coude avec les diplomaties australienne, japonaise, et philippine.[3] Taipeh de son côté mit en jeu tout l'art dont pouvait être

[1] Henry Kissinger, *White House Years*, cit., p. 746 ; 777.

[2] Cf. Raymond L. Garthoff, *Détente and Confrontation : American-Soviet Relations from Nixon to Reagan*, Washington D.C., The Brookings Institution, 1994.

[3] Meyer (ambassadeur à Tokyo) à Rogers, télégramme du 6 juillet 1971, in *FRUS, 1969-1976*, vol. V, cit., doc. n° 370 ; Green et De Palma à Irwin (substitut sécretaire

capable une diplomatie chinoise.[1] Une fois établi – apparemment dès le début – l'objectif stratégique de la confirmation de la part des États-Unis des obligations dérivant de l'alliance de 1954, elle menaça d'abord de s'opposer à la nouvelle motion de procédure américaine si celle-ci ne s'accompagnait pas d'une résolution qui spécifiât que le siège au CdS resterait à Taïwan.[2] Puis, le 31 juillet, consciente que le temps ne jouait pas en sa faveur, elle commença à céder, permettant ainsi à Rogers d'annoncer officiellement le 2 août que les États-Unis ne s'opposeraient plus à l'entrée de la Chine à l'ONU.[3] Par la suite Taipeh prétendit que la résolution sur la double représentation ne faisait aucune référence à l'installation de la Chine au Conseil de Sécurité. Et ce n'est que le 10 septembre, lorsqu'elle fut certaine d'avoir chargé l'Administration américaine d'un plus grand sentiment de culpabilité, qu'elle donna son consentement, consciente – peut-être depuis le mois du novembre précédent – que s'il existait une chance que Taïwan restât au sein de l'Organisation, cette chance était liée à la reconnaissance explicite de la part des États-Unis du droit de la Chine à siéger au CdS.[4] Forte du crédit accumulé, Taipeh demanda enfin ce qui, a partir de là, était crucial pour elle : la garantie que le rapprochement avec la Chine ne comporterait pas de diminution des engagements économiques et militaires des États-Unis envers Taïwan.[5]

d'État), note du 12 juillet 1971, ivi, doc. n° 371 ; Irwin à Rogers, télégramme du 13 juillet 1971, ivi, doc. n° 373 ; Rogers à McConaughy (ambassadeur à Taipeh), télégramme du 31 juillet 1971, ivi, doc. n° 386 ; Bush à Rogers, télégramme du 11 août 1971, ivi, doc. n° 394 ; Bush à Rogers, télégramme du 11 août, ivi, doc. n° 395 ; Rogers à Meyer, télégramme du 30 août 1971, ivi, doc. n° 400.

1 Cet aspect est reconstitué en détail in Nancy B. Tucker, « Taïwan Expendable? », cit.

2 Entretien Nixon-Murphy-Haig, compte-rendu Haig du 21 mai 1971, in *FRUS*, 1969-*1976*, vol. V. cit., doc. n° 354 ; entretien Shen (ambassadeur de Taïwan à Washington)-Kissinger-Holdridge, compte rendu du 1er juillet 1971, ivi, doc. n° 368 ; Rogers à McConaughy, télégramme du 23 juillet 1971, ivi, doc. n° 379 ; McConaughy à Rogers, télégramme du 23 juillet 1971, ivi, doc. n° 380 ; Rogers à McConaughy télégramme du 24 juillet 1971, ivi, doc. n° 381.

3 Green et De Palma à Irwin, note du 12 juillet 1971, doc. n° 371, cit. ; Rogers à McConaughy, télégramme du 27 juillet 1971, in *FRUS, 1969-1976*, vol. V, doc. n° 382 ; Rogers à McConaughy, télégramme du 31 juillet 1971, ivi, doc. n° 386 ; Rogers aux ambassades, télégramme du 1er août 1971, ivi, doc. n° 387, p. 765-766. Le texte de l'annonce est publié in *Department of State Bulletin* du 23 août 1971, p. 193-194.

4 Rogers à Meyer, télégramme du 30 août 1971, in *FRUS*, *1969-1976*, vol. V., doc. n° 400, cit. ; McConaughy à Rogers, télégramme du 8 septembre 1971, ivi, doc. n° 405 ; Rogers à Nixon, note du 11 septembre 1971, ivi, doc. n° 406.

5 Rogers à McConaughy télégramme du 29 octobre 1971, ivi, doc. n° 434 ; entretien Rogers-Chow Shu-Kai (ministre des Affaires étrangères de Taïwan) et Shen, compte-

Trop occupée à fléchir les résistances de Taïwan, la diplomatie américaine négligea de prendre soin des autres pays amis, leur laissant ainsi le temps de consolider leur perception de ce qui pour eux était en jeu : non pas leur rapport de solidarité avec les États-Unis mais leurs futures relations avec la Chine. Et lorsqu'elle se décida enfin à se consacrer aussi à eux, elle exerça toutes les pressions dont elle était capable sans toutefois comprendre que leur intérêt pour le marché chinois n'était pas la seule raison pour laquelle elle aurait du mal à récupérer leurs voix.[1] Si l'on parcourt la liste des pays (l'Italie, la Belgique et la Grande-Bretagne surtout, mais aussi la plupart des pays de l'OPEP, l'Iran tout particulièrement, ainsi que le Pakistan, la Turquie et le Maroc) que Rogers et Bush pensaient convertir en transformant les « non » en abstentions et les abstentions en « oui », on est déconcerté par le nombre de cas où tous deux et même Nixon ne surent s'expliquer la résistance malgré les interventions faisant appel à la fois au chantage et à l'amitié.[2] L'âpreté des arguments et la rudesse des manières utilisées pour persuader les récalcitrants apparaissent tout aussi déconcertantes. Les exemples sont multiples mais on peut se limiter à un seul : les pays les plus pauvres. Nixon crut pouvoir les faire plier en les menaçant de bloquer les aides en leur faveur[3] et également de diminuer de moitié la contribution des États-Unis à l'ONU.[4] Il ne se rendit pas compte, cependant, qu'une

rendu du 29 octobre 1971, ivi, doc. n° 433, p. 861. En réalité Kissinger au cours de sa première visite à Pékin avait garanti à Chou En-lai que les États-Unis réduiraient des deux tiers leur présence militaire à Taïwan (entretien Kissinger-Chou En-lai du 9 juillet 1971, après-midi et soir, in William Burr, *op. cit.*, doc. n° 34, p. 10).

1 La diplomatie taïwanaise, en soulignant cet aspect, avait exprimé la crainte que la CEE saisit le prétexte de l'exclusion de Taïwan de l'ONU pour développer à son détriment le commerce avec la Chine (cf. entretien Nixon-McConaughy du 30 juin 1971, in *National Archives, Nixon Presidential Material, Presidential Tape Recording*, doc. n° 532-17, cité par Edward C. Keefer, *op. cit.*)

2 Johnson (Départment d'État) à la mission à l'OTAN, télégramme du 8 octobre 1971, in *FRUS, 1969-1976*, vol. V, cit., doc. n° 416 ; conversations téléphoniques entre Nixon et Kissinger et entre Nixon et Rogers du 17 octobre 1971, in William Burr, Sharon Chamberlain, Gao Bei, Zhao Han (eds.), *Negotiating US-Chinese Rapprochement. New American and Chinese Documention Leading Up to Nixon's 1972 Trip*, National Security Archive, Electronic Briefing Book n° 70, 2002, http://www.gwu.edu/~nsarchiv/NSAEBB/NSAEBB70/ doc. n° 9 ; Haig à Nixon, note s.d. (probablement du 20 octobre 1971) doc. n° 422, cit. ; entretien Nixon-Rogers-Bush-Haig du 22 octobre 1971, doc. n° 425, cit.

3 Haig à Nixon, note s. d. (20 octobre 1971), doc. n° 422, cit. p. 840.

4 Voir à cet égard l'éditorial « *Poor tactics on Taïwan* », *The New York Times*, 13 octobre 1971 ; cf. aussi ASMAE, Ortona a MAE, télégramme n° 09795 du 1er octobre 1971 ; ASMAE, Vinci (ambassadeur aux Nations unies) à MAE, dépêche télégraphique n° 4927 del 12 octobre 1971.

telle menace, par laquelle il manifestait de manière si éclatante son mépris pour l'Organisation, donnerait à ces pays une raison supplémentaire de se ranger aux côtés de la Chine.[1] L'ONU était tout pour eux et Chou En-lai l'avait bien compris, attentif, comme il l'était, à trouver tous les points faibles du filet maladroitement tissé en toute hâte par les Américains et plus sensible et avisé que Nixon pour saisir les besoins et les ambitions du tiers monde. C'était dès la Conférence de Bandoeng qu'il œuvrait habilement pour donner de la Chine une image généreuse et universaliste.

L'histoire de la défaite américaine ou de la victoire de la Chine dans l'exclusion de Taïwan de l'ONU telle qu'elle apparaît à travers la documentation examinée jusqu'à présent peut être réduite à ces faits. Avec une petite note en marge. Au moment où Kissinger prenait congé de Chou En-lai, celui-ci connaissait déjà l'issue du scrutin à l'Assemblée générale. Cependant – comme il le révéla à Kissinger au cours de leur rencontre suivante – il avait préféré se taire pour ne pas être le premier à lui communiquer la nouvelle et ne pas le mettre dans l'embarras. On ne sait pas si Kissinger fut informé de la défaite lors de son arrivée aux États-Unis ou sur la route du retour alors qu'il patientait dans un aéroport glacial de l'Alaska, où Rogers avait obtenu qu'il demeurât en attente plusieurs heures afin d'éviter que son retour de Chine ne coïncidât avec le vote.[2] Dans le deuxième cas la sympathie pour Chou et l'hostilité envers Rogers qui transparaissent de ses Mémoires s'expliqueraient davantage.

Derrière cette recherche inachevée, se profile évidemment une interrogation du temps présent : le maintien de Taïwan dans la sphère économique et militaire américaine est-t-il vraiment un succès des États-Unis ou ce résultat revient-il plutôt à la Chine ?[3]

Les réflexions de deux diplomates italiens, Egidio Ortona et Justo Giusti del Giardino, à l'époque ambassadeurs respectivement à

[1] Cf. Bush à Rogers, télégramme du 26 octobre 1971, in *FRUS*, *1969-1976*, vol. V., *op. cit.*, doc. n° 429.

[2] Henry Kissinger, *White House Years*, cit., p. 784 ; conversations entre Nixon et Kissinger, entre Nixon, Kissinger et Bush et entre Nixon et Kissinger du 30 septembre 1971, in William Burr, Sharon Chamberlain, Gao Bei and Zhao Han (eds.), *op. cit.*, respectivement doc. n° 6, 7, 8 ; entretien Nixon-Rogers-Bush-Haig du 22 octobre 1971, doc. 425, cit.

[3] Cette piste de réflexion émerge aussi des ouvrages de Chen Jian, *Mao's China and the Cold War*, London, Chapel Hill, 2001, et William Burr, « Sino-American Relations, 1969 : the Sino-Soviet Border War and Steps towards Rapprochement », in *Cold War History*, I (2001), n° 3, p. 73-12.

Washington et à Tokyo, nous offrent peut-être une perspective pour une première réponse.

Egidio Ortona, dans son journal, le 5 novembre 1971 :

> Pékin a intérêt à sucer tout ce que Taïwan a acquis du progrès industriel et de la technologie américaine et désire ardemment la présence de la septième flotte américaine dans le Pacifique, car la Chine doit toujours se garder de ses deux principaux ennemis historiques : le Japon et la Russie[1] ;

et Giusti del Giardino, dans une lettre du 31 janvier 1969 adressée au ministre des Affaires étrangères Pietro Nenni :

> En Chine, l'Europe, l'Amérique et le Japon ont pensé uniquement à accumuler de l'argent et à obtenir des succès de prestige. Le pays ne pourra jamais oublier les affronts et les vols subis et, c'est fatal, au fond de son subconscient il rêve d'une revanche historique, d'ampleur apocalyptique. En matière de *Realpolitik*, les Chinois n'ont rien à apprendre et se comporteront toujours en fonction de leur intérêt, dans le sens le plus strict du terme, même si celui-ci est enrobé de la pensée de Mao ou de Lénine. L'Occident ne peut se laisser bercer par les illusions cultivées sur le Potomac. La Chine est un pays de 700 millions de personnes parmi lesquelles il existe de nombreuses intelligences dotées de tout le nécessaire pour l'élever aux plus hauts niveaux dans les domaines scientifiques, industriel, commercial et militaire. Il est certain qu'aujourd'hui la menace qui pèse sur l'Europe est plutôt celle de Moscou que celle de Pékin, mais je ne crois pas qu'il s'agisse encore là d'une évaluation d'actualité ou d'avenir, parce que dans un monde qui rétrécit chaque jour, il reste à voir si le choc éventuel des divisions soviétiques sur l'Elbe est plus dangereux que le choc insinuant des innombrables chinois. Accueillons la Chine dans le Palais de Verre mais en étant pleinement conscients du danger potentiel qu'elle représente. Et devant le Kremlin et la Cité Interdite tâchons de garder notre sang froid et de soupeser, avec largesse de vues mais avec la balance de précision de l'orfèvre, ce que nous pourrons retirer d'une telle rivalité, mais aussi les inconnues d'un accord entre eux, toujours possible et qui serait terrible.[2]

Au travers de cette recherche on a pu apprécier la finesse dont la diplomatie chinoise était capable mais ceci seulement grâce à la documentation des autres pays et surtout à la libéralité avec laquelle la documentation américaine est mise à disposition des chercheurs. Il ne reste qu'à attendre la déclassification de la documentation chinoise pour vérifier les conclusions qu'on a tirées ainsi que pour mieux évaluer la portée historiographique des réflexions de deux diplomates italiens.

[1] Egidio Ortona, *op. cit.*, p. 330.

[2] ASMAE, Giusti del Giardino à Nenni, lettre n° 309 du 31 janvier 1969.

Greg Donaghy

Blessed Are the Peacemakers: Canada, the United Nations, and the Search for a Korean Armistice, 1952–53

Canada's attachment to the UN has declined sharply during the last 25 years, reflecting the organization's growing irrelevance. Stifling bureaucracies in New York and Geneva, the radicalization of the general assembly, new forms of international governance, and the constraining embrace of the North American trading bloc have all combined to render the august international organization much less important to Canada. Even so, Canadian governments continue to emphasize the centrality of the world body in their foreign policy. Earlier this fall, Prime Minister Paul Martin Jr. proclaimed in New York that "Canada cannot conceive of a world succeeding without the United Nations".[1] Most Canadians share the Prime Minister's faith. A 2004 poll indicated that 75 percent of his compatriots would rather work with the UN than the US to address world issues.[2] Such figures would not have surprised Martin's predecessor, the canny populist, Jean Chrétien. On the eve of the second Gulf War in the spring of 2003, he tapped into this vein of opinion when he held out for a UN resolution to the crisis in Iraq, while his domestic critics sneered that "multilateralism was not a policy".

Chrétien's instinctive support for a UN solution to a distant crisis involving Canada's closest ally reflected a policy tradition deeply rooted in postwar Canadian diplomacy. Along with the North

1 "Address by Prime Minister Paul Martin at the United Nations General Assembly", 16 September 2005, New York, New York, http://www.pm.gc.ca/eng/news.asp?id=584.

2 Foreign Affairs Canada [FAC] Communications Survey 2004, Historical Section, FAC.

Atlantic Treaty Organization (NATO), Ottawa policy-makers have historically viewed the UN as one of the country's key instruments for managing international conflict. During the cold war, it was especially valued for its capacity, however imperfect, to limit superpower confrontations outside NATO's European core, an objective that satisfied Canada's North Atlantic orientation. Canadian efforts to resolve the Suez Crisis in 1956, for which Canada's foreign minister, Lester B. Pearson, was awarded the Nobel Peace Prize, largely reflected these preoccupations, defining an entire era in Canadian diplomacy.

While Suez has been extensively celebrated, Canadian efforts in the fall of 1952 to engineer a UN solution to the deadlocked Korean armistice negotiations have been largely overlooked. Most scholarly analysts have focussed on the Anglo-American debates over the merits of the Indian motion at the heart of the UN initiative, ignoring Canada's role in these discussions and the factors motivating Ottawa. The participants themselves, however, are united on the significance of Canada's role, even as they disagree on what that role actually was. Pearson, for example, figures prominently in the account of the crisis by US secretary of state Dean Acheson, who blames him for encouraging India's divisive motion.[1] Acheson's antagonist, the Indian diplomat Khrisna Menon, fingers Paul Martin Sr., head of the Canadian delegation, as the main cause of unwelcome changes in his resolution.[2] Canadian policy-makers are even more explicit in claiming a decisive place for their diplomacy. Chester Ronning, a senior official in the department of external affairs, contends that Canada's role "was fully as important as the Suez success to which greater importance was attached because Korea was away off in Asia".[3] Though undoubtedly exaggerated, Ronning's claim underlines the need for a closer look at the documentary record on Canada's role in the 1952 UN debate on Korea and on the outcome's impact on the Canadian approach to the armistice negotiations in the spring of 1953.

[1] Dean Acheson, *Present at the Creation: My Years in the State Department* (New York: W.W. Norton, 1969), p. 700.

[2] Michael Brecher, *India and World Politics: Krishna Menon's View of the World* (London: Oxford University Press, 1968), p. 38.

[3] Chester Ronning, "Canada and the United Nations" in King Gordon, ed., *Canada's Role as a Middle Power* (Toronto: Canadian Institute of International Affairs, 1966), p. 42. Ronning's claim was endorsed by Escott Reid in his memoir of his time as Canada's high commissioner to India in the early 1950s, *Envoy to Nehru* (Toronto: Oxford University Press, 1981), p. 43.

With its attention fixed firmly on the Soviet threat to the North Atlantic and western Europe, Canada was a reluctant recruit to the US-led crusade to save South Korea from communist aggression in June 1950. Worried that Washington might become bogged down in a direct confrontation with the People's Republic of China, Pearson tried twice to advance the prospects for early negotiations: in October 1950, as UN forces prepared to cross the 38th parallel, and then in December 1950, following China's entry into the conflict. In the face of American pressure, Pearson pressed neither initiative to the point of damaging the western alliance and abandoned the search for a diplomatic opening in the winter of 1951.[1]

It briefly seemed that diplomacy might regain its importance when the front in Korea stabilized and armistice negotiations between the United Nations Command (UNC) and communist military authorities began in the summer of 1951. Yet there was little need for diplomats as the talks between the two military commanders dragged on slowly until deadlocked in May 1952 over the release and disposition of prisoners-of-war (POWs). Aware that many POWs in UNC hands would refuse to return willingly to their communist homelands, the US insisted that the UNC would not use force to compel their return. The decision reflected both Washington's belief in the principle of individual freedom as well as its recognition that the defection of large numbers of communist POWs to the West represented a substantial cold war propaganda victory. Chinese and North Korean negotiators insisted that every POW be repatriated, voluntarily or otherwise, in accordance with the provisions of the 1949 Geneva Convention on POWs.

Ottawa was not unduly concerned as the deadlocked negotiations dragged on into the summer of 1952. Pearson was generally pleased with the efforts of the American negotiators at Panmumjom and hopeful that a *de facto* armistice might emerge from the stalemate. Nevertheless, Canadian policy-makers feared that the frustrated Americans might adjourn the talks at any moment and step-up UN military pressure on China. In early May 1952, Pearson reacted sharply when the senior US delegate to the armistice negotiations, Vice-Admiral C. Turner Joy, hinted that the UN would

[1] On Canadian diplomacy during the early phase of the war, see my article, "Pacific Diplomacy: Canadian Statecraft and the Korean War, 1950–53", in Rick Guisso and Yong-Sik Yoo (eds.), *Canada and Korea: Perspectives 2000* (Toronto: University of Toronto Press and the Centre for Korean Studies, 2002), p. 81–100.

break off the talks and renew offensive military operations.[1] As advance preparations for the 8th UN General Assembly got underway in August 1952, Pearson was disturbed to discover that Washington intended to seek UN support for just that course of action.

After two years of war, Americans were tired of fighting. On the eve of the 1952 presidential election, President Harry Truman's administration found itself under intense political and economic pressure to seek a settlement.[2] Convinced that a little more pressure on Beijing would produce a new willingness to compromise, the administration set out in August to enlist the support of its key Western allies for a UN initiative in support of a greater UNC effort against China. As a first step, it proposed that the general assembly adopt a resolution endorsing the UNC's negotiating position and calling on communist negotiators to accept its views on the repatriation of POWs. Anticipating the rejection of this resolution, Washington suggested that the UN pass a second resolution urging its members to impose additional economic and political sanctions against China.[3]

Alarmed by the American scheme, Ottawa warned the US that "public pressure has the effect of making the communists more stiff-necked and more determined to follow whatever course they have embarked upon". Moreover, repeating a familiar Canadian refrain, Pearson cautioned that the effort to isolate Beijing would not secure broad support at the UN, would further divide Western and Asian members, and would increase "neutral sentiment" at the UN.[4] In the absence of a quick and reassuring response from the US, Canadian anxieties grew unchecked in early September. A report from the French mission in New York speculating that the Pentagon "was now firmly in the saddle so far as the conduct of operations in Korea" was circulated widely through the department of external affairs.[5] Dana

[1] Secretary of State for External Affairs [SSEA] to the Ambassador in Washington, 15 May 1952, Telegram EX-1085, reprinted in Donald Barry, ed., *Documents on Canadian External Relations [DCER], Volume 18: 1952* (Ottawa: Canada Communication Group, 1990), p. 130–31.

[2] Rosemary Foot, *A Substitute for Victory: The Politics of Peacemaking at the Korean Armistice Talks,* (Ithaca: Cornell University Press, 1990), p. 152–53.

[3] Foot, *A Substitute for Victory*, p. 152–53. Ottawa first learned of US thinking in late July; see Ambassador in Washington to SSEA, 24 July 1952, Telegram W-1928, Record Group [RG] 25, vol. 4767, File 50069-A-40, Library and Archives of Canada [LAC.]

[4] Ottawa to Washington, Telegram EX-1759, 28 August 1952, reprinted in Barry, ed., *DCER, Volume 18: 1952*, p. 152–53.

[5] L.D. Wilgress, Memorandum for the Minister, 4 September 1952, RG 25, vol. 4767, File 50069-A-40, LAC.

Wilgress, Pearson's deputy, claimed to be "particularly worried" by rumours that the US Navy favoured a naval blockade to bring China to its knees.[1] These concerns were shared by Brooke Claxton, the veteran minister of defence, who considered it "quite unrealistic to believe that UN forces could make any substantial advance along the ground without appalling losses beyond the point of acceptability". The minister judged the American proposal and the situation in Korea "one of the most dangerous since the end of the [Second World] war".[2]

Canadian concerns were echoed by France, as well as the four other "old Commonwealth" powers that Washington consulted: Great Britain, Australia, New Zealand, and South Africa. As a result, the US retreated in late September and indicated that it would proceed only with its first resolution endorsing the UNC's negotiating stance. Hume Wrong, Canada's ambassador in Washington, interpreted this shift in American policy as reassuring evidence that the two-stage proposal was dead.[3] But Wrong's views were discounted in Ottawa, where the diplomat was sometimes suspected of adhering too closely to the American view. Wilgress, for instance, thought that Wrong's reports were "not yet such as to free us entirely from anxiety".[4] Ronning, head of the Far Eastern and American division, similarly suspected that Washington still intended to press the general assembly to impose "stringent economic measures" against China.[5] Pearson himself shared these worries and thought it likely that the US would insist on a second resolution urging increased "economic, diplomatic, and possibly military pressure on the Chinese".[6] Thus, while Canada reluctantly agreed to co-sponsor the American draft, it explicitly reserved the right to support an alternate resolution on Korea if it became

1 L.D. Wilgress to Hume Wrong, 15 September 1952, RG 25, vol. 4767, File 50069-A-40, LAC.

2 Draft telegram from SSEA to the Permanent Representative in New York (Johnson from Claxton), 16 September 1952, RG 25, vol. 4767, File 50069-A-40, LAC.

3 Ambassador in Washington to SSEA, Telegrams WA-2278 and WA-2279, 18 September 1952, reprinted in Barry, ed., *DCER, Volume 18: 1952*, p. 161–63; Hume Wrong to L.D. Wilgress, 19 September 1952, RG 25, vol. 4767, File 50069-A-40, LAC.

4 L.D. Wilgress to Brooke Claxton, 22 September 1952, RG 25, vol. 4767, File 50069-A-40, LAC.

5 Chester Ronning for the Under-Secretary of State for External Affairs (USSEA) to the High Commission in London, Letter Y-1897, 24 September 1952, RG 25, vol. 4767, File 50069-A-40, LAC.

6 L.B. Pearson, *Mike: The Memoirs of the Rt. Hon. Lester B. Pearson*, vol. 2: 1948–1957 (Toronto: University of Toronto Press, 1973), p. 137.

obvious that non-aligned states like India would not support the Western position.[1] US secretary of state Acheson tabled the US resolution with 21 co-sponsors on 24 October.

Even before he arrived in New York, Pearson, who was elected president of the general assembly on 14 October, was under pressure from delegates to frame a different approach to the Korean problem.[2] He was joined in his search by another Canadian, Paul Martin Sr., the minister of health and welfare and head of the Canadian delegation. This was Martin's first major UN assignment. A deeply committed internationalist, he was an ambitious and talented politician who resented Pearson's rapid elevation to foreign minister and was anxious to make his own mark on the world stage.[3] When a round of secret Commonwealth consultations in late October revealed that India would not support the 21-power resolution, Martin and Pearson strongly urged Krishna Menon, the vice-chairman of the Indian delegation, to prepare an alternative.

Coaxing Menon to translate his vague suggestion that the UN simply fudge the POW issue into a formal resolution was a difficult challenge. Unsure of his standing in Washington and Beijing and anxious about his role in New York, the prickly Indian diplomat refused to put his ideas into writing and was often easily discouraged by criticism to the point of quitting. But Menon was happy to work with Pearson, for whom he had a "great deal of personal affection".[4] In contrast, Pearson found Menon tiresome and complained that his reasoning was "tortuous and metaphysical". Nevertheless, convinced of Menon's sincerity, Pearson responded to his overtures with "tea and sympathy".[5] Martin too tried to reassure the Indian that his efforts were appreciated, notably with a carefully-phrased statement endorsing the view that the POWs might be turned over to a neutral protecting power, an idea at the core of Menon's thinking. Though

[1] Chairman, Delegation to the UN General Assembly [UN Chairman] to SSEA, 24 October 1952, reprinted in Barry, ed., *DCER, Volume 18: 1952*, p. 173.

[2] Permanent Representative in New York to SSEA, Despatch 1236, 24 September 1952, RG 25, vol. 4767, File 50069-A-40. See also Pearson, *Mike*, p. 316.

[3] See Greg Donaghy and Donald Barry, "Our Man from Windsor: Paul Martin and the New Members Question, 1955", in Ryan Touhey, ed. *Paul Martin and Canadian Diplomacy* (Waterloo: Centre on Foreign Policy and Federalism, 1999), p. 7–8.

[4] Brecher, *India and World Politics*, p. 10–11.

[5] Pearson, *Mike*, p. 316; see also, Geoffrey Pearson, "Canada Looks Ahead: Lester Pearson and Escott Reid", in Greg Donaghy and Stéphane Roussel, eds., *Escott Reid: Diplomat and Scholar* (Kingston & Montreal: McGill-Queen's University Press, 2004), p. x.

the British minister of state for foreign affairs, Selwyn Lloyd, also encouraged Menon to act, London's reserved attitude toward the Indian initiative at this stage meant that Martin and Pearson carried most of the burden.[1]

By the middle of November, Menon had finished drafting his resolution, a complicated and ambiguous piece of work that even a sympathetic observer described as an "Indian rope trick".[2] It endorsed the Communist view that the repatriation of POWs should take place in accordance with the Geneva Convention, acknowledging the principle of forcible repatriation. At the same time, however, it asked each side not to use force to repatriate POWs. Instead, when the armistice was signed, the POWs would be turned over to a repatriation commission composed of four mutually-agreed states, with a fifth to be chosen as umpire, if necessary. After three months, unrepatriated POWs would be sent to a post-armistice conference on Korea's future. Precisely what would happen next was deliberately left undefined.

Though Martin and Pearson recognized the difficulties involved for Washington in retreating from the principle of non-forcible repatriation, they cast Canada's influence strongly behind Menon's "ingenious formula". If India managed to overcome the deadlock on POWs, everyone would benefit from the resulting armistice. (At least initially, Ottawa was hopeful that Menon's initiative had taken into account the views of China, with whom New Delhi was on friendly terms, and that it stood an even chance at success.) Even if Menon failed to achieve his ultimate objective, his initiative still offered the democratic powers some solid gains, including the opportunity to tie India, the leading democracy in Asia, more closely to the West. If the resolution failed despite strong Western support, New Delhi would appreciate how difficult it was to deal with the Communists and would be more inclined to support the western effort in Asia. More important from the Canadian perspective, an Indian initiative that secured Washington's support (however reluctantly) would

[1] John Milloy, "The North Atlantic Triangle and the 1952 Indian Resolution to Resolve the Deadlock over Prisoners of the Korean War", London School of Economics, Special MA Paper, 12 September 1990.

[2] Peter Stursberg, *Agreement in Principle* (Toronto: Longmans, Green & Co., 1961), p. 165.

effectively limit any future American plans to seek UN support for great sanctions against China.[1]

Acheson was outraged when he learned of Menon's initiative. In part, his anger reflected a sense of personal betrayal that the Indian motion had proceeded so far along without his input. He and Pearson, who had greeted the American's appointment as secretary of state by quipping that he was "delighted personally, officially, internationally and alcoholically",[2] had been friends since the 1930s. He was surprised that the Canadian had conspired behind his back. In his memoirs, Acheson bitterly denounces Pearson and the other members of the "Menon cabal".[3]

American objections also reflected substantial differences in policy. The resolution failed to affirm the principle of non-forcible repatriation and it provided no guidance on the ultimate fate of the "hard-core" POWs who refused to return home except indefinite detention while the political conference debated their fate. It was, the US secretary of state told the British, "almost frighteningly clear where efforts like Menon's would lead us ... we had started on basis we would not use force to repatriate prisoners, we had now reached the point where if this resolution were passed we would be starting Pws [*sic*] on road to forced repatriation".[4]

With Truman's support, Acheson and his delegation in New York mounted a sustained campaign to convince Canada and Britain to abandon Menon and support the 21-power resolution. On November 13, the US secretary of state confronted Pearson and the British foreign secretary, Anthony Eden. Cheered on by Australia, New Zealand and France, Acheson launched a "vigorous onslaught" against India's draft resolution, denouncing it as "completely unacceptable".[5] He argued that Menon's motion did not make it "sufficiently clear"

[1] Permanent Representative in New York to SSEA, Telegram 101, 28 October 1952 reprinted in Barry, *DCER, Volume 18: 1952*, p. 176–178. See also SSEA to Permanent Representative in New York, Telegram 100, 10 November 1952, reprinted in *ibid.*, p. 189–92.

[2] Cited in John English, *The Worldly Years: The Life of Lester B. Pearson, Volume II: 1949–72* (Toronto: Alfred A. Knopf, 1992), p. 10.

[3] Dean Acheson, *Present at the Creation: My Years in the State Department* (New York: W.W. Norton, 1969), p. 700. A similar theme also permeates the memoirs of U. Alexis Johnson, *The Right Hand of Power: The memoirs of an American diplomat* (Englewoods Cliffs, New Jersey: Prentice Hall, 1984), p. 145.

[4] Secretary of State to Department of State, 12 November 1952, reprinted in *FRUS, 1952–1954, Volume XV*, p. 610.

[5] Pearson, *Mike*, p. 324.

that force would not be used to repatriate POWs and did nothing to resolve the problem of "hard core" POWs. "The whole burden of the Indian draft resolution, he concluded, was on the side of forcing the prisoner to stay in custody until he should agree to repatriation".[1] The secretary of state urged Pearson and Eden to return to the 21-power resolution as the basis for UN action, amending it to meet any Indian objections.

The burden of reply fell on Pearson. The Canadian emphasized the importance of securing an armistice and the opportunity offered to get the Indians "off the fence". He rejected the notion that the Commonwealth group had abandoned the principle of non-forcible repatriation. In reply to the argument that the resolution left the "hard core" POWs without any future, Pearson pointed out that they had no future at the moment, pragmatically adding that the proposal would at least free those POWs who wanted to go home and reduce the problem to more manageable proportions. He insisted that the West should rally in support of the Indian resolution, adding amendments where necessary. The meeting ended without agreement.

An Anglo-Canadian effort to revise the Indian resolution on November 13–14 brought the two sides marginally closer. The new draft "affirmed" in its preamble that force would not be used to repatriate POWs and tidied up some American concerns about the composition and operation of the repatriation commission. However, it still referred "hard core" POWs to a post-armistice political conference. Acheson was unimpressed. He described the revised resolution as "a very dangerous document" and quickly amplified the pressure on Canada and Britain.[2] On November 16, he brought Robert Lovett, secretary of defense, and General Omar Bradley, chairman of the joint chiefs of staff, to New York to emphasize the importance the administration attached to the 21-power resolution. The Americans reiterated the principal points of US opposition to the Indian draft, objecting strongly to Menon's failure to provide for the release of hard-core POWs. Lovett and Bradley also insisted that the resolution's inexact language would make it hard to determine when a breech of the truce had occurred, providing Communist commanders an opportunity to rebuild their forces and renew

1 UN Chairman to SSEA, Telegram 281, 14 November 1952, reprinted in Barry, ed., *DCER, Volume 18: 1952*, p. 197–200; Pearson, *Mike*, p. 324; *FRUS, 1952–1954, Volume XV*, p. 617.

2 Pearson, *Mike*, p. 324; Memorandum of Telephone Conversation, 14 November 1952, reprinted in *FRUS, 1952–1954, Volume XV*, p. 621–22.

hostilities. Pearson and Lloyd reacted sceptically and held out little hope that Menon could be brought any further toward the American position.[1]

More negotiations followed. After a vigorous confrontation between Acheson and Martin at a meeting of the 21 western powers, the group struck a sub-committee to review the two resolutions and debate tactics. Under the direction of Percy Spender, the abrasive head of the Australian mission at the UN, it met twice on 18 November for over four hours. Doggedly, Ernie Gross, deputy US representative at the UN, repeated the military arguments advanced by Lovett and Bradley and insisted on priority for the 21-power resolution. With a growing number of countries prepared to proceed on the basis of the Indian resolution, Spender eventually persuaded Gross to circulate a draft of the amendments Washington demanded. Most of these could be accommodated easily. However, Menon refused to change the final paragraph to make it clear that hard-core POWs would be released by the repatriation commission within 90 days of the armistice. This was at odds with the communist view of the Geneva Convention and was bound to be rejected by Beijing.

Martin was hopeful that the American redraft signalled a shift in US policy. He was wrong. In exchange for granting the Indian resolution priority, Gross insisted that the 21 co-sponsors adopt Washington's amendments regardless of India's reaction. Otherwise, the US would simply proceed with the divisive resolution, a threat accompanied by a sharp increase in American pressure on Canada and Great Britain into line. In an encounter at the Waldorf Hotel, Acheson and Jack Hickerson, an assistant secretary of state, shocked Eden with their hard drinking and rough tactics. Acheson dismissed Pearson as "an empty glass of water" and brutally promised to bring Canada "to heel". Hickerson was just as blunt, asking "Anthony, which will you choose: the US or India?"[2]

Acheson, who headed to Ottawa on 21 November for a previously scheduled visit, tried to outflank his Canadian counterpart by putting his case directly to the Canadian Prime Minister, Louis St. Laurent. Pearson had already warned Claxton that Acheson was coming in a "highly emotional state" and the American made little

[1] Chairman, Canadian Delegation to SSEA, Telegram 291, 17 November 1952, reprinted in Barry, ed., *DCER, Volume 18: 1952*, p. 202–05.

[2] Evelyn Shuckburgh, *Descent to Suez: Foreign Office Diaries, 1951–1956* (New York: W.W. Norton Ltd., 1987), p. 53–54.

progress with the Prime Minister.[1] Meanwhile, the pressure mounted in New York, where Gross leaked news of the growing western rift to the weekend papers, which caricatured Pearson as "Nehru with a homburg" and implied that he was anti-American.[2] Eden and Pearson were deeply offended by the American tactics, but undeterred. After a talk with St. Laurent, they decided to back Menon's resolution as it stood.

Nevertheless, for almost twelve hours on November 22, a tag-team of Canadian and British diplomats – Pearson, Eden, Lloyd and Martin – pressed Menon to meet the US position on hard-core POWs. Recalling Martin's activities a decade later, Menon was still irritated. "The main role [Martin] played", Menon complained, "was to push me rather than push the other side".[3] Under the pressure, the Indian gradually gave ground, agreeing that if the post-armistice political conference failed to resolve the POW question within 60 days, the prisoners would be transferred to the UN "for their care and maintenance until the end of their detention". Though he still refused to agree to their unconditional release, Menon's concession and a vituperate attack on the Indian position by the Soviet Union were enough to persuade Washington to proceed on the basis of an amended Indian resolution. After a final round of negotiations, Menon and Acheson agreed on compromise language that directed the post-armistice conference to "transfer" hard-core POWs to the UN 120 days after the armistice was signed for "their care, maintenance and … disposition". On 3 December, the general assembly adopted Menon's revised resolution by a vote of 54 to 5, with only the Soviet bloc opposed.

Although the Indian effort to advance the prospects for an armistice proved futile when Peking rejected the UN's resolution out of hand in late December, Canada was pleased with the result of the general assembly's deliberations. India was firmly allied with the West on a Korean issue, which Ottawa judged an "impressive

[1] Charles Ritchie, Memorandum for the USSEA, 21 November 1952, RG 25, vol. 4768, File 50069-A-40; see also SSEA to Chairman, Canadian Delegation in New York, Telegram 165, 22 November 1952, reprinted in Barry, ed., *DCER, Volume 18: 1952*, p. 1372–74. Acheson claims to have successfully outflanked Pearson. See Acheson, *Present at the Creation*, p. 700.

[2] Paul Martin, *A Very Public Life, Volume II: So Many Worlds* (Toronto: Deneau, 1985), p. 152.

[3] Breacher, *India and World Politics*, p. 38.

propaganda success" that "unite[d] the free world as never before".[1] More important, since the December resolution would establish the starting point for any future negotiations, Canada and its allies had a helpful instrument to resist the temptation in Washington to look for an easy solution to the Korean deadlock through escalation. This provided some comfort in Ottawa as Dwight Eisenhower's Republican administration, with the strongly anti-communist John Foster Dulles as secretary of state, assumed office in January 1953.

Pearson worried that Dulles, whom he once called "stupid", was a clumsy diplomat, an impression that was reinforced when the American described Washington's tough new strategy for containing the communist bloc.[2] "The Eisenhower administration, Dulles explained to Pearson in February 1953, was determined not to leave the initiative in the Cold War to the Soviet Union ... [and] to create situations which would worry the Kremlin". Disturbed by these remarks, Pearson cautioned that "it might be difficult to create uneasiness in the Soviet Union without at the same time creating uneasiness among the allies of the United States".[3]

Pearson's growing wariness of American intentions ensured an enthusiastic response in Ottawa when the final round of the armistice negotiations suddenly resumed in the spring of 1953. In late March, after responding positively to an earlier UNC offer to exchange sick and wounded POWs, the Chinese foreign minister, Chou En-lai, offered to negotiate on the basis that the two sides would agree to repatriate those POWs who wished to go home and send the remaining POWs to a neutral state "so as to ensure a just solution to the question of their repatriation".[4]

The Canadian reaction was quick and warm. "No proposal since the Korean War began has raised such high hopes of an armistice", observed David Johnson, Canada's representative to the UN.[5] The

1 Permanent Representative to the UN to SSEA, 31 December 1952, reprinted in Barry, ed., *DCER: Volume 18: 1952*, p. 458, 469.

2 John English, *The Worldly Years: The Life of Lester B. Pearson, Volume II: 1949–72* (Toronto: Alfred A. Knopf, 1992), p. 121.

3 "Memorandum of a Conversation between the Secretary of State of the US and the SSEA", 15 February 1953, reprinted in Don Barry (ed.), *Documents on Canadian External Relations, Volume 19: 1953* (Ottawa: Canada Communication Group, 1991), p. 981–89.

4 Cited in Stairs, *The Diplomacy of Constraint*, p. 275.

5 Permanent Representative at the UN to Ottawa, Telegram 128, 1 April 1953, reprinted in Donald Barry (ed.), *Documents on Canadian External Relations, Volume 19: 1953* (Ottawa: Canada Communication Group, 1991), p. 63.

Canadian position was based on the general assembly's December deliberations. Like the US negotiators, Canada rejected the communist suggestion that POWs be physically transferred to a neutral state and admitted that there were aspects of the Chinese offer that needed clarifying. Overall, however, the department of external affairs concluded that "the principle underlying the Chinese proposal is sufficiently close to that underlying the Assembly's resolution to justify immediate resumption of the full armistice negotiations".[1]

During the first two weeks of the negotiations, which began on April 26, UNC negotiators made it clear that they could not accept the communist proposals as they stood. As a result, China and North Korea revised their offer on May 7. Adhering closely to the terms of Menon's resolution, the communists suggested that a repatriation commission, composed of Poland, Czechoslovakia, Switzerland, and Sweden, with India as chairman, take custody of the POWs in Korea. The commission would function on a majority basis. The POWs were to be held for four months, during which time each side would be free to explain to its nationals the process of repatriation. At the end of the four months, the problem of the hard-core POWs would be sent to the post-armistice political conference.

Pearson was pleased with the communist proposals. They went "a long way to meet [UNC] objections", and he considered the communist willingness to leave the POWs in Korea "an important concession". Indeed, the only significant difference between these proposals and the Indian resolution adopted by the general assembly was that the communists did not refer the hard-core POWs back to the UN if the post-armistice political conference failed to deal with them. With neither North Korea nor China a member of the UN this was neither surprising nor disturbing. Canada's foreign minister optimistically concluded that "the way was now open for the conclusion of an armistice".[2]

American negotiators, who were anxious to demonstrate the administration's determination to confront global communism, were less impressed. The UNC's counter-proposals rejected the idea of allowing Polish or Czech troops to guard POWs as part of the repatriation commission. Washington also insisted that the commission operate by unanimous decision. In addition, the US stated that the armistice

1 SSEA to Permanent Representative at the UN, Telegram 51, 2 April 1953, reprinted in Barry, ed., *DCER, Volume 19: 1953*, DCER 1953, p. 66.

2 SSEA to the Ambassador in Washington, Telegram EX-827, 12 May 1953, reprinted in Barry, ed., *DCER, Volume 19: 1953*, p. 77.

agreement must contain a definite provision for the release and transfer to civilian status of hard-core POWs.[1]

Pearson was "very disturbed" by the rigid American counter-proposals, which injected several entirely new elements into the equation. He was "taken aback" by the idea that the repatriation commission should operate on the basis of unanimity, a position which "contrast[ed] sharply" with the Indian resolution.[2] When he learned that the American proposals, with an additional provision that all Korean POWs should be released rather than repatriated, had been delivered to Chinese and North Korean negotiators on May 13, he was outraged. Alarmed that this might lead to a breakdown in the talks, he immediately instructed Ambassador Hume Wrong that "it should be made clear to the United States that we do not propose to follow them in the abandonment of the United Nations resolution which we accepted in good faith and would expect to carry out accordingly".[3] Later that day, with cabinet support, the foreign minister told Wrong to inform the State Department that there was "no disposition on the part of the government to defend the recent US Armistice initiative which introduced without consultation such important changes".[4]

Echoed by Washington's other principal allies in Korea, Canada's representations were not without impact in shaping the position adopted by the UNC when their May 13 counter-proposals were summarily rejected by the communists. In seeking Eisenhower's authority to moderate the American proposals, the acting secretary of state, Walter Bedell Smith, underlined the importance of allied support for the American effort in Korea, and warned that the "Korean negotiations are at a crisis point. Our position vis-a-vis the Allies is deteriorating daily".[5] On May 19, Smith summoned the heads of the "old Commonwealth" missions, and presented them

[1] Ambassador in Washington to the SSEA, Telegram WA-1157, 11 May 1953, reprinted in Barry, ed., *DCER, Volume 19: 1953*, p. 74–76.

[2] SSEA to Ambassador in Washington, Telegram EX-838, 12 May 1953, reprinted in Barry, ed., *DCER, Volume 19: 1953*, p. 79.

[3] Cited in Steven Hugh Lee, "A Special Relationship? Canada-US Relations and the Korean Armistice Negotiations, January-July 1953", in Hilliker and Halloran, eds., *Diplomatic Documents and their Users*, p. 222.

[4] SSEA to Ambassador in Washington, Telegram EX-850, 14 May 1950, reprinted in Barry, ed., *DCER, Volume 19: 1953*, p. 82.

[5] "Memorandum by the A/Secretary of State to the President", May 18, 1953, reprinted in *FRUS, 1952–54, Volume XV*, p. 1046–47; see also Foot, *A Substitute for Victory*, p. 171–73.

with a more reasonable set of proposals. Though these would be "the final UNC position", Smith assured them that they would be advanced in language that reflected communist terms, and in a secret session designed to "avoid ultimatum aspects".[1]

There were four main provisions in the amended UNC position: first, Korean POWs would be treated like their Chinese counterparts and would be turned over to the repatriation commission; second, the commission would resolve questions of substance by a majority of four and procedural issues by a simple majority; third, the UNC would maintain its opposition to using Polish and Czech troops to guard the POWs, and press for Indian troops; and fourth, the UNC would insist on a provision that would release hard-core POWs from detention, this to be achieved by simply releasing those POWs 30 days after they were turned over to the political conference, or by transferring responsibility for them to the UN as envisioned in the Indian resolution. Ominously, Smith ending by emphasizing "that if it should come to a break-off in negotiations it cannot be expected that military operations can just sit where they are ... military operations will have to be intensified".[2]

These UNC proposals were welcomed in Ottawa as a "distinct improvement". Pearson was "unhappy" only with the suggestion that the repatriation commission should resolve major questions by a majority of four as this contrasted directly with the terms of the Indian resolution. "[W]e should continue to stand by the resolution adopted by the Assembly on December 3", he explained. Fearful that the United States might seek to escalate the pressure on China should these proposals be rejected, Pearson was careful to set firm limits on Canadian cooperation.

> In general, we consider that these new counter-proposals do provide a satisfactory basis for further negotiations, but we cannot, at this stage, accept being pinned down to agreement to them as a 'final position' or to support any moves to break off negotiations if these proposals are not accepted.[3]

1 Ambassador in Washington to SSEA, Telegram WA-1230, 19 May 1953, reprinted in *DCER, Volume 19: 1953*, p. 87–88.

2 "Memorandum of Conversation by the Deputy Assistant Secretary of State for Far Eastern Affairs (Johnson)", 19 May 1953, re-printed in *FRUS, 1952–54, Volume XV*, p. 1052–56.

3 SSEA to Ambassador in Washington, Telegram EX-897, 21 May 1953, reprinted in Barry, ed., *DCER, Volume 19: 1953*, p. 89–90.

Moreover, added Pearson a few days later, amid reports that the US National Security Council had decided to step up UNC military operations if the communists rejected the revised offer, he

> assume[d] that there [would] be an opportunity for adequate consultation among the representatives of the countries after the Communist reply has been given at Panmunjom … Our concern is that no decision be taken as to the next step until adequate opportunity for such consultation among the allies has been given. In the absence of such consultation, Canada could not accept responsibility for any instructions which might be sent to General Clark [the UNC negotiator] regarding additional military action.[1]

Fortunately, the communists accepted the UNC terms on 4 June and on 27 July 1953, military commanders signed an agreement to bring the war in Korea to an uncertain end.

Canada hedged its support for the US-led intervention in Korea with real reservations about the wisdom of US policy in Asia. These concerns reflected Canada's status as a North Atlantic power, whose main economic and political interests lay in Europe, and its view that Western policy in the Far East must win the support of India and the other Asian democracies. Acting on these reservations was often difficult for a smaller power like Canada, easily ignored in Washington. The United Nations, however, provided a venue where Ottawa could make its voice heard effectively. This was certainly the case in the fall of 1952. Increasingly fearful of Washington's plans to resolve the deadlocked armistice talks through escalation, Pearson used his standing as president of the general assembly and Canadian membership in the British Commonwealth to encourage an Indian initiative that sought to moderate American policy. With Menon's resolution in play, Canadian diplomats withstood strong US pressure to rejoin the Western group and slowly forced Washington to come to terms with India. The resulting resolution signalled the strong Western interest in ending the war. Just as important, the December motion became the measure against which Ottawa could judge Eisenhower's policies in the spring of 1953. The agreement reached during the UN debate allowed Pearson (and the other major Western allies) to insist that his support for US policy was conditional, compelling Washington to adopt a more accommodating stance in the final stages of the negotiations – a textbook example of what the Canadian political scientist, Denis Stairs, once called "the diplomacy of constraint".

1 Acting SSEA to Ambassador in Washington, Telegram EX-946, 28 May 1953, reprinted in Barry, ed., *DCER, Volume 19: 1953*, p. 101.

Michael Kennedy

"If There Is No Other Suitable Candidate": Why Ireland Was Elected to the United Nations Security Council in 1961[1]

Introduction

Ireland has on three occasions served on the United Nations Security Council. The two most recent terms, 1981–2 and 2000–2 have attracted some academic interest.[2] In contrast, almost no research has been undertaken into the 1962 term. Writing in *Irish Studies in International Affairs* in 1996, former Secretary-General of the Department of Foreign Affairs and former Ambassador to the United Nations, Noel Dorr, described the 1962 term as "now almost forgotten".[3] This paper explains how the decision taken in December 1960 to embrace Security Council membership in 1962 arose.

1 I would like to thank Mr Noel Dorr, former Irish Ambassador to the United Nations and Secretary-General of the Department of Foreign Affairs for reading a draft of this paper, for his comments and most helpful criticisms. A longer version of this paper is to be published in Michael Kennedy and Deirdre McMahon (eds.), *Obligations and Responsibilities: Ireland and the United Nations, 1955–2005 Essays marking fifty years of Ireland's United Nations membership* (Dublin, forthcoming, 2005).

2 For the 2000 to 2002 term see John Doyle, "International and domestic pressures on Irish foreign policy: an analysis of the UN Security Council term 2001–2", Centre for International Studies, Dublin City University, working paper 5 of 2005, available at www.dcu.ie/~cis/2005_5.pdf (accessed 14 August 2005) and also his "Irish Diplomacy on the UN Security Council 2001–2", in *Irish Studies in International Affairs*, vol. 15 (2004), p. 73–101 and for the 1981–82 term, see Ben Tonra "The internal dissenter (II): Ireland", in Christopher Hill and Stelios Stavridis (eds.), *Domestic Sources of Foreign Policy – West European Reactions to the Falklands Conflict* (Oxford, 1996).

3 Noel Dorr, "Ireland at the UN: 40 Years On", *Irish Studies in International Affairs* vol. 7 (1996), p. 41–62, p. 52.

Non-permanent membership of the Security Council 1946–1955

On the establishment of the United Nations, the membership of the Security Council was eleven, with six non-permanent members joining the five permanent members. Non-permanent members stood for election according to membership of regional geographic blocs. The distribution of non-permanent seats became a contested cold war issue. In 1946 the first session of the General Assembly came to what became known as the "Gentleman's Agreement" on the distribution of non-permanent seats. Under it the non-permanent seats were allocated to six regions: one to the Commonwealth, one to Western Europe, one to Eastern Europe, one to South America, one to the Middle East and one to Central America. There was no Asian seat, nor was there a seat for the African members of the United Nations. Until 1955 the "Gentleman's Agreement" "worked admirably".[1] By the time of Ireland's admission to the United Nations, the election for the Eastern European seat had become "a source of controversy and deadlock".[2] A more significant source of controversy than problems over the Eastern European seat was that the "Gentleman's Agreement" could not take account of the increase in the membership of the United Nations which took place from 1955. To the new members from Africa and Asia, the geographical distribution of non-permanent seats looked far from equal.

Irish attitudes towards Security Council reform 1955–1960

On Ireland's joining the United Nations in December 1955, External Affairs agreed that "some increase [in the size of the Security Council] is necessary in view of the greatly increased membership of the United Nations and the lack of representation for Asian countries".[3] In a memorandum on Security Council reform the Department argued that "our attitude to the question of the increase must be affected by the answer we give to the question 'Do

1 NAI DFA 417/128/2 part IA, "Memorandum: Gentleman's Agreement".

2 NAI DFA 417/230/1, "Slate for 16th Session of the General Assembly".

3 *Ibid.*, "Memorandum: Gentleman's Agreement".

we wish at some time to serve on the Security Council?"'.[1] They continued, "whatever misgivings we may have about the answer it is obvious that if we are continuously passed over it will be a definite blow to our international standing". This analysis shows that there was no early pressure building up in Dublin to stand for election to the Security Council. Ireland's United Nations policy remained firmly rooted in the Assembly with no aspirations for higher office, yet with a realisation that to be continually passed over in favour of the members of the Benelux and the Scandinavian groups for the Western European seat would be detrimental to Ireland's international position.

Ireland was brought closer to the fray over the Western European seat in 1958 when Italy offered Dublin "reciprocal" support if Ireland supported Italy in succeeding Sweden on the Security Council. In a revealing aside, the Secretary of the Department of External Affairs, Con Cremin, minuted that "I am not sure whether we will in fact be seeking membership of that body in the next two or three years whereas we are now looking for a seat on ECOSOC".[2] Cremin's remarks show that Ireland, despite its strengthening record in the General Assembly did not at the time envisage running for Security Council membership. An ECOSOC seat was the limit of Ireland's United Nations aspirations. At no time prior to December 1960 did Ireland envisage that it would serve on the Security Council.

Ireland supported an Assembly resolution on enlargement in December 1960 as well as an amendment on "broader representation on existing".[3] Ireland did not support a further amendment put forward by the Afro-Asian bloc calling for the immediate redistribution of seats. When the entire resolution on the enlargement of the Council was put to a vote, Ireland abstained. The resolution was defeated by a narrow majority. This move incensed the Afro-Asian bloc. They were now determined "to undermine the traditional arrangements by attempting to raid seats held by other groups".[4] This determination fed into the growing tensions between the old imperial states and newly independent states that had recently joined the United Nations. It provided the immediate context to the 1960 elections to

[1] *Ibid.*

[2] NAI DFA PMUN 289, note by Cremin, 27 May 1958.

[3] NAI DFA PMUN 289, telegram, UNEIREANN to ESTERO, 6 Dec. 1960.

[4] TNA DO 181/109, telegram n° 735, 14 Dec. 1960, Foreign Office to Lisbon, 14 Dec. 1960.

the Security Council and created the scenario where Ireland was reluctantly forced to seek Security Council membership.

The Presidency of the 15th Session of the General Assembly

Ireland's desire for advancement in the United Nations was moving in directions other than the Security Council. Following his successful chairmanship of the Fourth Committee in 1958, the Committee which dealt with problems of decolonisation, a strong body of opinion developed favouring Irish Permanent Representative to the United Nations Frederick Boland running for the Presidency of the Assembly in 1960 when it was Europe's turn to hold the seat.

Boland had a personal reputation for impartiality and his term as chair of the Fourth Committee in 1958 had been an apprenticeship allowing him to seek higher office. As it was the calibre of the individual, rather than the standing of his country, that was supposed to be the chief factor when choosing a president, his chairing of the Fourth Committee suggested that Boland would be a strong independent candidate.

Ireland's increasingly non-aligned position in the Assembly since Frank Aiken had become minister in 1957 gave Boland support from the Afro-Asian bloc. Aiken, in New York for the General Assembly, cabled Dublin that he "strongly recommend[ed] Governmental approval of candidature without delay".[1] Lemass agreed "subject to its being absolutely assured that USA support would be announced immediately after the announcement".[2] With Washington also so quick to offer Boland support, those seeking to damage his candidature could call his true independence into question. Impartial as he was as a diplomat, Boland was known to be ideologically strongly pro-Western. This dual position was the basis of much of Ireland's success in the United Nations in the early 1960s.

Boland's election campaign can in retrospect be seen as a proxy-canvass for later Ireland's Security Council candidacy. Of course it was not seen to be so at the time. However, the manoeuvring, tabulating of possible votes, discussions and appeals gave Aiken and the Irish delegation important prior knowledge of their standing in the Assembly. It provided an excellent intelligence assessment

1 NAI Department of the Taoiseach (hereafter DT) S13750C, UNEIREANN to ESTERO, 6 Nov. 1959.

2 *Ibid.*, minute by Moynihan, 7 Nov. 1959.

of where Ireland stood in the opinions of the member states that not only elected the president of the Assembly, but also elected the non-permanent members of the Security Council.

Deadlock continues: The Security Council elections at the 15th Session of the General Assembly

For the 15th General Assembly, Dublin concentrated on winning the Presidency for Boland. External Affairs awaited the Security Council elections with interest. The value of Ireland's voting for a Security Council candidate was calculated in terms of votes gained for Boland's presidency. For example, Ireland preferred the UAR to fill the Arab seat, but reckoned that Jordan was more likely to vote for Boland as President.

Portugal and the Netherlands fought it out to succeed to the Western European seat to be vacated by Italy. Portugal was unlikely to appeal to the Afro-Asian bloc because of its record on the Fourth Committee of the Assembly. The Netherlands felt that it was entitled to stand in 1960, having withdrawn in 1958 to ensure Italy's election. Lisbon promised that it would support Boland for the presidency if it got Ireland's support for its Security Council candidature. External Affairs considered that Portugal was "not the most desirable candidate".[1]

Boland reported to Dublin on 9 March that "difficulties have developed" regarding the Western European seat.[2] Portugal had begun canvassing for the Italian seat, despite "widespread feeling that the Portuguese decision to seek the seat was very injudicious".[3] It was "hoped and believed" that Portugal would withdraw in favour of the Netherlands. Nonetheless, Lisbon continued with what Kennedy later called "its ill-starred candidature".[4]

It was only after the Netherlands withdrew its candidature that Aiken finally decided that Ireland would support Portugal. While this decision was based on "general political factors" and "despite the fact that the Netherlands has a better record in the United Nations", Aiken was conscious that Ireland had "in the past been somewhat critical of Portugal's attitude" in relation to Mozambique and Angola

1 *Ibid.*, Keating to Ronan, 8 Sept. 1960.
2 NAI DFA PMUN 289, Boland to Cremin, 9 Mar. 1960.
3 *Ibid.*, Boland to Cremin, 9 Mar. 1960.
4 NAI DFA 417/233/1, Kennedy to Cremin, 19 June 1962.

and Aiken did not want "to create the impression of a fundamental lack of goodwill to Portugal", a country which, Dublin noted, had not held any office in the United Nations.[1] Dublin was concerned that Portugal would be a liability on the Security Council when questions such as *apartheid* were before the United Nations and "other African problems are erupting". But the Portuguese pushed their "self-nominated" candidature strongly and through "emotional insistence" became the choice of the Western European group.[2]

By the opening of the General Assembly it was uncertain whether an Indian sponsored Afro-Asian move would succeed to scupper Portuguese chances of election, but Dublin was warned that if it did, the term would be split between Portugal and an Afro-Asian state, with Portugal serving the second year. Before the elections to the Security Council took place the election of the President of the General Assembly was held.

"The Greatest Diplomatic Gathering the World has ever seen":[3] *The Fifteenth Session of the General Assembly*

Ireland's profile in the United Nations increased considerably when Boland was elected President of the Assembly on 20 September. Irish diplomats had under-estimated his support: Boland received forty-six votes against Noesk's twenty-five and Thors's nine. Lemass cabled Boland that he was "very glad indeed to hear of your election[,] warmest congratulations".[4] The Taoiseach later added that Boland's election was a cause of justifiable pride for the Irish people. It was an indication of Ireland's status among the nations and a tribute to the independent part that we had taken in United Nations affairs.[5]

The attendance of Khrushchev and Eisenhower gave the Assembly, which was attended by fourteen other heads of state, an atmosphere filled with nervous energy. In Boland's own words there was "a general air of drama and excitement in the Assembly".[6] Boland was now the primary figure in the hierarchy of the Assembly and in that context, senior even to Secretary-General Hammarskjöld.

1 *Ibid.*, Cremin to Biggar (confidential), 21 May 1960.

2 TNA DO 181/109, telegram n° 426, Dean to Foreign Office, 22 Dec. 1960.

3 UCDA P104/6339, "F. Boland's speech on election as President, 1960".

4 NAI DT S13750C, telegram Lemass to Boland, 21 Sept. 1960.

5 *Ibid.*, transcript of remarks from *Irish Press*, 22 Sept. 1960.

6 *Ibid.*, Boland to Lemass, 3 Nov. 1960.

As President, Boland "encountered more problems of procedure, faced more temperamental outbursts and received more criticism than most Assembly Presidents have run into in a year".[1] He became one of Khrushchev's targets as the Russian launched an attack on the integrity of the United Nations. In retrospect, Boland could only suppose that this had been "for reasons of his own, of which there is no generally accepted explanation".[2]

The climax of this "unheard-of tension and disorder" came on 13 October with four hours of squabbles on the floor of the Assembly. During the debate on colonial freedom, the Romanian Minister for Foreign Affairs, waving his fist in the air, accused Boland of being unfair to the Soviet Bloc, with the riposte "I can only hope that the Irish people enjoy the same measure of freedom as the Romanians".[3] This was the moment when, as president, Boland had to act. He felt that "the very structure of the United Nations seemed to be tottering on the brink of disintegration".[4] In attempting to silence the Romanian for references to the chair and unparliamentary behaviour during a general din in the Assembly Boland, his face flushed with righteous indignation, broke his President's gavel as "the obviously angry Irishman" ended the session abruptly.[5] It was, Aiken wrote to Dublin, the culmination of "an extraordinary few weeks".[6] It was an unprecedented action, but in taking it Boland received a standing ovation from the great majority of those present. Boland had shown his mettle and his diplomatic skills to the states of the world and confirmed to them that he was a worthy president.

By early December 1960 Irish diplomats had a prominent position in the Assembly. Boland was automatically identified with Ireland and reflected credit on the country; he was openly being talked of as a possible successor to Hammarskjöld as Secretary-General. Aiken addressed the first committee on the non-dissemination of nuclear weapons. He then made a high profile speech on decolonisation to a plenary session of the Assembly, guaranteed to increase Ireland's

1 NAI DFA 417/215, transcript of Associated Press report by Tom Hoge "Testing time for Boland. Firm and fair hand on United Nations debates" (undated).

2 NAI DT S13750C, Boland to Lemass, 3 Nov. 1960.

3 NAI DFA 417/215, transcript of Reuters report "Communist uproar cuts short United Nations session".

4 NAI DT S13750C, Boland to Lemass, 3 Nov. 1960.

5 NAI DFA 417/215, transcript of UPI report, no title, no date.

6 NAI DFA 313/36/3, Aiken to Cremin, 13 Oct. 1960.

image among the Afro-Asian states as a supporter of the principle of freedom for all nations.

The "chief compromiser": Ireland decides to put its name forward[1]

Meanwhile, the crisis over the Security Council continued. The Afro-Asian group were making a determined move to oppose Portugal. The Western European group agreed to continue to support Portugal. Privately the Foreign Office was discussing "the danger of losing control of these elections", if neither Portugal nor the Netherlands were elected. They began to realise that "we might in the last resort even have to look outside NATO for a quick solution on this occasion".[2] Dublin had for some time considered it "unlikely" that Portugal would be elected.[3]

The Security Council elections went ahead on 9 December.[4] Voting was suspended after seven ballots as Portugal failed to get elected. What had been a campaign to deny the seat to Portugal had become one to gain it for the Afro-Asian bloc. Portugal's candidature was dead, the Afro-Asians would agree only to a split term between and African state and a western European candidate other than Portugal.

By 14 December it was decision time. The British made "urgent efforts to persuade an alternative European candidate to stand".[5] In order of preference they proposed Denmark, Ireland or Iceland. Britain was desperately trying to retain the Western European seat for Western Europe as, if it were lost, London could "say good-bye to our chances of expecting to get 7 affirmative votes on any controversial issue in the Security Council".[6]

On 14 December British Ambassador to the United Nations, Sir Patrick Dean "privately put the proposition" to Boland that Ireland stand. Boland in turn passed it on to Aiken, who was still in New

1 *Irish Press*, 10 Jan. 1961.

2 TNA DO 181/109, Uffen to Warburton, 25 Oct. 1960.

3 NAI DFA 417/215/2, Ronan to Cremin, 12 Oct. 1960.

4 Chile and the UAR elected for two years and Turkey elected for one year.

5 *Ibid.*, telegram n° 1625, UKMUN to Foreign Office, 14 Dec. 1960.

6 *Ibid.*, Campbell to Tahourdin, 22 Dec. 1961.

York and who was, it was reported, "interested".[1] It was a false alarm. The following day Aiken cabled Dublin that "Norway has agreed to step into the breach. We need not bother further".[2] Ireland could step back; the deadlock had been resolved.

But all changed on 16 December when Norway withdrew her candidature. They would not stand if there were another candidate in the running. Aiken telephoned Cremin just after midnight on 17 December that he was "trying to find some other solution but that ultimately we may have no alternative but to agree" to run.[3] Cremin then informed Aiken that Lemass felt that if in Aiken's view "it was necessary for us to accept, the Government would have no objection".[4] There was great reluctance on Aiken's part to allow Ireland's name to go forward. Lemass left the final decision with his foreign minister, giving him the full support of the Cabinet and leaving Aiken in no doubt what his own views were.[5] Lemass "had requested the Minister for External Affairs ... to avoid accepting Irish membership, if at all possible".[6] Lemass was as reluctant as Aiken to put Ireland forward, yet he realised that in certain circumstances Ireland might have no alternative. Later on 17 December Cremin cabled Aiken with some revealing news: "British have now put it to us strongly that we should accept Security Council seat in event of Norway feeling unable to do so".[7] This further British démarche is remarkable. Lemass had up to now instructed Aiken that he "might accept if a deadlock arose which could not otherwise get resolved".[8] Cremin, developing his previous discussion with Aiken, continued that "in the circumstances [the] Taoiseach considers [that] we should be more [than] ready to accept if [there is]

1 *Ibid.*

2 NAI DFA PMUN 289, UNEIREANN to ESTERO, 15 Dec. 1960.

3 NAI DT S16137G, note by Cremin, 17 Dec. 1960.

4 *Ibid.*

5 That said, the Cabinet had not even been informed of these developments as the note of an Cabinet discussion on 20 December of which no formal minute was taken reveals that 20 December was the first occasion on which Lemass informed the Cabinet of the "difficulties which had arisen in the selection of a member of the Security Council". (NAI DT S16971A, "pink slip" note by Moynihan of unminuted discussion, 20 Dec. 1960)

6 NAI DT S16971A, "pink slip" note by Moynihan of unminuted discussion, 20 Dec. 1960.

7 NAI DFA PMUN 289, ESTERO to UNEIREANN, 17 Dec. 1960.

8 NAI DT S16971A, "pink slip" note by Moynihan of unminuted discussion, 20 Dec. 1960.

no suitable alternative. Have so informed British".[1] Under British pressure Lemass had moved from avoiding membership "if at all possible", to being "ready to accept" if no alternative candidate emerged.

The British action shows a remarkable closeness in Anglo-Irish relations less than two years into Lemass' seven years as Taoiseach and an unusual degree of sidelining of Aiken over United Nations policy. Following a telegram to New York, Aiken, with Lemass' say so, allowed Ireland's name to be put forward as a candidate, in order to prevent the possibility "that the Council would not be able to function because it did not have its full complement of members".[2]

Portugal withdrew its candidature. It would not agree to the western European seat being divided between two rivals. Ireland had come second when the General Assembly held an unrestricted poll in which members could vote for countries other than Liberia and Portugal. Further inconclusive ballots followed. In the last such ballot Ireland and Liberia tied with forty-five votes each. Boland, as President, now suggested deferring the balloting "in the hope that through contacts between the parties concerned, we can approach this matter with a better hope of success later in the evening".[3] A fifteen-minute adjournment was called and consultations took place between the delegations. When the Assembly resumed "after a remarkably complex series of negotiations", Boland announced that an informal agreement had been reached whereby Liberia would be the only candidate for election, and if they were elected would serve through 1961, at the end of the year withdrawing in favour of Ireland.[4]

Subsequently, on the fourteenth ballot Liberia was elected, receiving seventy-six votes out of the eighty-five cast. This gave the Western European seat "an African association".[5] It was a turning point in the history of the Security Council. It was a pointed victory for the Afro-Asian grouping over the Portuguese. Not all Western European group members were pleased with the outcome; Italy and Spain felt that Ireland had been "unjustly rewarded for disloyalty to the group candidate".[6] Writing in January 1961, Desmond Fisher of the *Irish*

[1] NAI DFA PMUN 289, ESTERO to UNEIREANN, 17 Dec. 1960.

[2] *Cork Examiner*, 21 Dec. 1960.

[3] *Ibid.*

[4] TNA DO 181/109, telegram n° 1711, UKMUN to Foreign Office, 20 Dec. 1960.

[5] NAI DFA 417/233/1, Kennedy to Cremin, 19 June 1962.

[6] TNA DO 181/109, telegram n° 426, Dean to Foreign Office, 22 Dec. 1960.

Press recounted how an un-named African foreign minister told him that 1960 "was to have been Africa's year at the United Nations instead it has turned out to be Ireland's year. He laughed when I suggested 'as a compromise' that we call it 'Afro-Irish year'".[1] And so it had been. In addition to being almost certain to being elected to the Security Council in 1961, Ireland, through Boland had held the Presidency of the General Assembly and in the last week of December 1960 it was announced that the Chief of Staff of the Defence Forces, Major-General Seán MacEoin, would take over command of ONUC, the United Nations peacekeeping force in the Congo. As another delegate told Fisher, "It looks as if Ireland is turning this place into a one-nation United Nations".

Conclusion

Ultimately, the December 1960 move was a surprise. The background from 1955 to 1960 shows that Ireland did not actively seek Security Council membership on any occasion up to 1960, a position in marked contrast to subsequent terms where detailed canvasses were carried out. However the Minister for External Affairs and his department were well aware of the problems facing the Security Council. Aiken sought a Security Council that, despite problems over the veto, operated, underlying the importance to him of a United Nations that though an imperfect organisation, at least functioned. It was certainly within the ideological parameters of Irish United Nations policy to consider Security Council membership, but the sources suggest that little consideration had in fact been given to such a move.

That Ireland should desire to break the electoral deadlock in December 1960 was one consideration, that she should be judged able to fill the gap by the other members of the General Assembly was another. Ireland's pro-western outlook, her quasi-non-alignment and anti-colonial stance left her perfectly situated compared to other candidates who would not share a term with Liberia or were not acceptable to the Afro-Asian bloc. Ireland's flexible United Nations policy that looked to the west and the developing world together with Aiken's and Boland's combined personal standing, crossed the many divisions in the 1960 General Assembly. The presidency and

[1] *Irish Press*, 10 Jan. 1961.

Ireland's emergence as a compromise candidate are inextricably linked.

It would be tempting to argue that Security Council membership was the crowning moment of 1960, Ireland's United Nations annus mirabilis, but ultimately this would be incorrect. If Portugal had not persisted in its desire to contest the Netherlands for the seat vacated by Italy and if Liberia, following its own Afro-Asian agenda, had not also stood for the seat, the situation that allowed Ireland to step in as a compromise candidate would not have arisen. Ireland would not otherwise easily have emerged as an agreed Western Group candidate given the powerful forces at play within the group and Ireland's own non-membership of NATO. Ireland's nomination could only emerge by the acclamation of the Assembly in a time of crisis. Ireland's candidature emerged because of her active policy in the Assembly from 1958 to 1960, but it did not emerge as a part of that policy.

Horst Möller

L'ADMISSION DE LA RÉPUBLIQUE FÉDÉRALE D'ALLEMAGNE EN TANT QU'ÉTAT-MEMBRE DES NATIONS UNIES ET LA QUESTION ALLEMANDE

Ce n'est que le 18 septembre 1973 que la République fédérale d'Allemagne (RFA) et la République démocratique d'Allemagne (RDA) furent admises respectivement en tant que 133e et 134e membre aux Nations unies. Cette adhésion si tardive – 28 ans après la fin de la guerre et la fondation de l'ONU – soulève quatre questions :

1) Comment se présentait la situation sur le plan du droit international en 1945 ?
2) Les deux États allemands ne s'étaient-ils pas engagés au sein des Nations unies (NU) avant 1973 ?
3) Comment s'expliquer une adhésion si tardive ?
4) Quels sont les facteurs qui ont finalement conduit à l'admission des deux États allemands aux NU ?

1. Lors de la conférence constitutive des NU à San Francisco en 1945, le premier objectif qu'il fallait atteindre était d'éviter les erreurs commises dès le départ par la Société des Nations après la Première Guerre mondiale. Tandis que la Société des Nations était conçue comme une organisation des vainqueurs, l'ONU était censée être ouverte à tous les États, cette conception étant considérée comme la seule voie possible afin d'assurer le maintien de la paix au niveau international. Les vaincus devaient donc avoir eux aussi la possibilité d'adhérer à cette organisation après une certaine période de probation. Néanmoins, les vainqueurs alliés préférèrent

se réserver certains droits face aux vaincus. Alors qu'au lendemain de la Première Guerre mondiale, il existait une corrélation entre l'entremêlement des traités de paix et la fondation de la Société des Nations et que la charte de la Société des Nations était stipulée dans les traités de paix, la conclusion des traités de paix fut dès 1945 découplée de la fondation de l'ONU: toute autre solution aurait pesé dès le début sur la crédibilité des NU, voire même empêcher leur fonctionnement. Cela dit, jusqu'au moment de l'adhésion d'un État à l'ONU, tous les règlements effectués entre vainqueur ou vaincu ne devaient pas relever de la compétence de l'ONU. D'où la formulation des articles 53 et 107, lesquels contenaient les clauses concernant les « États ennemis » : en vertu de ces deux articles, les vainqueurs avaient le droit de prendre des mesures coercitives à l'égard des vaincus sans nécessiter pour autant le consentement du Conseil de sécurité. Cependant, ces clauses remettaient fondamentalement en question la charte même des NU, en ce sens qu'elles suspendaient l'interdiction de la violence dans les relations internationales. De ce fait, ce fut notamment l'Union soviétique, bientôt suivie par d'autres États, qui devait contester la compétence de l'ONU en matière de problèmes qui résultaient des conséquences de la guerre, respectivement de la division de l'Allemagne.

Bien que l'on fît appel à l'ONU de manière répétée pour régler les différends et les crises liées à la période d'après-guerre, ce ne fut jamais avec grand succès. Ce fut le cas pour de nombreuses situations parmi lesquelles on citera le Blocus de Berlin lequel fut déclenché par l'Union soviétique en 1948/49, la soi-disant deuxième Crise de Berlin entre 1958 et 1963, puis la discussion qui surgit en 1951 au sujet des élections libres pour toute l'Allemagne, sans oublier l'initiative entreprise par Staline auprès des puissances occidentales en 1952 avec ses *Notes sur l'Allemagne*. Le chancelier Konrad Adenauer partageait à l'époque la position qui découlait des articles 53 et 107 de la charte des NU : son objectif étant de maintenir la responsabilité des vainqueurs occidentaux tant pour l'Allemagne toute entière que pour Berlin, une responsabilité qui avait été expressément statuée dans le Traité sur l'Allemagne de 1952 ainsi que dans sa version modifiée de 1954.

2. La RFA et la RDA tentèrent toutes les deux de s'engager dans des organisations spécialisées du système des Nations unies – la RFA avec grand succès, ce qui ne fut pas le cas pour la RDA. La RFA coopéra si fortement au sein de ces organisations qu'elle fut

considérée comme un « quasi-membre » de l'ONU. Le fondement juridique de cet engagement actif de la RFA à l'égard de l'ONU était ancré dans l'article 2 paragraphe 6 de la charte de l'ONU : En vertu de ces articles, les non-membres de l'ONU sont aussi appelés à appliquer les principes de la charte afin d'assurer la paix mondiale et la sécurité internationale. Par l'article 3 du Traité sur l'Allemagne, entré en vigueur en 1955, par lequel la souveraineté de la RFA était reconnue au niveau international, le gouvernement de la RFA, de son côté, s'était expressément engagé à respecter la charte des NU. Or la RFA ne se contenta pas d'en suivre les principes, elle contribua aussi de façon décisive au travail de ces organisations affiliées à l'ONU en tant que membre de plein droit, notamment dans les secteurs humanitaires, culturels, sociaux et économiques.

L'engagement de la RFA qui s'intensifia de plus en plus au cours des années se traduisait aussi sur le plan financier et ce, bien avant qu'elle fut admise à l'ONU. Voici quelques chiffres à l'appui : En 1972, les contributions de la RFA au budget de l'ONU s'élevaient à 470 millions de DM. De plus, la RFA était représentée depuis 1952 à New York et depuis 1953 à Genève par un diplomate éminent chargé d'une « *Permanent Observer Mission of the Federal Republic of Germany to the United Nations* ». Malgré son statut incertain au niveau du droit international, la RFA ne fut exclue d'aucune séance de l'ONU, exception faite des « *closed meetings* ».

Comme la RDA recherchait la reconnaissance internationale, elle s'efforça à maintes reprises – bien que sans succès – d'obtenir un statut comparable à celui de la RFA, et renforça même ses efforts dans cette direction à partir de 1961. Ce faisant, le 28 février 1966, elle posa sa demande d'admission officielle à l'ONU. Cette demande ne fut pas prise en considération par les organes compétents en raison de l'intervention de la RFA et des trois puissances occidentales qui cherchaient à éviter son admission. Les relations qu'entretenaient les deux États allemands avec l'ONU ne pouvaient pas être plus différentes: Tandis que la RFA s'engageait presque comme un membre de plein droit, les activités de la RDA au sein de l'ONU étaient sans importance. Ce déséquilibre s'explique par le fait que de faire bénéficier la RDA d'un traitement analogue à celui de la RFA aurait suffi pour violer les principes fondamentaux des pouvoirs occidentaux et de la RFA.

3. L'adhésion tardive des deux États allemands, qui eut lieu au terme de demandes d'admission posées par la RDA le 12 juin et puis la

RFA le 15 juin 1973 à New York après concertation mutuelle entre les deux États allemands, s'explique donc d'une part par la présence des articles 53 et 107 de la charte de l'ONU relatifs aux « États ennemis » à cette époque, et, d'autre part, par le fait que seul les États souverains et égaux en droits pouvaient devenir membres de l'ONU.

Même après la déclaration de souveraineté des deux États allemands en 1955, les Alliés continuèrent à porter la responsabilité pour l'Allemagne divisée pendant la guerre froide. Les causes principales de l'adhésion tardive résident justement non seulement dans la division de l'Allemagne, mais aussi dans la prétention à la représentation exclusive de la RFA qui était exprimée dans la soi-disant doctrine Hallstein : selon cette doctrine, la RFA ne devait entretenir des relations diplomatiques qu'avec les États qui ne reconnaissaient pas la RDA. Le seul État qui faisait exception à cette règle était l'Union soviétique, étant donné qu'elle faisait elle-même partie des quatre puissances qui avaient pris la responsabilité pour l'Allemagne depuis la fin de la guerre. Cette politique que poursuivirent tous les gouvernements fédéraux jusqu'à la fin des années 1960 était fondée sur la loi fondamentale de la RFA dans laquelle le principe de la réunification des deux États était ancré. Elle était également motivée par le fait que la RDA constituait une dictature communiste qui ne reposait sur aucune légitimation démocratique et qui, par ailleurs, refusait des élections libres qui seraient contrôlées par l'ONU.

Seules deux alternatives pouvaient rectifier cette situation : la première aurait été la démocratisation de la RDA, ce qui aurait nécessité l'accord de l'Union soviétique. Néanmoins, cette voie semblait peu réaliste, comme l'avaient montré les insurrections qui agitèrent les dictatures communistes en RDA (1953), en Hongrie (1956) et en Tchécoslovaquie (1968) avec le « Printemps de Prague » qui fut très rapidement réprimé. L'autre alternative consistait à ce que les États occidentaux, notamment la RFA, renoncent à des principes adoptés jusque là, sans qu'ils fussent pour autant payés de retour. Déjà en 1963, Egon Bahr, le conseiller le plus proche de Willy Brandt en matière de politique extérieure, en indiquait la direction par sa formule du « changement par le rapprochement » (*Wandel durch Annäherung*).

La date de l'adhésion à l'ONU des deux États allemands dépendait donc directement de l'évolution du processus de détente entre l'Est et l'Ouest, et dont la question allemande était l'enjeu principal. Une admission de la RFA à l'ONU était à priori impossible, étant donné que la Charte de l'ONU veut que tous les Membres permanents du Conseil de sécurité donnent leur consentement à l'admission d'un nouveau membre de plein droit. Jamais l'Union soviétique n'aurait accepté une admission exclusive de la RFA. De leur côté, les puissances occidentales n'auraient jamais approuvé l'entrée de la RDA dans les NU ; Quant à l'admission des deux États allemands, la condition sine qua non – c'est-à-dire la détente – n'était toujours pas remplie dans la deuxième moitié des années 1960. Il fallut attendre la période à partir de 1966 marquée par la Grande Coalition formée par le CDU et le SPD sous le chancelier chrétien-démocrate Kurt Georg Kiesinger et surtout le début des années 1970 pour faire les premiers pas en direction d'une détente dans les relations Est-Ouest. Or les initiatives qui marquèrent un tournant décisif de la situation furent, d'une part, la *Nouvelle Ostpolitik* du gouvernement Brandt-Scheel, et d'autre part le processus entamé par la CSCE.

4. La soi-disant *Nouvelle Ostpolitik* qui fut mise en œuvre par la coalition entre le SPD et les libéraux (FDP) se concrétisa d'un côté par la signature de conventions bilatérales avec plusieurs États faisant partie du Pacte de Varsovie et de l'autre par plusieurs accords interallemands. Dans une première étape fut signé, en 1970, le traité de Moscou qui représente l'aboutissement des négociations entre la RFA et l'Union soviétique. Suivirent dans la même année le Traité de Varsovie avec la Pologne et enfin le Traité de Prague avec la Tchécoslovaquie en 1973. Cependant, le processus de ratification des deux premiers traités conclus en 1970 par le *Bundestag* s'avéra extrêmement difficile en raison des violents débats que se livrèrent gouvernement et opposition ; Le processus de ratification fut finalement clôturé le 17 mai 1972. Objets de la critique de la part de la CDU/CSU qui formait alors l'opposition n'était pas seulement le style des négociations et le manque d'informations attribué à l'intermédiaire à Moscou, Egon Bahr, mais aussi les résultats finaux des négociations qui concernaient le traité fondamental entre la RFA et la RDA du 21 décembre 1972. Parmi les principaux points qui provoquèrent la critique figurait la reconnaissance de fait de la RDA. En effet, l'opposition craignait que la reconnaissance de la RDA par la RFA continuât à approfondir le fossé qui séparait les deux Allemagnes et qu'elle pourrait, le cas échéant, porter sérieusement préjudice à la Loi fondamentale qui exige la réunification. Objet de discorde qui porta le gouvernement au bord de la crise fut aussi la reconnaissance de fait de la frontière Oder-Neisse entre la RDA et la Pologne par la RFA. Selon l'opposition, cette question ne pouvait

être réglée que dans le cadre du processus de la réunification de l'Allemagne et d'accords visant à l'instauration d'un traité de paix pour l'Allemagne.

Sur l'initiative de Franz Josef Strauss, le gouvernement bavarois porta plainte devant la Cour constitutionnelle fédérale ; cette dernière jugea le 19 et le 31 juin 1973 que les traités conclus par la RFA avec les États du Pacte de Varsovie, et notamment le Traité fondamental, n'enfreignaient pas la loi fondamentale. Or la Cour constitutionnelle confirma en même temps le principe de la réunification statué dans la Loi fondamentale : « Aucun organe constitutionnel de la République Fédérale d'Allemagne n'a le droit d'abandonner le but politique d'une restitution de l'unité étatique de l'Allemagne, tous les organes constitutionnels sont obligés de poursuivre une politique visant à cette fin… »

Là-dessus, plusieurs députés du SPD et du FDP quittèrent leurs partis en signe de protestation, si bien que le gouvernement de Willy Brandt ne disposait plus de la majorité parlementaire. Néanmoins, le vote de défiance constructif par lequel l'opposition voulait faire élire chancelier le président de la CDU, Rainer Barzel, échoua à trois voix de près. Dans le jeu entra même l'affaire de corruption d'un député de la CDU avec le soutien financier du (*Staatssicherheitsdienst*) de la RDA. L'ingérence du Service de sécurité de la RDA dans les affaires de la RFA s'expliquait par le fait que la RDA voulait maintenir Brandt au pouvoir. Même le président du groupe parlementaire des sociaux-démocrates Herbert Wehner dut avouer plus tard (le 5 janvier 1980) : « C'était une sale affaire ».

Le résultat de toutes ces tergiversations fut la fixation de nouvelles élections parlementaires qui étaient en fait un plébiscite en faveur du gouvernement social-libéral sous Willy Brandt. Par la suite, Brandt et Barzel se mirent d'accord sur les résolutions prises par le *Bundestag* concernant les traités conclus avec les États membres du Pacte de Varsovie et sur une lettre explicative du gouvernement de la RFA au gouvernement soviétique, la « Lettre sur l'unité allemande ». Ces déclarations avaient pour but de maintenir la question allemande en suspens, étant donné que la *Nouvelle Ostpolitik* s'appliquait en principe aux relations entre les deux États allemands (Werner Link).

L'ensemble des traités visant à accélérer le processus d'apaisement avec l'Est, d'une part, et des traités internationaux, d'autre part, signés par le gouvernement Brandt, et dont l'Accord quadripartite sur Berlin du 3 septembre 1971 faisait partie, constituait l'apogée de la politique de détente poursuivie par la RFA et, de ce fait, le fondement de l'admission de la RFA et de la RDA à l'ONU qui jouissaient désormais de l'approbation de tous les membres permanents du Conseil de sécurité. Cette approbation était fondée sur la Déclaration des Quatre Puissances du 9 novembre 1972.[1]

Lors de la séance du Conseil de sécurité du 22 juin 1973, tous les orateurs soulignèrent « à quel point l'admission des deux États allemands à l'ONU était importante pour la détente au niveau des relations internationales et combien les efforts des deux gouvernements allemands avaient contribué à cette évolution. » L'observateur de la RFA, l'ambassadeur Gehlhoff, fit remarquer dans son rapport à l'adresse du ministère des Affaires étrangères fédéral à Bonn que c'était surtout l'engagement de la RFA vis-à-vis de l'ONU qui aurait été évoqué en termes particulièrement élogieux, tandis que les louanges à l'encontre de la RDA auraient plutôt ressemblé à un exercice imposé. Gelhoff se montra particulièrement reconnaissant envers la France, eu égard à sa déclaration selon laquelle elle attribuait à la coopération franco-allemande une importance de premier rang non seulement sur le plan des relations bilatérales mais aussi internationales. Heureusement, à l'époque, l'ambassadeur Gehlhoff ne pouvait pas encore avoir connaissance de l'article rédigé par Georges-Henri Soutou, traitant une certaine hésitation du gouvernement français en ce qui concerne l'admission des deux Allemagnes à l'ONU.

Le discours du délégué chinois au Conseil de sécurité concernant la question allemande fut également digne d'intérêt. Il soulignait l'urgence de trouver une solution au problème qui conviendrait aux exigences du peuple allemand : « Les affaires du peuple allemand doivent être réglées par le peuple lui-même, et cela sur la voie des négociations. »[2]

Ce fut dans un état d'esprit analogue que se déroula la séance plénière de l'ONU du 18 septembre 1973, lorsque Israël fit éclat en votant contre l'admission de la RDA, sous prétexte – tout à fait justifié – que cette dernière – à la différence de la RFA – refusait toujours de reconnaître la responsabilité historique de l'Allemagne pour la Shoa, ce qui provoqua une réplique virulente de la part du délégué égyptien.[3]

[1] Akten zur Auswärtigen Politik der Bundesrepublik Deutschland 1973. Bd. I: 1. Januar bis 30. April 1973, hg. im Auftrag des Auswärtigen Amts vom Institut für Zeitgeschichte, München 2004, S. 6, cité comme AAPD.

[2] *Ibid.*

[3] AAPD 1973, III, S. 1512-1518.

Pour la RDA, l'appartenance à l'ONU constituait un grand succès sur le plan des relations internationales. En RFA par contre, son adhésion continuait à être contestée, du fait que les deux États allemands étaient dorénavant membres à part égale des Nations unies, ce qui constituait un pas de plus en direction d'une reconnaissance internationale du partage de l'Allemagne. Aux yeux de l'opposition, ce prix semblait bien trop élevé. En effet, une chose était sure : c'était que, par son adhésion à l'ONU, la RFA ne gagnait ni en prestige au niveau international, ni en influence, même si le ministre des Affaires étrangères de la RFA, Walter Scheel, dans son discours lors de la 28e assemblée plénière de l'ONU le 19 septembre 1973, mit l'accent sur le fait qu'il s'agissait « pour nous, les Allemands, d'une journée historique ». Or il s'empressa d'ajouter cette phrase par ailleurs fort révélatrice : « d'autant plus que ce pas ne fut pas facile pour nous ». Et l'allusion du Ministre à l'engagement actif dont fit preuve la RFA de nombreuses années durant au sein des organisations affiliées des Nations unies montrait que, sur le plan politique, le profit qu'elle pouvait tirer de cette admission, était plutôt restreint. Bien au contraire, l'adhésion était plutôt considérée comme faisant intégralement partie de la politique de détente qui, de fait, renforçait la position de la RDA. Une note interne du ministère des Affaires étrangères de la RFA du 19 février 1973 se référait au fait que maintenant que l'adhésion était acquise, la RFA allait être forcée d'accepter une « coexistence compétitive avec la RDA dans le cadre de l'ONU ». De ce fait, le cortège des délégués des neuf membres de la Communauté Économique Européenne (CEE) était plus que jamais d'importance croissante pour la RFA.[1]

Comme des observateurs l'ont constaté, le seul point commun des discours prononcés par les deux Ministres des Affaires étrangères allemands était le refus d'avoir recours à la violence pour surmonter les problèmes nationales et internationales. Par ailleurs, les diplomates de la RFA en étaient arrivés à l'estimation que le discours de Scheel avait fait une forte impression et que la majorité des membres de l'ONU étaient d'avis que même si deux États allemands eussent été ici présents, il ne s'agissait que d'une seule et unique nation. Le fait que la « question allemande » et sa solution étaient toujours ouvertes restait incontestée au cœur de la majorité des membres de l'ONU, même après l'admission de la RFA et de la RDA. Les seuls membres qui, selon eux, auraient fait exception furent les États d'Europe de l'Est qui, bien au contraire, mirent l'accent sur la division de l'Allemagne.

1 AAPD 1973, I, S. 269.

Alastair Noble[1]

EQUINE DIPLOMACY

TRANSATLANTIC DIFFERENCES OVER THE ROLE OF THE UNITED NATIONS IN THE ARAB-ISRAELI CONTEXT, 1973

Equine metaphors abounded when British diplomats assessed the state of the Anglo-American relationship in 1973. Following Britain's accession to the European Community on 1 January 1973 they had to convince sometimes sceptical Europeans that the UK was not Washington's Trojan Horse. At the United Nations (UN) in the context of the Arab-Israeli dispute the British were concerned at being viewed by Arab states as Washington's stalking horse. All too often, it seemed that President Nixon and his high exposure National Security Adviser Dr Henry Kissinger held the whip hand. The problems of dealing with these prickly customers when they engaged in diplomatic bullying vexed British diplomatic minds. Indeed, throughout the year London seemed to be engaged in the somewhat precarious manoeuvre of riding two horses – attempting to maintain a close relationship with the US but also trying to convey its European credentials to new partners in Brussels.

Often the Special Relationship was less than special. When the American Secretary of Defense, James Schlesinger, met his British opposite number Lord Carrington for lunch in The Hague on

[1] The views and opinions expressed in this paper are the author's own and do not reflect those of the Foreign and Commonwealth Office. The author would particularly like to thank the Editor of the Year of Europe volume Dr Keith Hamilton for his invaluable advice in the preparation of this paper. I would also like to thank my other colleagues Professor Patrick Salmon and Dr Chris Baxter for their helpful comments.

7 November their discussion on the Middle East soon became heated. Schlesinger conveyed the US Administration's irritation with the British, after they had rejected a US suggestion to table a cease-fire resolution in respect of the Arab-Israeli War in the UN Security Council on 11/12 October. The British refusal to act as America's stalking horse caused Schlesinger to highlight that "the distinct tendency of British diplomacy in the last few weeks to work in close collusion with the French had been noted in Washington. British policies were taking on a quality of 'decayed Gaullism'".[1]

This paper views one aspect of a pivotal year in Anglo-American relations from a British perspective. It describes a series of events involving the UN as the scene of Anglo-American disagreement. Sources emanate from British Government records included in the Foreign and Commonwealth Office's (FCO) pioneering electronic *Documents on British Policy Overseas* volume *The Year of Europe: America, Europe and the Energy Crisis, 1972–74* due to be published in 2006.

The American charge that Britain and France had sought to frustrate American efforts to bring about a cease-fire in the fourth Arab-Israeli War was the latest in a series of transatlantic misunderstandings, sometimes played out at the UN. Anglo-American differences over the UN can be viewed in the context of the transatlantic disputes which bedevilled what had been grandly titled the Year of Europe by Kissinger in a speech in New York on 23 April.[2] Instead of reinvigorating transatlantic relations in the altered circumstances of the enlarged Community[3] suspicions bubbled to the surface. The French were keen that specific problems should be discussed in their appropriate forums and were unhappy at Kissinger's comments about America's "world role" but Europe "regional responsibilities".[4] There were occasional instances of smooth co-operation, such as

1 *E-Documents on British Policy Overseas 1 (e-DBPO 1) The Year of Europe: America, Europe and the Energy Crisis, 1972–74* (forthcoming), Document 379.

2 *e-DBPO 1*, Document 70.

3 Denmark and the Republic of Ireland had also joined the enlarged Community on 1 January 1973.

4 *e-DBPO 1*, Documents 75, 96. Publicly British statesmen welcomed Kissinger's Year of Europe initiative. But both politicians and senior officials worried about the American preference for "linkage" of difficult political, defence, economic and trade issues. They were also concerned about the pressure on British diplomacy arising from the historic proximity to the US and the new challenges arising from a commitment to Brussels. Heath was less impressed with Kissinger's apparent self-appointed crusade: "For Henry Kissinger to announce a Year of Europe without consulting any of us was rather like my standing between the lions in Trafalgar Square and announcing that we

the clandestine involvement of senior British officials in the drafting of the US-Soviet Agreement on the Prevention of Nuclear War (June 1973).[1] British diplomats appreciated that such dealings were fraught with the risks attendant on Kissinger's divisive diplomacy and devious nature. By the end of July, US frustration at Europe's inability to quickly move forward on the Year of Europe initiative caused an angry Kissinger to warn Sir Burke Trend, the Cabinet Secretary, against the development of an "adversary relationship".[2]

On the pressing need for a settlement to end the no war and no peace impasse which had characterised Arab-Israeli relations since 1967, Anglo-American differences had been long visible. The policy of Edward Heath's Conservative government was outlined by Sir Alec Douglas-Home, the Secretary of State for Foreign and Commonwealth Affairs, at Harrogate in October 1970.[3] Britain backed UN Resolution 242, which it had sponsored in November 1967 and which called for Israel's withdrawal from the Occupied Territories gained as the fruits of victory in the Six-Day War of June 1967. Following the Nixon Administration's re-election (November 1972) and the Vietnam agreement concluded in this very building in January 1973, British ministers and officials hoped that the Americans would exert their unique influence over Israel to obtain a substantive Middle East settlement.[4] But the US had little faith in the UN's suitability to broker a settlement, a line reinforced by Tel Aviv's sentiments. The UN appeared in US eyes to be an institution of the last resort. The British were more positive about the UN's role but British influence in the Middle East was declining. Moreover, British economic interests, specifically the availability of reliable and affordable oil

were embarking on a year to save America!" Edward Heath, *The Course of My Life: My Autobiography* (London: Hodder and Stoughton, 1998), p. 493.

1 This was dubbed "Operation Hullabaloo" within an extremely restricted circle in Whitehall. On Hullabaloo see *e-DBPO 1*, Documents 15, 17, 22, 32, 44, 59, 60, 61, 95, 131, 136, 140. Sir Thomas Brimelow, Deputy Under-Secretary at the FCO, was most heavily involved in the drafting.

2 *e-DBPO 1*, Document 179.

3 Lord Home, *The Way the Wind Blows* (London: Collins, 1976), appendix B.

4 However, the British ambassador in Washington, Lord Cromer, gloomily reported in November 1972 that US interests lay in obtaining an interim settlement and proposals from others would be deemed a distraction by Washington, see *e-DBPO 1*, Document 2. Douglas-Home stressed the urgent need for a settlement in talks with US Secretary of State William Rogers on 1 February 1973. He underlined that the momentum had stalled for two years and hoped that the US Administration would now bring pressure to bear on Israel. MWE 3/304/2, folio 26, record of conversation between the Secretary of State for Foreign and Commonwealth Affairs and the US Secretary of State in the White House, 1 February 1973.

supplies, were inextricably linked to Whitehall's desire for a settlement. Heath was haunted by the likely economic repercussions for the industrialised West if a united Arab world effectively deployed the oil weapon more effectively than in 1967, when the next conflict with Israel came around.[1]

British officials told Kissinger on 10 May that Egyptian President Sadat intended to attack soon[2] but predicted a crushing defeat at Israeli hands. Kissinger responded that the possibility of such a reversal was the strongest leverage on the Arab states. When Douglas-Home suggested that UN Secretary General Dr Kurt Waldheim could take a useful initiative, Kissinger quipped that he "had never seen anything worthwhile done by Dr Waldheim and it was very unlikely that the Security Council would come up with a solution which would get the parties talking".[3]

Limited British hopes in the Security Council remained. Although it was deemed to be an inappropriate forum for confronting "questions of substance such as boundaries and withdrawal" it could assist

[1] Bilateral discussions with the Egyptians conveyed their impatience at American inaction. London fretted about a doomsday scenario in which President Sadat was toppled and a clique of extremist officers came to power in Cairo determined to pursue the struggle with Israel to the bitter end in an alliance with the Libyans and Palestinians, see *e-DBPO 1*, Document 55. On the other hand, Tel Aviv warned that the Israeli government and public opinion had detected that Britain was adopting a distinctly pro-Arab stance – similar to France. In Israeli eyes both countries were said to have "no independent role to play in the Middle East". NFW 2/4 Part A, folio 58; letter from Ledwidge, British Ambassador Tel Aviv, to Parsons, Superintending Assistant Under-Secretary, London, 9 May 1973.

[2] President Sadat's May Day speech underlined his determination to end the deadlock. The "American peace settlement" was "a myth, a deception and a mirage", according to Sadat and both Israel and the US wanted to "freeze" the situation in lasting stalemate. The stance taken by Britain and France at the Security Council meant that they did not come in for Sadat's ire, see *e-DBPO 1*, Document 82. See also Document 80 when Parsons in a letter to John Moberly, Counsellor Washington, noted that: "First, the Security Council debate on Israel/Lebanon enabled us to show the Arabs that we were ready to maintain a policy independent of the United States in the face of powerful American and Israeli pressure (though without, I might add, compromising our position on the necessity for any resolution to be 'balanced', i.e. to include a condemnation of terrorism as well as of counter-terrorism). Secondly, the Israelis gave us a gift horse by failing to cover their tracks completely after the raid on Beirut and leaving behind conclusive evidence that they or their agents had used falsified British passports. Thirdly, and most important of all for the long term, the Security Council is now about to take its first look at the Middle East as a whole since November 1967".

[3] *e-DBPO 1*, Document 89. At this meeting Kissinger said that he still believed that there was a 50/50 chance of war before the end of July. He also heaped feint praise on the Israelis for their "great skill in coming up with plausible sounding but unacceptable proposals". Kissinger proposed a set of principles, drafted by the Americans and the Soviets, which could be presented to the Egyptians and would buy some time.

with procedural targets such as the establishment of indirect negotiations between the two sides.[1] Washington remained sceptical, predicting that the Security Council would give the Egyptians misplaced hopes that some outside agency would solve their problem for them.[2] No other US initiative was expected.[3] The gulf between Israeli and Egyptian views and expectations of the UN was exposed when their respective foreign ministers, Abba Eban and Dr Mohammed Hassan el-Zayyat, visited London separately in late May.[4] Heath despaired at Israel's stance as "Mr Eban showed no sign of the dangers which face Israel and her neighbours at this juncture". Heath feared that the Arab states would wield the oil weapon for political purposes and supplies would be blocked from states providing political or military backing to Israel.[5]

The Security Council meeting opened on 6 June but the Nixon-Brezhnev summit in Washington later in the month led on 14 June to an adjournment until 16 July. At New York the British noted that "the onus will be on the Americans to tell the Egyptians what sort

1 NFW 2/4 Part A, folio 52, letter from Parsons to Adams, British Ambassador Cairo, 10 May 1973.

2 *e-DBPO 1*, Document 91. Nevertheless, Cromer stressed to Joe Sisco, Under-Secretary of State for Political Affairs at the State Department, on 14 May, Douglas-Home's view that "the Security Council meeting could be used to develop a serious negotiating process", *e-DBPO 1*, Document 92. Parsons argued on 16 May that the Security Council offered "an eleventh hour chance to achieve progress" but "failure would leave the situation very bleak", *e-DBPO 1*, Document 94.

3 e-DBPO 1, Document 99. British officials in Washington concluded that "short of an outbreak of fighting on the Suez Canal front, we shall have to wait at least until the Israeli elections and probably until 1974 for any concerted American diplomatic moves to break the deadlock".

4 Israel's unease at the UN route was made clear when Foreign Minister Abbe Eban visited London on 22 May and argued against any attempt to reinterpret Article 242 with the riposte that he "did not regard the UN as a congenial framework in which to make progress towards peace" and instead wanted the Egyptians to open negotiations, see *e-DBPO 1*, Document 100. When the Egyptian Foreign Minister Dr Mohammed Hassan el-Zayyat visited London on 31 May he emphasised that after six years Resolution 242 had not solved either the territorial or the Palestine problems. The very least Egypt would settle for was a Security Council statement confirming that the frontier between Egypt and Israel was the old Palestine mandatory border. See *e-DBPO 1*, Document 106.

5 *e-DBPO 1*, Document 109. Douglas-Home agreed that the situation was deteriorating and British interests were at risk if fighting flared up or the Arab states decided to take action against the West, *e-DBPO 1*, Document 112. A pugnacious American view of potential Arab threats was relayed to Parsons by Secretary Rogers in Tehran on 11 June. Rogers emphasised that the US would not be held to ransom. Talk of an oil weapon was "nonsense so far as the US was concerned" and if the Arab states refused to sell oil at "bearable prices" the US would simply apply conservation at home and develop new energy sources, see *e-DBPO 1*, Document 122.

of resolution they could accept".[1] The Nixon-Brezhnev summit failed to come to an agreement on the Middle East leaving Israel alone content.[2] Heath was disappointed and told Nixon on 6 July that the continuation of neither peace nor war suited the Soviets. He appealed for a constructive Security Council meeting on resumption. He "hoped your people will be in touch with the Egyptians" for if there was "no early movement on the diplomatic front, we could be in trouble before long".[3] But the second Security Council debate was ultimately stymied by the US veto.[4] The British delegation reported the "inept" performance of their US counterparts "designed to create the maximum amount of confusion and ill-will".[5] A senior British official concluded that "the Americans, like the Israelis, seem to have regarded the whole Security Council meeting as an anathema from the outset".[6]

1 *e-DBPO 1*, Document 125. British diplomats noted that Dr Zayyat had said that if there were no preconditions on the Israeli side, Egypt would be prepared to enter into direct negotiations.

2 *e-DBPO 1*, Document 148. See also *e-DBPO 1*, Document 127 which shows that Heath also lobbied Nixon before the summit arguing that until progress was made on the Arab/Israel problem "our whole industrial power and progress may be threatened". Heath pointed to a "more frustrated, radicalised and irrational" Arab world, searching for scapegoats and demanding more support from the West against Israel and stressed that Israeli intransigence threatened vital western interests, appealing to Nixon to persuade them to change their line "in their ultimate interest as well as ours". Despite the Prime Minister's appeal, the Washington Embassy concluded that the Americans were preoccupied with Brezhnev's visit and would not move on Israel until they thought the time was right – and that was a while away, see *e-DBPO 1*, Document 139.

3 *e-DBPO 1*, Document 152.

4 There was a degree of dissent in the highest levels of the FCO at the orientation of British policy. Julian Amery, the Minister of State at the FCO, asked Douglas-Home if Britain "was not going rather overboard on the Arab side in the wording of the Resolution, *e-DBPO 1*, Document 172. A frustrated Douglas-Home minuted to Amery that 'the Americans have handled it all very clumsily' and had not followed British advice to engage in dialogue with the Egyptians". Amery was forced to concede: "I agree that the US have largely themselves to blame for the outcome". See *e-DBPO 1*, Document 173.

5 Sir Colin Crowe, the UK Permanent Representative, hoped that Egypt would be satisfied with British actions in voting with the draft resolution while Israel would "not be too upset". After expressly criticising the US Permanent Representative, John Scali, for his handling of El Zayyat, Crowe still detected signs that the Americans were disappointed at British efforts to persuade the Egyptians to accept US amendments. Crowe repudiated this possible charge: "Since, however, they made no effort to negotiate themselves I think we did as much for them as could reasonably be expected and they have no grounds for complaint. We warned them weeks ago about the probable course of events and they only have themselves to blame that they chose to believe that maintaining a hard-faced posture down to the wire would be more effective than some indication of an interest in compromise at an earlier stage". See *e-DBPO 1*, Document 175.

6 *e-DBPO 1*, Document 177. Britain had even provided draft wordings to convince the US to come to a consensus with the Egyptians but when an American attempt was

Late summer talk of negotiation and optimistic reporting from Cairo[1] and Tel Aviv[2] heralded false hopes. Military conflict recommenced, much to London's initial surprise, on 6 October when Syrian and Egyptian forces attacked Israeli positions on the Golan Heights and in Sinai. As war raged in the Middle East, diplomatic tensions brewed. The US rediscovered the UN. Kissinger's immediate response was to seek support for a Security Council resolution calling for a cease-fire and return to the *status quo ante*.[3] However, the US did not want to offend pro-Israeli sentiments at home – thus the discreet attempt to deploy the British as a stalking horse. Kissinger was disgruntled to find that the British would not back a resolution calling for the Arabs to withdraw from territory – Sinai and the Golan Heights – over which London considered the Egyptians and the Syrians retained sovereignty. Britain preferred a resolution which would reaffirm Resolution 242, call for a cease-fire and require the UN Secretary-General to promote a negotiated settlement. British objectives were limited due to a lack of leverage on either the belligerents or the Americans. Britain had to avoid risky initiatives which would only alienate the Arabs and threaten oil supplies. This meant standing firm on the "Harrogate position" and

belatedly made it was in "gratuitously insulting" terms and solely for tactical reasons. Nevertheless, Parsons was not entirely despondent. He hoped that the UN's peacemaking efforts were not concluded and hoped that a planned visit by Secretary General Waldheim to the Middle East could act as the prelude to another initiative by his Special Representative Dr Jarring after the Israeli elections in October. Others were placed in an awkward spot by the conduct of the US at the UN. The leadership of Saudi Arabia, the largest oil producer, was "seething" because of the predicament they faced when dealing with their fellow Arabs due to their friendship with the US. The US veto had been a kick in the teeth for the Saudis as they tried to steer the Egyptians towards a political rather than a military solution, see *e-DBPO 1*, Document 187.

[1] *e-DBPO 1*, Document 224. British representatives also read the signals wrongly in Cairo. Sir Philip Adams, the British Ambassador, observed "talk of 'liberalisation'" and thought that Sadat was adopting a "long haul" approach to the Arab/Israel problem leading to the conclusion that the President was "a man of peace" who knew "that further war with Israel at the present time would not only ruin Egypt but make his own position intolerable".

[2] Although Kissinger told Douglas-Home in New York on 24 September that the US was "stalling" on serious discussions until after the Israeli elections, *e-DBPO 1*, Document 232, British diplomats had discerned signs of uneasiness in Tel Aviv. Israeli officials realised that the US was unwilling to countenance the continued unstable situation and hoped that if the negotiating process commenced it would "reduce the risk of any Arab leader being so unwise as to break the cease-fire out of sheer frustration". Eban expected an American initiative following the Israeli elections and his desire to enter into negotiations was attributed to his wish to save Israel from further condemnation at the UN. See *e-DBPO 1*, Document 233.

[3] *e-DBPO 1*, Document 249.

avoiding any association with the Israeli war effort or pro-Israeli American policies.[1]

Undeterred, Kissinger approached the British again. On 12 October, he asked Lord Cromer, the British Ambassador in Washington, if Britain would consider putting forward a cease-fire *in situ* resolution in the Security Council. Apparently, Anatoly Dobrynin, the Soviet ambassador in Washington, had informed Kissinger that Egypt was agreeable to this.[2] Douglas-Home told Cromer to advise Kissinger that "our information (which is recent and good) about the Egyptian attitude does not square with what Dobrynin told him. Our firm impression is that the Egyptians at this stage would only be interested in an *in situ* cease-fire if it was clearly linked to total Israeli withdrawal to the 1967 lines".[3] Subsequent British investigations in Cairo – a call by British Ambassador Philip Adams on Sadat at 2.30 am in the morning of 13 October – confirmed this. Sadat dismissed the initiative as "a Kissinger trick". He was "not prepared to consider an *in situ* cease-fire which would leave the Israelis in their current position" and would only accept a cease-fire "which was directly linked to a final settlement".[4] But Kissinger still maintained that he had Soviet assurances that Egypt would accept a cease-fire *in situ.* In a telephone conversation on 13 October Kissinger really "laid it on the line" and put "extreme pressure" on Douglas-Home to act as requested.[5]

Cromer fully realised that Kissinger was placing Britain in a "very awkward position" by asking it to act as an "American stalking horse with the Arabs". Britain risked Arab unpopularity if it was found that the Soviets were deliberately leading the West astray.[6] On the evening of 13 October, Douglas-Home telephoned Kissinger again

[1] *e-DBPO 1*, Document 259. The US military view was that the Arab armies would soon be in retreat and Kissinger feared that the situation would deteriorate leading to superpower confrontation in support of their local clients.

[2] *e-DBPO 1*, Document 267.

[3] *e-DBPO 1*, Document 270. Kissinger told Cromer that John Scali, US Pemanent Representative at the UN, was unaware of the proposal and "should remain so until the last moment, since the UN leaked like a sieve".

[4] *e-DBPO 1*, Document 274.

[5] *e-DBPO 1*, Document 276. Douglas-Home preferred to make a move at the Security Council, ideally in concert with the French.

[6] *e-DBPO 1*, Document 278.

to inform him that Britain did not think that the time was "ripe for this initiative".[1]

An angry Kissinger told Cromer that Nixon "could not recall any crisis over the last three years when the British had been with the Americans when the chips were down". The US Administration worried that Israel was running short of ammunition while the Soviets were supplying their clients. Kissinger increasingly viewed the conflict in terms of East-West relations and saw Egyptian successes as contrary to US interests. Cromer responded in respect of the US re-supply operation that "Europe could not afford to be without Middle East oil because of American actions".[2] Indeed, the situation was precarious. Arab oil accounted for around two-thirds of British consumption. British stocks and oil in transit would last for barely three months.[3]

The Arab states turned their attention to Europe after the news on 16 October of the emergency supply of US arms to Israel. Oil production cuts were announced the next day.[4] From the outbreak of hostilities Britain had imposed an embargo on the supply of weapons to the belligerents. London also denied the US the use of British bases for their re-supply of Israel. Britain sought to maintain the ability to influence peace moves and Arab oil policy but the real decisions were to be made in Washington and Moscow. The US feared Soviet military intervention as Israeli forces established a bridgehead across the Suez Canal and Moscow's Egyptian client faced humiliating defeat.[5] Kissinger's visit to Moscow on 19 October

1 *e-DBPO 1*, Document 281. Ministers and senior officials had taken this view when they gathered at Chequers, the Prime Minister's country residence, on the evening of 13 October.

2 *e-DBPO 1*, Document 282. Kissinger observed in his memoirs that "Europe dependence on oil was confounded by frustration at being a bystander to crisis in a region of its previous preeminence". See H. Kissinger *Years of Upheaval* (London: Weidenfeld & Nicolson, 1982), p. 708.

3 *e-DBPO 1*, Document 256. In this minute of 9 October, John Hunt, the Cabinet Secretary, had already recommended avoiding actions which "would provoke the Arabs to turn off the tap".

4 *e-DBPO 1*, Document 296. Saudi Arabia had called for the Nine to put pressure on Washington to "adopt a more even-handed policy" in the Arab-Israel dispute, otherwise the Saudis would reduce production. The countries of the Organisation of Arab Petroleum Exporting Countries (OAPEC) announced in Kuwait on 17 October that their members would reduce oil production by 5% each month until the Israelis withdrew from the occupied territories "and the legal rights of the Palestinian people were restored". Western Europe's dependence on Arab oil made it much more vulnerable to such production cuts than the US. See *e-DBPO 1*, Document 304.

5 *e-DBPO 1*, Document 315.

did produce a US/Soviet agreement to sponsor a Security Council resolution appealing for a cease-fire, the implementation of Resolution 242 and negotiations aimed at establishing a just and lasting peace.[1] These provisions were incorporated in Security Council Resolution 338 of 22 October. Both Egypt and Israel subsequently accepted the cease-fire.

Kissinger briefed Douglas-Home during a short stopover in London on 22 October. But the Foreign Secretary observed with some concern that Kissinger had "given no thought to machinery for observing the cease-fire". Kissinger expected the Arabs and Israelis to talk directly to each other with US and Soviet representatives only present at crucial points. Douglas-Home noted the "alarming number of loose ends and a great lack of precision about machinery for peace-making and peace-keeping".[2] Douglas-Home's reservations were valid. Further fighting erupted in Sinai on 23 October and Israeli forces advanced to Suez. US and Soviet representatives at the Security Council pushed for a further resolution calling for the combatants to return to the positions they had occupied at the cease-fire's inception and the despatch of UN observers to ensure that it was observed.[3]

Nevertheless, the fighting went on. The Egyptian Third Army surrounded by Israeli forces at the southern end of the Suez Canal became the focus of attention. Cairo now appealed for US and Soviet forces to be sent into the combat zone. The US rejected Egypt's plea – they did not want to see superpower forces in the Middle East in any guise other than in a truce supervisory role. Moscow viewed matters rather differently. Kissinger telephoned Cromer in the early hours of 25 October to advise that Nixon had just received a personal message from Brezhnev to say that if the US did not send forces to intercede in the cease-fire, the Soviet Union might act unilaterally. Aware that Soviet airborne divisions were on alert and a Soviet naval flotilla was heading for Egypt, the US, without immediately informing its NATO allies, went into a low level of military alert.[4]

American unilateral military action did not inspire confidence among Washington's allies. Moreover, Kissinger's tough talking and

1 *e-DBPO 1*, Documents 318, 319.

2 *e-DBPO 1*, Document 321. Indeed, Kissinger envisaged that the superpowers would still be airlifting arms supplies to their regional clients for a few more days.

3 *e-DBPO 1*, Document 331.

4 *e-DBPO 1*, Document 329.

his refusal to be "blackmailed by the Arabs" did not tackle London's most pressing issue – the Arab states withholding oil supplies from Western Europe and the resultant damage to these economies. Kissinger insisted that he was "doing everything possible to get the maniacs to stop fighting". British officials were sceptical. Kissinger's proposed time-table for negotiations involved the Arab states being called to end their oil embargo immediately but mindful of domestic repercussions in Tel Aviv they were told that meaningful negotiations could only commence after the Israeli elections on 11 December.[1]

Douglas-Home also worried about Soviet reactions – he was not surprised by Brezhnev's robust line and believed that the Soviets would not accept another Arab humiliation. Security Council Resolution 340 of 25 October established a UN Emergency Force, which the US insisted was not to include troops from the permanent members and this helped to defuse some of the tension. Heath, in a message to Nixon on 31 October, argued that the situation would "almost certainly go sour" unless talks were started quickly and some progress was made in the implementation of Resolution 242. Otherwise, Heath feared that the Soviets would rebuild Arab military strength, while the Arabs cranked up the oil embargo and western interests in the Middle East faced attack. Heath also wanted negotiations to take place under the umbrella of the UN Secretary-General rather than under solely super-power auspices. This would then resemble less an imposed solution and not offend other states, such as France, with interests in the region.[2]

Kissinger had no problem with Waldheim's presence at any negotiations but he did not want the direct participation of the Security Council, only their endorsement of US/Soviet arrangements for the talks. The European Council hoped that peace negotiations could begin within the "framework of the United Nations", recalling that the UN Charter had entrusted to Security Council the principal responsibility for international peace. The Community position stated that Israel must end the territorial occupation it had maintained since 1967, called for all states in the Middle East to recognise the territorial integrity and independence of their neighbours and said that any settlement take into account the legitimate rights of the Palestinians.[3] Unsurprisingly, the Americans were distinctly unimpressed with this European initiative and some were

1 *e-DBPO 1*, Documents 321, 324 and 328.

2 *e-DBPO 1*, Document 350.

3 *e-DBPO 1*, Document 375.

perturbed at the readiness of the Europeans to "give in to 'Arab oil blackmail'".[1]

Nevertheless, US claims of Anglo-French co-operation were exaggerated. The British proposal for a joint EC demarche to Arab governments calling for them to stop cutting production and not to discriminate against individual EC states was received warily in Paris. The French recalled that some European partners (Denmark, the Netherlands and the Republic of Ireland) had voted at the UN against French nuclear testing and were not over-enthusiastic in expending their credit in the Middle East for what they saw as disloyal neighbours. Hence agreement on the proposed demarche was delayed until 21 November.

Yet, Kissinger was right when he remarked to NATO ministers on 10 December that: "The United States could solve its energy problems only with great difficulty, Europe could not solve them at all".[2] Kissinger's Energy Action Group and the Washington Energy Conference of February 1974, convened by President Nixon, provided scope for consumer cooperation in the face of the oil price hikes which had characterised the period since October 1973 and led to Europe's economic malaise. The French were unimpressed at the prospect of a "front of rich consumers".[3] But French exceptionalism only seemed to offer competitive bilateral deals with producers, driving up prices even further. Britain and the rest of the Community preferred the US approach.

In conclusion, the documents show that American confidence in its European allies, already shaken by the differences arising from the Year of Europe, was dented by the disputes over the Arab-Israeli War.[4] According to the US Administration Anglo-French "collusion" lay behind British attempts to dissuade "the Egyptians from supporting the cease-fire resolution that the Americans had wanted Britain to sponsor at the UN".[5] Remarkably, Kissinger was more candid on

[1] *e-DBPO 1*, Document 396. After a tour of Middle Eastern capitals, Kissinger did succeed in winning Egyptian and Israeli agreement to a six point cease-fire package but failed to get Arab leaders to relax their oil embargo, see *e-DBPO 1*, Document 413.

[2] *e-DBPO 1*, Document 447.

[3] *e-DBPO 1*, Document 499.

[4] *e-DBPO 1*, Document 396. Even within sympathetic Washington circles, Cromer detected that Britain was "regarded to some extent as inhibited by our recent membership of the Community and … unduly influenced by France".

[5] *e-DBPO 1*, Document 379. The US Administration was singing from the same hymn sheet. As well as the critical remarks from Kissinger and Schlesinger, George Shultz, Secretary to the Treasury, chimed in with similar remarks "on how unhelpful

this very issue when he chatted to British Ambassador Adams at a party in Cairo on 7 November. When Adams said he was sorry that his late night discussions with Sadat had provided the wrong answer to Kissinger's proposals on the first cease-fire resolution, Kissinger conceded: "No; the Americans had been misinformed".[1]

Stark economic realities meant that at the dawn of 1974 the US was in the saddle and held the whip hand, a marked change from the situation a few months earlier. But animal-related metaphors remained popular in diplomatic circles although a shift from equine to canine can be seen. An official from the French Embassy in London concluded that at the Washington Energy Conference Kissinger may not have been out to "sabotage the Community completely" but "wanted to reduce it to an American poodle".[2]

we had been over the UN cease-fire Resolution on the Middle East during the weekend of 12/13 October" when he met Cromer six weeks later on 21 November, see *e-DBPO 1*, Document 398.

[1] *e-DBPO 1*, Document 384. See also *e-DBPO 1*, Document 390 for Cromer's reply to Adams.

[2] *e-DBPO 1*, Document 552.

Edward C. Keefer

THE NIXON ADMINISTRATION AND THE UNITED NATIONS: "IT'S A DAMNED DEBATING SOCIETY"

Before the vote on Chinese representation in October 1971, President Richard Nixon and Walter McConaughy, US Ambassador to the Republic of China, were contemplating Taipei's probable expulsion from the United Nations. In his usual awkward way Nixon tried to ease the blow:

> I'd just say to hell with the UN. What is it anyway? It's a damned debating society. What good does it do? Very little … They talk about hijacking, drugs, the challenges of modern society, and the rest of it is to give hell to the United States.[1]

President Nixon and his Special Assistant for National Security, Henry A. Kissinger, were not proponents of using the United Nations in US foreign policy. Nixon and Kissinger considered themselves realists who believed national self-interest and major power relations were the only real considerations for foreign policy. To them morality or idealism had no role in international relations. In his first major foreign policy speech to the Bohemian Club of San Francisco in July 1967, candidate Nixon included the United Nations in a list of "old institutions [that] are obsolete and inadequate" and that were "set

[1] The views expressed in this paper are the author's and do not represent those of the US Department of State. The quote is from the National Archives, Nixon Presidential Material, Presidential Tape Recordings, Conversation between Nixon and McConaughy, Oval Office, June 30, 1971, Conversation 532-17.

up to deal with a world of twenty years ago".[1] Nixon and Kissinger would admit that the United Nations could be useful in monitoring ceasefires, keeping warring factions apart, or passing resolutions to confirm what had already been negotiated secretly, but they viewed the organization with less than veiled contempt.

The Nixon administration's antipathy to the international organization in New York is by no means a new or startlingly revelation.[2] What is less well known is that the Nixon presidency was the first US administration to recognize that there was a strong current of discontent in mainstream American society towards the United Nations, not just among the extreme right-wing organization, such as the John Birch society, but among many average Americans – the so-called "Silent Majority". What Nixon and his political advisers began to realize was that this discontent could be channeled into political domestic support. They also realized that US appointments to the United Nations could be valuable domestic political tools that could send a message to the US electorate.

Before I test these suppositions, let me provide a brief account of how the Nixon administration's approach to the United Nations differed from previous US administrations. President Franklin D. Roosevelt was instrumental in inspiring a United Nations designed to rectify the weaknesses of the League of Nations by giving the great powers that emerged from the Second World War a special stake in the organization by their veto in the Security Council. President Truman appointed the first US Representative to the United Nations, former Secretary of State Edward Stettinius. By virtue of a Soviet miscalculation, the United Nations provided convenient and valuable international authority to the Truman administration's war against North Korean aggression. In Korea, UN collective security

[1] *Foreign Relations of the United States (hereafter FRUS), 1969–76*, vol. I, *Foundations of Foreign Policy, 1972*, Doc 2.

[2] In virtual all the voluminous secondary literature on the Nixon presidency, as well as the major memoirs of the Nixon period, there is little no mention Nixon's policy towards the United Nations, with the exception of passing references to the issue of Chinese representation, the proximity of the Nixon-Kissinger opening to China, and a general realization of Nixon's aversion to the organization. For example, see William Bundy, *A Tangled Web: The Making of Foreign Policy in the Nixon Presidency* (New York: 1998), p. 53, 103, 514; C. L. Sulzberger, *The World and Richard Nixon* (New York: 1987), p. 10, 33–4; Richard Reeves, *President Nixon: Alone in the White House* (New York, 2001), p. 386–7, 550. Reeves hints at political motivations for some of Nixon's UN policy and personnel decision. An exception is Nancy Bernkopf Tucker's article, "Taiwan Expendable? Nixon and Kissinger Go to China". www.historycooperative.org/journals/jah/92.1 (viewed on 9/3/05), which provides not only the best account of the UN representation issue, but also valuable context for larger US relations with the PRC and ROC.

as a concept was put into practice. Even the Republican Eisenhower administration viewed the United Nations in a basically positive light, naming high-profile Massachusetts's politician Henry Cabot Lodge as Permanent Representative and siding with the UN against American allies France, Britain, and Israel during the Suez invasion of 1956. Lodge served for virtually all of Eisenhower's two terms, only to leave to run unsuccessfully as Richard Nixon's Vice Presidential candidate in 1960. John F. Kennedy, the classic anti-communist liberal internationalist, viewed the United Nations as a force for good and an important adjunct of US foreign policy and appointed high-profile politician and liberal torchbearer of internationalism, Adlai F. Stevenson, to be his UN representative. Kennedy's successor, Lyndon B. Johnson suffered Stevenson until Stevenson resigned. Johnson then arm-twisted Arthur J. Goldberg off the Supreme Court to be UN permanent representative.

By contrast, Richard Nixon nominated Charles W. Yost, the first Foreign Service officer to hold the job of US Permanent Representative to the United Nations since that post was created. Nixon had toyed with the idea of offering the position to his 1968 presidential opponent, Hubert Humphrey of Minnesota, but this was for "show purposes with little expectation that it would be accepted".[1] Yost was a competent professional and well regarded inside the Department of State, but he was no Adlai Stevenson or Henry Cabot Lodge in political stature. Yost was Secretary of State William Rogers' man and his appointment was an indication that international organization affairs would be left to the Department of State while Nixon and Kissinger concentrated on the big issues: the Soviet Union, East-West relations, China, the major European allies plus NATO and Vietnam.[2]

Nixon's first administration coincided with major changes and events in the history of the United Nations. In 1970, the United Nations celebrated its 25-year anniversary. Secretary General U Thant announced in May 1971 his decision to retire after one term. The Committee of 24 on Decolonization had become in the Nixon administration's view – also shared by the British Government – a hotbed of anti-western national liberation movements and both countries withdrew from it. The United Nations faced severe financial problems and a shortage of space at headquarters in New

1 Bundy, *A Tangled Web*, p. 53.

2 *FRUS, 1969–76,* vol. I, *Foundations of Foreign Policy, 1969–1972,* Doc 61.

York. There was increasing pressure within the organization to hold Security Council and General Assembly meetings in cities other than New York to "better facilitate its work", but in reality to emphasize and highlight controversial regional problems. Most importantly, the campaign to keep the People's Republic of China out of the United Nations was losing steam and by 1971 even the 2/3 "important question" formula would probably not keep China out of the bull shop.

Getting President Nixon to focus on the United Nations was a battle. He dreaded his autumn treks to the United Nations to give his annual speech to the General Assembly for two basic reasons: first, he generally agonized over preparation and delivery of any major speech; second, he could be assured of a poor reception in New York. Chief of White House Staff, H.R. Haldeman, Nixon's virtual alter ego, wrote in his diary that the President's first address to the UN in September 1969 was a "good speech and [he] was good at reading it. Reaction was pretty lukewarm. They did finally stand and clap when he was introduced and came in, but there was no applause during the speech and they did not stand at the end".[1] In October 1970, Haldeman was more frank:

> United Nations. Usual lousy reception, really bad for United States President to be treated that way. He really roared through his own speech and took off like a bolt after he finished. Not good for us … P[resident] still complaining about the speech, feels Ray [Price] and K[issinger] failed to come up with anything new.[2]

Not surprisingly, when Secretary Roger asked Nixon to request $15 million of $60 total million for expansion of UN Headquarters in New York, the President declined to ask Congress for the money citing the "construction moratorium and the war on inflation".[3] In March 1971, Nixon expressed his anti-UN frustration to Kissinger:

> P: Don't get too excited about the UN. We have got Bush there and he's a smart fellow and he's on our side. He is not in love with it [the UN]. Let then flounder around. If they slapped us in the face there would be a hell of an American reaction. The liberals and intellectuals would say fine, but the veterans organizations and …[omission in original] and I'd gin them up. There are a lot of people right now who want the UN out of this country. We don't realize low it [US opinion of the UN] is.

1 *Haldeman Diaries, Multimedia Edition*, Sept. 18, 1969.

2 *Haldeman Diaries, Multimedia Edition*, Oct. 23, 1970.

3 *FRUS, 1969–76*, vol. V, *United Nations, 1969–1972*, Docs. 6 and 7.

Kissinger agreed with the President, who then recalled:

> P: I have been up there twice and they have acted cool and lousy. I'm not going to go there and go through the hypocrisy about supporting the UN again. It's just hypocrisy.
>
> K: I thought the behavior the last time was outrageous when the Secretary General didn't have the courtesy to meet you at the door.
>
> P: I hope they don't get their new building.[1]

This outburst is clear evidence that Nixon not only appreciated that an undercurrent of hostility to the United Nations existed among a large segment of the American public, but also that he realized it could be used to gain political support. This exchange occurred soon after Nixon had fired UN Ambassador Charles Yost.[2] The search for a successor to Yost illuminates the second part of my thesis: that the Nixon and his political advisers were prepared to use UN appointments for short-term domestic political gain.

First how and why was Yost fired? Nixon could never bring himself to fire anyone. He hated personal confrontation so he always got someone else to do the job. In this case, he asked Kissinger and Haldeman to convince Secretary of State Rogers to ease Yost out. Yost was not doing a bad job at the UN mission in New York, rather he fell victim to Nixon's suspicions that he was more loyal to the Department of State and the Foreign Service than to the president. Obviously, Nixon's disillusionment with the United Nations also was an additional factor. Finally, Yost was could do nothing for the Nixon presidency from a political standpoint because Yost was officially apolitical. As early as April 1970, seven months before he replaced Yost, Nixon considered appointing Republican Senator John Sherman Cooper of Kentucky, so "we can get a good new man appointed to Senate in Kentucky", as Haldeman phrased it.[3] Cooper did not bite and the idea of clearing Republican deadwood from the Senate was replaced by a truly inspired one: appointing the Nixon administration's only liberal and a registered Democrat, Patrick Moynihan, as UN representative. Nixon himself offered Moynihan the job in June 1970 and Moynihan agreed to consider the offer. The

1 National Archives, Nixon Presidential Material, Kissinger Telephone Conversations, March 30, 1971.

2 *Washington Post*, Dec. 18, 1970, p. A 16.

3 *Haldeman Diaries, Multimedia Edition*, April 9, 1970.

President and his political advisers became increasingly enthusiastic about Moynihan. Director of the Office of Management and Budget, George Shultz, considered it "a masterstroke". But on November 25, 1970 Moynihan turned the job down because his wife insisted that he return to Harvard to resume his teaching career.[1]

Nixon then decided to offer the job to the only African-American Senator, Republican Edward Brooke of Massachusetts. Brooke's appointment particularly appealed to Nixon because it "gets a black in the Cabinet, appeals to non-white generally and could work a deal with [Governor of Massachusetts] Sargeant to appoint [Secretary of Transportation] John Volpe senator and get him out of the Cabinet". Haldeman thought it was "a good move if it will work", but it didn't. Brook turned the President down.[2]

The search for Yost's replacement finally settled on George H. W. Bush, newly defeated Congressman from Texas who was looking for a higher profile job to further his political career. Bush lobbied hard for the UN job, but was initially offered only a White House staff position by Haldeman. Bush and Haldeman then went to see Nixon and, in Haldeman's words, Bush

> made such a good pitch to the P[resident] about what he would like to do at the UN in the way of really being an advocate for the P, not only at UN, but in overall New York Community, that P. decided this was in fact a better use of Bush than having him in the White House.

Bush took charge in New York in February 1971 and one of his first tasks, according to Haldeman, was "to clean out the UN office", firing all political appointees that were not with the President before the election.[3]

As Permanent Representative to the United Nations George Bush did a credible job, especially given that he had to deal with some very divisive issues, including US funding for the organization, choosing a new secretary general and other key appointments, and most difficult of all, the issue of who should represent China. Bush spearheaded a massive campaign among UN members to lobby for a maximum 25% assessment rate proposal that would lower US contribution 5% from the current 30% maximum. This was a hard sell, but in December 1972, the General Assembly agreed in

1 *Haldeman Diaries, Multimedia Edition*, June 8, 18, Nov. 10, 25, 1970.

2 *Haldeman Diaries, Multimedia Edition*, Nov. 26–29, Dec. 1, 1970.

3 *Haldeman Diaries, Multimedia Edition*, Dec. 9, 1970, April 20, 1971.

principle.[1] Against the opposition of the Department of State and UN bureaucracies, Bush supported moving Security Council and General Assembly meetings. In a short personal memorandum to Nixon, Bush wrote:

> There is some resistance at some layers in the UN for having General Assembly Meetings abroad, namely due to cost, old habits, inconvenience of New York based people, etc. I'll keep plugging away. If they can hold Olympics around the world, they ought to be able to hold General Assembly Meetings.

Such advice caused the President to write on the memorandum: "Good. Keep it!"[2] No doubt this presidential support caused some consternation of the Department of State and UN establishments – both opposed to moveable UN meetings.

The question of who was to succeed U Thant, who announced he would serve only one term, was another problem for Bush since the Soviet Union and Arab members opposed the preferred US candidate, Finnish Permanent Representative Max Jakobson, and Afro-Asian members preferred drafting U Thant for a second term. When it became clear that U Thant would not accept a draft and Jakobson could not win, Bush worked with the five permanent Security Council members to elect compromise candidate, Kurt Waldheim of Austria as the new Secretary General, whose Second World War experience was not known at the time.[3]

The United States and Bush eventually fared better in replacing the long-time head of the UN Development Program, American Paul Hoffmann. In October 1970, World Bank President Robert McNamara called Kissinger to encourage him to initiate action to find an American successor to Hoffman "who is old and about to retire". McNamara told Kissinger he had "been trying to stimulate action but so far as I can tell there has been none". Other UN members were joining together to push a non-American successor, and McNamara asked Kissinger if having an American in the job mattered to him. Kissinger replied that it most definitely did and the only non-American the Nixon administration would accept was a Briton.[4] In November 1970, Kissinger recommended two potential

1 *FRUS, 1969–76,* vol. V, *United Nations, 1969–1972,* Docs. 189 and 210.

2 *FRUS, 1969–76,* vol. V, *United Nations, 1969–1972,* Doc. 117.

3 *FRUS, 1969–76,* vol. V, *United Nations, 1969–1972,* Docs. 213, 231, 247.

4 National Archives, Nixon Presidential Materials, NSC Files, Kissinger telephone conversations, October 6, 1970.

US candidates to Nixon, Anthony Solomon, President of the World Bank's International Investment Cooperation for Yugoslavia, and Senator Charles Percy, but neither candidate apparently appealed to Nixon. Furthermore, Hoffman got wind of the talk of appointing his successor and took umbrage, given the fact that he wanted to extend his appointment for one more year.[1]

Notwitstanding Hoffman's sensitivities, Kissinger informed Nixon in that "the maneuvering to replace Hoffman is already well under way. Deputy UN Secretary General Narasimhan hungers for the job, and is moving actively to line up support. Narasimhan is a devious character, and if he succeeds Hoffman, it would be a grievous blow to US interests". Kissinger submitted a new list of potential candidates including Ambassador Graham Martin, Tom Killfer of the Chrysler Corporation and formerly Vice President of the Export Import Bank, banker Rudy Peterson, a leading proponent of the mulitlateralization of US economic aid, and University of California at Los Angeles Chancellor and foreign assistance expert, Franklin Murphy. Nixon chose Peterson and Bush cleared the idea with U Thant and McNamara and the deal was done.[2] The selection of Peterson had a silver lining from the UN point of view because Peterson insisted that he have Nixon's support if he took the job. When the Congress attempted in early 1972 to gut funding for the UNDP, Peterson called in his marker and received Nixon's support.[3]

The other personnel problem that Bush faced was to find an American replacement for UN Under Secretary General for Political Affairs, Ralph Bunche, a virtual UN fixture at the chief peacekeeping official at the United Nations for 20 years.[4] Secretary General Waldheim agreed to name a high level American to his staff, but not to Bunche's specific job. Bush insisted that the United States have an appointment with political responsibilities, if not authority over peacekeeping. On March 27, Waldheim appointed Congressman F. Bradford Morse, a Republican from Massachusetts, Under Secretary General for Political and General Assembly Affairs.[5]

In late 1972, after his landslide reelection, Nixon again started rethinking his Cabinet. Former journalist and White House Special

1 *FRUS, 1969–76*, vol. V, *United Nations, 1969–1972*, Docs. 250–252.

2 *FRUS, 1969–76*, vol. V, *United Nations, 1969–1972*, Docs. 253–257.

3 *FRUS, 1969–76*, vol. V, *United Nations, 1969–1972*, Doc. 262.

4 *FRUS, 1969–76*, vol. V, *United Nations, 1969–1972*, Docs. 263–265, 267.

5 *FRUS, 1969–76*, vol. V, *United Nations, 1969–1972*, Docs. 267–269, 271.

Communications Consultant John Scali took Nixon's fancy as a potential UN Representative. Scali was urbane, articulate, and smart, but what appealed to Nixon was that he was a Catholic Italian-American and would make the Cabinet more ethnic. Nixon offered the job to Scali with virtually the same conditions he offered Bush: while he should get along with Rogers and Kissinger,

> he must be the President's Ambassador, and no one else's. At the United States mission we want smart people, but they must be loyal to the administration, and he [Scali] should be ruthless in cleaning it up. He should not become the captive of the foreign service.

The President's advice to Scali is pure Nixon paranoia: "The State Bureaucrats will knife you and the press will jump on it, but your assets are such that you'll override. You have been around the world, you know PR and the press … You will take a lot of heat, but you will murder them". Scali accepted with gratitude and promised loyalty to the Nixon and Nixon alone. There one final set of requirements by Nixon: Scali had to "go to mass regularly and see [Cardinal Terrance] Cook frequently".[1]

All of these personnel issues and administrative problems paled in significance to the politically charged question of who should represent China at the United Nations: the Republic of China on Taiwan or the People's Republic of China. Since 1961, the United State had fought a successful diplomatic campaign to retain for the Republic of China its seat in the Assembly and Security Council by declaring "Chinese representation" an "important issue" requiring a two-thirds majority vote in the General Assembly. As memories of the Korean War faded and both Third World and Western European nations recognized the People's Republic, securing that Taiwan remained as the sole representative of China became increasingly harder to do.

During the 1969 General Assembly Session, the United States succeeded in making Chinese representation an important question requiring a 2/3 vote and then defeating an Albania resolution to seat the People's Republic of China.[2] Secretary Rogers informed the President that the status quo on Chinese representation could be held for another year, but a two-China or dual representation formula was probably the only way to assure Taiwan's presence in the United

1 *Haldeman Diaries, Multimedia Edition*, Nov. 20, Dec. 4, 14 and 15, 1972.

2 *FRUS, 1969–76*, vol. V, *United Nations, 1969–1972*, Doc. 283.

Nations in the future. For the time being, Nixon decided to hold the line for one more year and rejected the two-China option.[1] Nixon and Kissinger then did what they usually did to make sure that an issue was not acted upon: they asked the bureaucracy to study and report on options for representation at the United Nations not just for China, but Korea, Germany, and Vietnam looking and to determine how US policy on Chinese representation would effect US relations with Beijing.[2] An interagency group was required to prepare an elaborate interagency paper, to be submitted to Kissinger and the President in early January 1971.

The basic question, as NSC Staffer Marshall Wright told Kissinger when summarizing the paper, was should the United States support the Republic of China and go down to sure defeat within two years or sooner, or should it support UN membership for both Taipei and Beijing in the UN? Wright noted that from 1966 to September 1970 "with no leadership from anybody" support for The People's Republic of China's (PRC's) entry into the UN among the US general public doubled to 35% and among the college educated it was over 50%. Newspapers editorials favored dual representation by 80%. Wright then suggested, "A change in our policy on Chicom membership is no longer contrary to political significant American public opinion. To the contrary, I am convinced that a change in policy would be of domestic advantage to the Administration".[3] This was advice directly contrary to Nixon and his political adviser's instincts. They did not care about liberal newspaper editorials or college-educated voters. Their sights were on the 65% of the population actually or potentially opposed to Beijing's entry into the United Nations. Not surprisingly, Kissinger did not repeat this advice to the President.

Various NSC groups – the Senior Review Group and the National Security Council – examined the issue, but Kissinger recommended deferring action until a presidential envoy, old warhorse diplomat Robert Murphy, discussed the issue with Chiang Kai-shek. Nixon agreed. At this point Bush weighed in with a dose of realism insisting that Murphy not let Chiang assume that dual representation meant that the Republic of China could keep a seat on the Security

1 *FRUS, 1969–76*, vol. V, *United Nations, 1969–1972*, Doc. 290.

2 *FRUS, 1969–76*, vol. V, *United Nations, 1969–1972*, Doc. 312.

3 *FRUS, 1969–76*, vol. V, *United Nations, 1969–1972*, Docs. 326, 333.

Council. "It is a regrettable fact of life", Bush maintained, it was impossible.[1]

There was a clear unwillingness within the Nixon presidency to grasp the nettle of Chinese representation. Murphy's mission was a disaster and he did nothing to convince Chiang that under a dual representation formula Taiwan could not retain China's Security Council seat. As Nixon told Rogers in late May 1970, Chiang was doomed and the President needed time "to move on the right wing myself. I have to get Walter Judd in and talk about the issue". There was another more important reason for Nixon's desire that Rogers not move formally to a two-China policy. Nixon and Kissinger were about to finalize the initial stages of their secret opening to China and were awaiting response from Beijing to a message sent through Yahya Khan, President of Pakistan.[2]

Nixon began to cover his political back among supporters of the Republic of China. In a meeting with Walter McConaughy, US Ambassador to the Republic of China, quoted in part at the beginning of this paper, the two men agreed that if the People's Republic of China obtained China's Security Council seat, Taiwan would withdraw from the UN. Nixon stated,

> Let me be frank with you. If I was ever in that position and the UN moves in that direction, I'd just say to hell with the UN. What is it anyway? It's a damned debating society. What good does it do? Very little [unintelligible]. They talk about hijacking, drugs, the challenges of modern society, and the rest of it is to give hell to the United States.

Nixon then confided to McConaughy that, "It does not serve our interests to give anything up to the UN. As you know, none of our vital interests have ever been submitted to the UN and never will be as long as I am here". McConaughy informed the President of Taiwan's real fear was being isolated and finding its trading partners, especially the European Economic Community, using Taipei's expulsion from the UN as a pretext for discriminatory trade action against them "They are afraid their efforts to keep up their exports might suffer".[3]

1 *FRUS, 1969–76*, vol. V, *United Nations, 1969–1972*, Docs. 335, 342, 344, 346.

2 *FRUS, 1969–76*, vol. V, *United Nations, 1969–1972*, Docs. 354, 358.

3 National Archives, Nixon Presidential Material, Presidential Tape Recording, conversation between Nixon and McConaughy, Oval Office, June 30, 1971, Conversation 532-17.

On July 15, 1971, Nixon announced that he would go to China in a "journey of peace".[1] In the corridors in the UN there had been some expectation of this move; the matches between the US and PRC ping-pong teams had created a buzz. Any chance dual representation had to succeed was eliminated after July 15. Everyone in Washington knew it. As Rogers phrased it, the decision was whether to expend "a maximum effort to save Taiwan's seat … or just go through the motions". Haldeman suggested, "if we fight, we still may lose, but if we appear to fold, the conservatives will hit us". Nixon railed at "how stupid the Birchers are in attacking us on this, because they should see it in terms of a matter [of supporting the Chinese] against the Russians and be delighted with it".[2]

In a meeting with the President on July 19, Rogers conceded that even if Kissinger had not gone to Beijing, Taiwan's position was doomed. On July 22, Rogers suggested to Nixon and Kissinger that the United States just vote against the Albanian resolution to seat the PRC and expel the ROC and go down fighting. Nixon and Kissinger were aghast. It would be "too cynical". Nixon warned that, "looking at it from the standpoint of domestic relations … there's still a helluva lot of people who oppose the initiative to Red China and the UN" … Reverting to his opening to China, Nixon continued: "It looks like we are being tricky as hell, if we on the one hand say we are going to Communist China, and on the other hand were voting against Communist China coming into the UN. I wonder if it makes us look like a bunch of hypocrites?" Roger replied simply: "I think it does". The result of this and previous discussions was that the United States would support the People's Republic of China's admission, but not Taiwan's expulsion.[3]

On August 2, Rogers announced the dual representation initiative and US diplomats in New York and worldwide lobbied hard for the concept, but it was a lost cause. To make matters worse, Kissinger was going to be in China again arranging for the President's visit just as the Chinese representation vote took place. Rogers felt, to use Haldeman blunt words, "It would louse up the UN debate".[4] On

1 *Public Papers of the President, Richard Nixon, 1971* (Washington: 1972), p. 819–829.

2 *FRUS, 1969–1976,* vol. V., *United Nations, 1969–1972*, Doc. 345; *Haldeman Diaries, Multimedia Edition*, July 17, 1971.

3 *Haldeman Diaries, Multimedia Edition*, July 19, 1971; *FRUS, 1969–76*, vol. V, *United Nations, 1969–1972*, Doc. 377.

4 *Haldeman Diaries Mulitmedia Edition*, Sep. 28, 1971.

October 25, the important question vote to admit Beijing lost by a narrow margin and US efforts to make expulsion of Taiwan an important question also failed. As Bush reported, the "bandwagon psychology set in the Albanian Resolution passed overwhelmingly".[1]

The reaction from the right wing that Nixon feared happened immediately. A furious Governor Ronald Reagan of California was on the phone to Nixon at midnight on October 25. Nixon returned Reagan's call the next morning. Reagan insisted that the President go on television and announce that in the future the United States would not abide by future UN votes. Nixon said he couldn't do that. Rogers then called Reagan and tried to calm him down, but the governor was not pleased to hear that the Rogers had made a statement on the vote that had not called on Congress cut UN funding. Attorney General John Mitchell called conservative columnist Bill Buckley, Conservative Party Senator from New York James Buckley, and Senator Barry Goldwater to douse the flames, but he feared that "the P[resident] is going to get the blame for it all, because of Peking [visit]".[2]

On October 26, Kissinger, just back from Beijing, tried some damage control with Reagan, informing him that the President had "issued a blast against the undignified, gleeful behavior" of the pro-PRC supporters at the UN. The Tanzanians danced in the isles, the Albanians shouted, "A great Defeat for America!"[3] Reagan responded that he had only seen Roger's statement on the UN "which made me urp". Kissinger assured Reagan that UN Development Funds would be cut and future aid would be bilateral rather than multilateral. Reagan responded: "these things are not going not to be announced – I am out here where ... doing things behind the scenes isn't going to impress the people. The people are really peed off. They are mad. They want to know why the hell we are staying in the UN. I go out to bat on the Peking business but how can I continue doing that without getting into the UN thing?" Kissinger responded: "We don't mind you blasting the UN thing". Reagan asked what could he tell his Republicans when they asked what Nixon was going to do about the UN vote? Kissinger responded: "we are going to do it in a quiet way. Bush is making a list of countries that behaved most badly. If they are getting CIA funds or anything like that, we are going to cut the be-Jesus out of them and we are

1 *FRUS, 1969–76*, vol. V, *United Nations, 1969–1972*, Doc. 429.

2 *Haldeman Diaries Multimedia Edition*, Oct. 26, 1971.

3 Richard Reeves, *President Nixon, Alone in the White House*, p. 386.

going to cut the UN Development Fund money". Reagan was not appeased and concluded with the observation that while the decision was popular with the readers of the *Washington Post* and *New York Times*, "there is a little America out here that thinks the UN stinks to begin with".[1]

If anything was needed to reiterate to Nixon and his advisers that US support for the UN ran shallow in the Republican Party, it was Reagan's reaction. Nixon ordered a spin campaign by Rogers and Press Secretary Ron Zeilger to imply that the UN expulsion of Taiwan had seriously impaired its support among the American people and Congress. Nixon noted that "Ron [Reagan] picked up this line and used it today, and it had quite a big play".[2]

The next obvious place for the Nixon administration to use the anti-UN sentiment was the presidential election of November 1972. This paper would have a resounding conclusion if the Nixon administration had used an anti-United Nations stance as a main plank in the president's reelection campaign. The 1972 presidential campaign was much more a referendum on Vietnam, which most political observers agree was decided definitively in Nixon's favor when Kissinger announced that peace in Vietnam was "at hand" just before the election. Nevertheless, the Nixon campaign team – remember its opponents rending if its acronym, CREEP, Committee to Reelect the President – was well aware of the domestic opposition to the United Nations. Furthermore, Democrat presidential candidate George McGovern announced that "idealism" and "greater reliance on the United Nations" would be major principles of his foreign policy. McGovern promised formal diplomatic recognition of China, a permanent seat for Japan on the Security Council, and "more charity abroad".[3]

McGovern handed the UN issue to Nixon on a silver platter. It was not hard to differentiate the president's position from such a liberal approach to the United Nations. Nixon officials seized the opportunity. Nixon publicly chastised Waldheim for a "double standard" in "naively" being taken in by North Vietnamese propaganda that the United States was bombing Red River dikes. Nixon asked why Waldheim criticized US bombing of North Vietnam, but not

1 National Archives, Nixon Presidential Material, Kissinger Telephone Conversation, Oct. 26, 1971.

2 *Haldeman Diaries, Multimedia Edition*, Oct. 27, 1971.

3 *New York Times*, Oct. 6, 1972, p. 1 and Oct. 29, 1972. p. 1.

North Vietnamese military actions against the South.[1] In New York, UN Representative Bush publicly reiterated US determination to contribute only 25% of the UN budget and criticized the UN for being too slow to respond to hijacking and terrorism.[2] Just three weeks before the election, Rogers announced to the press that the United States would exercise it veto power (used only twice since 1945) more readily in the Security Council. "If the resolution is a bad one, Rogers stated, we will veto it".[3] The annual celebration of United Nations' week, less than 14 days before the election, went unnoted and uncelebrated by the Nixon presidency. The General Assembly did its part to enrage American conservatives by voting overwhelmingly on November 4, just 3 days before the election, not just to condemn colonialism in Africa, but also to recognize the "legitimacy" of anti-colonial armed liberation movements, which the rightwing of the Republican Party considered Communist front organizations.[4]

No political scientist or historian would argue that this UN debate had any appreciable effect on the 1972 election. Most of those who disliked the UN were already going vote for Nixon, except for the few voters who hated the UN with such a passion that they would vote for American Party's ultra conservative candidate, John G. Schmitz, who promised to withdraw America from that body. McGovern's supporters were virtually all pro-UN and anti-war. The Nixon campaign was fully aware that the hostility to the UN was a component of their support and could be challenged, not from the left, but from the right. Thus, the Nixon administration orchestrated a campaign of criticism of the UN right up to the election on the theory that it could shore support from the right. Looking at the final popular vote in 1972, Nixon received 60.7%, McGovern received 37.5% and Schmitz, 1.3%.[5] Combine Nixon's and Schmitz's votes, a total of 62%, and compare it to McGovern's 37.5%. Surprisingly, but perhaps not significantly, these figures were close to the 65% to 35% opposing the PRC's entry into the UN that Marshal Wright noted in the September 1970 poll.

1 *New York Times*, Aug. 4, 1972, p. 30.

2 *New York Times*, Oct. 5, 1972, p. 11, Oct. 31, 1972, p. 11; *Washington Post*, Oct. 1, 1972, p. C5.

3 *New York Times*, Oct. 15, 1972, p. 4.

4 *New York Times*, Nov. 5, 1972, p. 10.

5 Theodore White, *The Making of the President, 1972* (New York: 1973), p. 373.

The Nixon administration would not be the last administration to bash the United Nations for a combination of ideological and political reasons. America political society has generally moved to the right since 1972. The Nixon presidency, however, was the first to recognize the potential domestic appeal that hostility to the United Nations could have political dividends. Nixon was not the first, nor would he be the last president, to appoint key officials to UN posts for domestic political reasons, but we now know that he was the first do so brazenly with such obvious political calculation.

Jean Salmon[1]

LA BELGIQUE ET L'ONU

La préoccupation essentielle en matière de politique étrangère de la Belgique, c'est sa sécurité. La Belgique jouissait, depuis sa naissance comme État indépendant en 1830, d'un statut d'État perpétuellement neutre imposé par le Traité de Londres de 1839. Ce statut fut violé en 1914-1918 par l'Allemagne.

La Belgique souhaita se débarrasser de ce statut, ce qu'elle obtint par le Traité de Versailles et divers autres traités bilatéraux. Elle devint alors un fidèle adepte de la Société des Nations en laquelle elle plaça beaucoup d'espoirs. Ici encore, elle dut rapidement déchanter. L'échec de la SDN en matière de sécurité collective conduisit d'abord la Belgique à rechercher des assurances bilatérales de ses voisins puis, à partir de 1936, à revenir à la neutralité – volontaire cette fois. Cette dernière devait une nouvelle fois être violée par l'Allemagne le 10 mai 1940 en dépit d'engagements solennels de celle-ci.

C'est ici que faisant suite à la précédente série (1920-1940)[2] commence la nouvelle série des documents diplomatiques belges.[3]

L'ONU sera le nouvel espoir belge d'un processus de sécurité collective. La Belgique y œuvre avec un esprit résolument internationaliste à la conférence de San Francisco. Elle veut éviter les écueils de la SDN, limiter la souveraineté nationale au profit d'un renforcement des pouvoirs des organes centraux. Elle souhaite que l'exception du principe de non-intervention dans les affaires intérieures soit restreinte.

[1] Professeur à l'Université libre de Bruxelles.

[2] La période antérieure est couverte par la série publiée sous la direction de Charles de Visscher et de Fernand Vanlangenhove.

[3] Voir l'exposé de Monsieur Jean-Luc de Paepe ci-dessus.

Mais, en même temps, elle est préoccupée que l'ONU devienne le jouet d'un directoire des Grands. La délégation belge exprime les craintes que suscitent les règles sur le veto et insiste pour que la justice et le droit international soient des éléments fondamentaux du règlement pacifique des différends et pas seulement les préoccupations de paix et de sécurité, qui servent de prétexte à sacrifier les intérêts des petits États. L'engagement de la Belgique à l'égard du règlement judiciaire de la CIJ est très net.

Rapidement l'enthousiasme des premiers jours va céder la place au scepticisme devant les réalités. La guerre froide va à son tour paralyser les Nations unies et l'instrumentaliser au gré des rapports de force.

Devant cet état de chose la politique belge va se concentrer dans trois directions :

1) Politique alignée sur celle des Occidentaux face aux États socialistes :

- La Belgique participe en chœur des émois contre les abus du droit de veto de l'URSS (dont elle ne comprendra la relativité historique que lorsque le veto deviendra, à son tour, le moyen de défense de l'Occident contre la « tyrannie de la majorité »).
- Elle emboîte le pas au groupe qui s'oppose à l'entrée des pays socialistes à l'ONU et s'oppose ainsi au principe d'universalité de l'ONU (question de l'admission des États ex-ennemis qui occupera les esprits jusqu'en 1954).
- Elle s'oppose au changement de représentation de la Chine à l'ONU (question qui ne sera résolue qu'au début 1970).
- En revanche, elle sera très ferme pour marquer son opposition à l'entrée de l'Espagne de Franco à l'ONU.
- Elle participe à la guerre de Corée

2) Recherche d'une politique de sécurité alternative en se tournant vers les organisations régionales. La Belgique va ainsi œuvrer pour la réalisation

- du Benelux (union Belgique, Grand Duché de Luxembourg, Pays-Bas).
- de l'Union de l'Europe occidentale (les mêmes + France et Royaume-Uni).
- enfin de l'OTAN.

3) Le troisième axe de la politique extérieure belge, qui transparaît dans toute son action au sein des organes de l'ONU, c'est la défense

de ses territoires d'Outre-Mer (colonie du Congo belge et territoire sous tutelle du Ruanda-Urundi) et du colonialisme en général.

Elle doit faire face à l'interventionnisme grandissant de l'Assemblée générale dans les affaires coloniales.

Cette dernière va interpréter *contra legem* – il faut bien le dire – les textes de la Charte et transformer un anodin article 73 recommandant à la puissance administrante de fournir des informations statistiques – non politiques de surcroît – en une efficace arme de guerre contre le colonialisme. Il est inutile de dire que toutes les avancées de l'Assemblée furent autant de violations de l'article 73 et de l'article 2 paragraphe 7 de la Charte. D'un point de vue juridique, la position de la Belgique était correcte. Mais elle tournait le dos à l'évolution des mentalités et aux exigences politiques du droit des peuples à disposer d'eux-mêmes. Dans un système de constitution rigide, la violation du droit pouvait seule conduire à son évolution.

Cette dernière devait trouver son aboutissement dans la déclaration de l'Assemblée générale de 1960 sur la décolonisation.

Il convient de mentionner que sous l'impulsion de Vanlangenhove la Belgique mena une contre-attaque subtile, déclarant que si le droit des peuples était donné aux colonies il devait être aussi donné aux peuples aborigènes des États-Unis, du Canada, d'Australie, de l'URSS, de l'Inde, etc. Ce n'était pas une manière de se faire des amis. Il fut bien entendu que le droit des peuples à disposer d'eux-mêmes ne s'appliquerait pas à ces peuples-là. On sait, maintenant que la décolonisation est quasiment parvenue à son terme, que cette thèse connaît un certain renouveau, toujours aussi peu populaire.

La Belgique, à cette époque, fut un grand défenseur de l'article 2 paragraphe 7 de la Charte sur la non intervention et assista impuissante à son érosion.

Entraînée par l'histoire, la Belgique devait donner l'indépendance à sa colonie le 10 juin 1960 et renoncer à sa tutelle sur le Ruanda-Urundi deux ans plus tard. Une page de l'histoire de Belgique était tournée.

Gusztáv D. Kecskes

La Hongrie et l'ONU à travers des recherches d'archives

Mon projet de recherche intitulé *La Hongrie et l'ONU de 1945 à nos jours* s'intègre aux projets de l'Institut des Sciences historiques de l'Académie hongroise des Sciences ayant pour but d'une part de clarifier le rôle de l'ex-bloc soviétique dans la politique mondiale, d'autre part de présenter l'histoire de la Hongrie sous l'occupation soviétique par une série des recueils de sources thématiques.[1] Je suis maintenant en phase du dépouillement des sources. Dans mon intervention, je définis d'abord le sujet, l'apport supposé et les buts des recherches. Je présente ensuite les antécédents, les méthodes employées et les premiers résultats des recherches d'archives en Hongrie, aux États-Unis et en Suède.

Le but de mes recherches est la mise à jour de l'activité de la Hongrie à l'Organisation des Nations unies, de l'évolution historique de son rôle et de sa place de 1945 à 1990, puis jusqu'à présent. Dans cette optique, a) je souhaiterais collecter et expliquer des faits documentant le point de vue officiel du gouvernement hongrois concernant l'ONU, tout en intégrant les résultats en fonction des changements de la politique internationale survenus depuis 1945, et du système de la politique étrangère hongroise. b) J'envisage l'étude des décisions touchant la Hongrie émanant du Secrétariat, de Conseil de sécurité et de l'Assemblée générale de l'ONU et d'autres sections

[1] *Magyarország története a szovjet megszállás és a rendszerváltás időszakában (1945-1994)* [L'histoire de la Hongrie sous l'occupation soviétique et à l'époque du changement du système (1945-1994)], sous la direction de Ferenc GLATZ (directeur de l'ISHAHS), en collaboration avec Lajos GECSÉNYI (directeur général des Archives nationales hongroises), financé par le Programme de recherche national stratégique du Centre de Recherche sociale de l'Académie hongroise des Sciences.

de l'organisation mondiale. c) J'ai l'intention de présenter le mécanisme de la prise de décision de la politique étrangère hongroise à propos des affaires « onusiennes », notamment le rôle joué par le ministère des Affaires étrangères et des organes centraux compétents du Parti socialiste ouvrier hongrois ; les concertations avec l'Union soviétique, avec les autres pays socialistes, et même avec certains pays occidentaux, dont la France et, après l'effondrement du système communiste en Europe centrale et orientale, avec les nouveaux partenaires. d) J'analyserai l'activité du gouvernement hongrois déployée à l'ONU : ses buts, ses rôles dans la réalisation des objectifs du bloc soviétique, ses méthodes de faire valoir ses intérêts, l'efficacité de sa politique, ses contacts avec divers groupements d'États, en particulier les pays du Tiers-Monde. Je voudrais enfin percevoir l'évolution de l'importance de l'ONU pour la politique étrangère hongroise au cours des décennies. Pour conclure mon travail, je souhaiterais publier une monographie et un recueil de sources.

En ce qui concerne l'origine du choix du thème, c'est au cours de mes recherches en vue de préparer ma thèse de doctorat intitulée *La diplomatie française et la révolution hongroise de 1956*[1] que j'ai remarqué l'importance de l'ONU sur le plan international dans les concertations formelles et informelles. Les documents que j'ai eu l'occasion d'étudier dans les Archives du ministère des Affaires étrangères français, présentaient non seulement le comportement de la diplomatie française à propos de l'affaire hongroise, mais ils illustraient bien comment la France consultait avec ses partenaires. Dans les Archives de l'OTAN et dans les Archives du ministère des Affaires étrangères du Royaume de Belgique à Bruxelles, j'ai trouvé de nombreuses références à la coordination de la politique à suivre à l'ONU des États-membres de l'Organisation du Traité de l'Atlantique Nord. J'ai participé aux recherches ayant pour but de mettre à découvert la biographie de Povl Bang-Jensen, alors employé de l'ONU, secrétaire du Comité d'investigation sur l'affaire de la révolution hongroise. Ce projet m'a donné l'occasion d'étudier les matériaux hongrois abondants sur la cause hongroise à l'ONU, ayant été à l'ordre du jour de l'Assemblée générale de 1956 à 1962. Ces papiers provenaient du ministère des Affaires étrangères hongrois et ceux du Parti socialiste ouvrier hongrois dont certains organes centraux s'occupaient également des questions internationales. En 2001,

[1] *La diplomatie française et la révolution hongroise de 1956*, thèse de doctorat sous la direction de Mária Ormos et Élisabeth du Réau, Sorbonne Nouvelle Paris III – Pécsi Tudományegyetem [Université de Pécs], 3 volumes, Paris, 2003, 749 p. (manuscrit).

sur la demande du Centre de recherche sur l'histoire de la guerre froide (Budapest), en collaboration avec *Parallel History Project on NATO and Warsaw Pact*, en collectant des documents sur l'histoire du Pacte de Varsovie aux Archives nationales hongroises, j'ai repéré des consultations régulières des ministres-adjoints des Affaires étrangères du bloc socialiste sur la politique commune menée aux Nations unies.

L'historiographie sur les relations entre l'ONU et la Hongrie est si réduite que l'utilisation des sources primaires, c'est-à-dire des documents d'archives inédits et des entrevues avec des témoins, est indispensable. Dans un souci d'objectivité, je confronte plusieurs types de sources (documents d'archives, presse, interviews) et des archives de nombreuses institutions en Hongrie, aux États-Unis, en Belgique et en Suède (les documents diplomatiques hongrois, ceux du Parti, les documents officiels de l'ONU, les archives du Secrétariat de l'ONU, les sources publiées par les grandes puissances et les dossiers des Archives de l'OTAN).

Lors de mes recherches en Hongrie, j'ai pris connaissance des papiers du gouvernement et du Parti conservés aux Archives nationales hongroises. C'était le ministère des Affaires étrangères, notamment son Département chargé des affaires des organisations internationales, qui organisait et dirigeait les actions de la Hongrie concernant l'ONU.[1] On y a rédigé les directives relatives aux activités des représentants hongrois aux diverses instances de l'ONU. Les rapports et procès-verbaux sur « les consultations amicales » des pays socialistes avant le commencement des sessions de l'Assemblée générale, aux niveaux différents (chefs des départements compétents des MAE, adjoints-ministres etc.), les consultations bilatérales entre les ministères et, sur place, entre les délégations à New York, à Genève ou ailleurs, les papiers documentant les relations de la représentation hongroise avec le Secrétariat de l'ONU, les rapports réguliers sur l'avancement des sessions de l'Assemblée générale et des rapports de synthèse sur les travaux de chaque session permettent de constituer une image détaillée et nuancée sur la politique étrangère hongroise à l'organisation mondiale. Toutefois les décisions stratégiques et touchant les nominations importantes – s'appuyant sur les propositions professionnelles du ministère des Affaires étrangères – ont été prises aux réunions des organes centraux du « Parti » (de 1948 à

[1] Archives nationales hongroises (Budapest) : fond du ministère des Affaires étrangères (XIX-J-1-j) en deux parties : 1945-1964. Documents strictement confidentiels « Mélangés » ; 1965-1987. Documents strictement confidentiels en ordre annuel.

1956 : Parti des travailleurs hongrois, de 1956 à 1989 : Parti socialiste ouvrier hongrois), en particulier au Bureau politique. Ainsi la participation de la Hongrie aux travaux de telle ou telle organisation spécialisée (UNESCO, FAO, WHO, etc.) dans les années 1950, ou l'adhésion à la Banque mondiale et au Fonds monétaire international au début des années 1980 y ont été longuement traitées. La suppression de « la question hongroise » – inscrite à l'ordre du jour de l'Assemblée générale suite à l'écrasement de la révolution hongroise par l'Armée soviétique – était l'un des objectifs internationaux principaux jusqu'à décembre 1962. Les projets de visite des secrétaires généraux et des hauts fonctionnaires des Nations unies retenaient également l'attention des dirigeants hongrois. Les matériels de préparation et les procès-verbaux sur les négociations au sein du Bureau politique sont également consultables aux Archives nationales. La direction du Parti s'efforçait de suivre les grandes lignes de l'évolution de l'ONU et approuvait les positions « hongroises » représentées dans les instances onusiennes. La mise en lumière des dossiers documentant l'activité du service secret hongrois – espionnage et contre-espionnage – paraît révélatrice pour comprendre le fonctionnement réel des représentations des pays socialistes à l'organisation mondiale et les activités de leurs employés internationaux au sein des administrations. Les rapports des agents hongrois, leurs correspondances avec leurs supérieurs et le centre, ainsi que les documents relatifs à leurs affiliations sont conservés aux Archives historiques des services de sécurité d'État à Budapest. La tâche des « services hongrois » était, outre la collecte des informations confidentielles, l'observation des autres diplomates hongrois. J'ai recueilli les documents officiels publics de l'ONU concernant la Hongrie à la bibliothèque dépositaire des publications de l'ONU de la Bibliothèque du Parlement hongrois.[1]

Les sources d'origine étrangère les plus précieuses et volumineuses concernant les relations entre l'ONU et la Hongrie, notamment les

[1] Les annuaires de l'ONU et de ses organisations spécialisées de 1946/1947 à 1990 (p. ex. *Yearbook of the United Nations*). Publications utiles : *Encyclopedia of the UN* ; *Index to proceedings of the General Assembly* ; *Index to proceedings of the Security Council* ; Nations unies, Assemblée générale, Séances plénières, Comptes rendus sténographiques des séances, New York ; Nations unies, Assemblée générale, Résolutions adoptées par l'Assemblée générale, New York ; Nations unies. L'Assemblée générale. Documents officiels : Onzième session. Supplément n° 18 (A/3592), Rapport du Comité spécial pour la question de Hongrie, New York, 1957 ; Nations unies, Conseil de Sécurité, Documents officiels, New York ; Nations unies, Conseil de Sécurité, Résolutions et décisions du Conseil de Sécurité, New York ; The History of the United Nations Relief and Rehabilitation Administration (UNRRA), vol. 2, New York, 1950 (XIV. Hungary).

documents internes du Secrétariat de l'ONU, sont conservées dans les archives à New York. En juin-août 2004, avec une bourse du gouvernement hongrois,[1] j'ai collecté des documents dans les Archives de l'ONU (*United Nations – Archives and Records Management Section*), au Département des manuscrits de la Bibliothèque de l'Université Columbia (*Buttler Library, Rare Book and Manuscript Library*) et à la Bibliothèque de l'ONU (*Hammarskjöld Library*).

Dans les Archives de l'ONU, j'avais l'intention de recueillir, outre les documents concernant directement la Hongrie, les analyses du Secrétariat touchant les pays ex-satellites européens de l'URSS et les relations Est-Ouest. Quant aux rapports entre les deux blocs, les études approfondies mensuelles, se référant aux matériaux de presse, destinées au secrétaire général U Thant sont particulièrement intéressantes (série de 1965 à 1970). Il paraît que ces rapports ont été rédigés sous l'influence des conseillers soviétiques et occidentaux à la fois. Parmi les documents s'occupant des ex-États satellites de l'URSS, trois pièces se sont montrées très significatives. Il s'agit des études, datant probablement de 1957, en tout 108 pages. Le titre de la première est « Les développements politiques dans les pays d'Europe orientale après la réévaluation du rôle de Staline par Khrouchtchev », celui de la deuxième : « La Pologne après la déstalinisation », enfin la troisième porte sur « La Hongrie après la déstalinisation ». Les rapports sur les événements tchécoslovaques de 1968 peuvent également susciter l'intérêt.

Au sujet de la Hongrie, les Archives de l'ONU contiennent une documentation détaillée sur la situation des personnes déplacées d'origine hongroise qui se trouvaient en Autriche et en Allemagne après la Seconde Guerre mondiale, ainsi que sur la mission UNRRA – Organisation des Nations unies pour le secours et le relèvement – de 1946-1947 en Hongrie. Dans ce dernier corpus, les rapports secrets périodiques analysant les changements de la politique intérieure de la Hongrie sont très significatifs. Le 4 février 1946, le Comité central de UNRRA a décidé de venir en aide à la population hongroise pour 4 millions de dollars. La distribution d'une quantité importante de secours – provisions, articles d'hygiène et vêtements – a grandement bougé l'administration centrale hongroise. Dans la collection de 10 cartons, les lettres de remerciement et les dessins, envoyés en masse par les orphelins ont également été conservés. L'Assemblée générale s'est occupée plusieurs fois de la Hongrie même avant son admission

[1] Bourse d'État hongrois nommée Eötvös pour 2 mois.

dans l'ONU en 1955. Ainsi en 1949, la Bolivie a demandé à l'Assemblée générale d'examiner les conditions de la procédure judiciaire contre József Mindszenty, archevêque d'Esztergom. Le prince primat de Hongrie avait été arrêté par les autorités communistes hongroises le 26 décembre 1947. L'Australie a également soumis une requête, à propos des procès contre certains membres de haut clergé, en proposant l'examen de la situation des droits de l'homme en Hongrie et en Bulgarie. Après la fusion de ces deux propositions, le Secrétariat a élaboré plusieurs synthèses récapitulatives sur la documentation de cette affaire.

La majeure partie des matériaux concernant la Hongrie est en relation avec le traitement de la question de la révolution hongroise à l'ONU, datant de 1956 à 1963. Dans cette période, pour l'organisation mondiale, la Hongrie paraît un foyer de crise dont outre le Conseil de sécurité et l'Assemblée générale de l'ONU, plusieurs comités d'investigation et organisations spécialisées (FAO, WHO, Office de Haut-Commissaire pour les réfugiés, UNICEF : Fonds des Nations unies pour l'enfance, UNESCO, etc.) ont été saisis. Il est nouveau que j'avais la possibilité de connaître non seulement les documents officiels publics issus de ces institutions, mais le processus de l'élaboration de ces documents et les plans pour les utiliser. Les analyses sur la révolution hongroise et, après son dénouement tragique, l'installation du gouvernement Kádár sont singulièrement importantes. Les documents à propos de la préparation et de la réalisation de la visite du secrétaire général U Thant à Budapest en 1963 apportent également des éléments d'information très intéressants. Après 1963, la collection est devenue à nouveau sporadique : on peut trouver des documents sur les relations du Secrétariat de l'ONU avec le gouvernement hongrois de l'époque de U Thant et de Kurt Waldheim, secrétaires généraux, ainsi que sur l'attitude très active de la Hongrie au sujet de la guerre de Vietnam. Par exemple, c'était le représentant de la Hongrie qui, en octobre 1970, avait déposé les rapports et les annexes photographiques, préparés par le gouvernement du Vietnam du Nord, auprès du secrétaire général pour qu'il les fasse circuler comme documents officiels de l'ONU. La documentation sur l'activité des observateurs hongrois dans les guerres de Vietnam et d'Irak-Iran est également consultable.

Au Département des manuscrits de la Bibliothèque de l'Université Columbia (*Buttler Library, Rare Book and Manuscript Library*), dans la collection d'Andrew Cordier, ex-secrétaire général assistant, il y a 4 cartons de documents sur le traitement de la question hongroise à l'ONU, surtout sur les travaux du Comité de Cinq, formé par l'Assemblée générale en janvier 1957 pour examiner les causes et le déroulement de la révolution.

Une partie des papiers de Dag Hammarskjöld, secrétaire générale de l'ONU (1953-1961), d'origine suédoise a été transportée, après son décès, à Stockholm. Pour compléter mes recherches à New York, en avril 2005, j'ai étudié une documentation d'environ 2 000 pages sur la Hongrie au département des manuscrits de la Bibliothèque royale suédoise. J'ai trouvé par exemple un échange de télégrammes des 15 et 16 novembre 1956 entre Andrew Cordier, secrétaire général assistant et Dag Hammarskjöld, séjournant alors au Caire pour arranger les conséquences de l'affaire de Suez. En répondant à une initiative américaine qui proposait l'intervention intense du Secrétaire général pour arrêter des déportations en masse de Hongrois en Union soviétique, Hammarskjöld s'efforçait de se débarrasser de cette tâche. Il trouvait qu'une telle prise de position ne pouvait pas aider les Hongrois, mais aurait nui à ses négociations au Proche Orient.

J'envisage encore de collecter des documents provenant de l'Office européen de l'Organisation des Nations unies à Genève et de préparer les publications.

Alexander Churilin

RUSSIA AND THE CREATION OF THE UNITED NATIONS

Mankind is celebrating the 60th anniversary of the United Nations. The birth of the United Nations was a result of the victory of freedom-loving people over fascism and militarism. The Organization was created in order to pool the political will and potentials of states with a view to maintaining international peace and security.

The experience and consequences of the bloodiest and the most devastating war in the history of mankind were very real for the UN founders. The main lesson of the war was that states should join their efforts in preventing future wars. Therefore, it was only logical that in the first lines of the UN Charter entered into force on 24 October 1945 the peoples of the United Nations proclaimed their determination to save succeeding generations from the scourge of war, to practice tolerance and live together in peace with one another.

The idea of creating an international organization of states to prevent wars and maintain peace was not entirely a new one. But earlier attempts to that end proved ineffective in solving the problem of ensuring international peace in the global context. Thus, the League of Nations created after the First World War failed to prevent the new international crisis. However, the idea of establishing an organization of states to maintain international peace and security was reinvigorated after the start of the Second World War.

It took some time for crystallization of that into practical deeds. In the British-American declaration of 14 August 1941 (the so-called Atlantic Charter), the two powers expressed hope "to see established a peace which will afford to all nations the means of dwelling in safety within their own boundaries". The Soviet government supported the main principles of the Charter at the Alliance conference in London. In doing so, it emphasized the extreme importance of organizing the post-war international relations in such a way as to save "our peoples and our future generation from fascism". It is at that time that we set forth the democratic principles of the post-war world and drew attention to need for collective actions to maintain international peace and security.

A more detailed statement concerning the need to create an organization for maintaining universal peace was made in Moscow on 4 December 1941. On behalf of the Soviet government in was stated that just and lasting peace "can only be achieved through a new organization of international relations based on a strong alliance of democratic countries" and that "of paramount importance in establishing such an alliance should be the respect for international law supported by the collective military force of all Allied States". However, in 1941 and 1942 the international and military situation did not allow the participants of the anti-Hitler coalition to tackle the task of building an international security organization in practical terms.

It was only after the turnaround in course of the war brought about by the victories at the Eastern Front that the task became relevant and feasible. In October 1943 the participants of the Moscow conference of foreign ministers of the USSR, the US and Great Britain expressly affirmed the unity of great powers on issues related not only to waging the war but also to establishing peace in the post-war period. In a joint Declaration they recognize "the necessity of establishing, at the earliest practical date a general international, organization, based on the principle of the sovereign equality of all peace loving states and open to membership by all such states, large and small, for the maintenance of international peace and security".

To put it on practical footing during the conference, our delegation suggested that representatives of the three powers should hold "a preliminary exchange of views on establishing an international organization to maintain international peace and security ..." Referring to the Soviet proposal, US Secretary of State Cordell Hull said that it was of considerable interest and a practical step towards international cooperation. Formally, the work began in August 1944.

Obviously, from the Soviet perspective, the international organization would provide an essential mechanism for post-war reconstruction of the world according to principles that the Soviet leader spoke of in much detail in his statement on November 6, 1943. More particularly, Moscow believed it necessary to liberate the peoples of Europe and help them rebuild their national states; to give the liberated peoples full authority and freedom to determine their form of government; to severely punish the instigators of war; to create conditions to prevent a new aggression by Germany; to develop long-lasting economic, political and cultural cooperation between peoples of Europe based on mutual confidence and mutual aid.

This shows that our government believed that the cooperation within the anti-Hitler coalition should be pursued during peacetime both to address the issues of peaceful settlement and to maintain lasting peace on the whole planet. The Soviet Union regarded this cooperation as long-term and useful for settling all problems and disputes through negotiations rather than conflict.

The idea of establishing an international organization was further developed during the Tehran conference between the Soviet, US and UK leaders in the fall of 1943. In the course of the meeting, the three powers developed a common vision on how to ensure international security and lasting peace after the end of the war. That meeting in many ways determined the future of the United Nations. The declaration signed by the three powers reads, in particular:

> We express our determination that our nations shall work together in war and in the peace that will follow …
>
> And as to the peace we are sure, that our concord will make it an enduring peace. We recognize fully the supreme responsibility resting upon us and all the United Nations to make a peace that will command the good will of the overwhelming masses of the peoples of the world and banish the scourge and terror of war for many generations … We shall seek the cooperation and the active participation of all nations, large and small, whose peoples in heart and mind are dedicated, as our own peoples to the elimination of tyranny and slavery oppression and intolerance. We will welcome them as they may choose to come into a world family of Democratic Nations …

Russian researchers found the first ever document concerning the United Nations prepared by the People's Commissariat for Foreign Affairs in December 1943. The document was entitled "Guidelines on the Status of an International Organization for the Protection of Security and Peace". Naturally corresponding work was under way in the western Powers, but this document reflects the Russian vision of the Organization at the time.

The document restricted the scope of the new organization solely to matters of collective security. Both economic and humanitarian matters and issues related to the mandate system of the League of

Nations would be beyond its competence. The organization would consist of a General Assembly, a Council and a Secretariat. The General Assembly would include all member states of the United Nations and hold annual sessions to discuss issues submitted or approved by the Council. The mandate of the Council would cover all aspects of maintaining international peace.

All decisions taken by the organization would be subject to approval of the Council, which would also have the sole authority to apply and implement military sanctions. The Council would consist of four great Powers – the Soviet Union, the United Stated, Great Britain and China. Differently from the General Assembly whose decisions would be taken by a two-thirds majority, the unanimity principle would apply to all votes within the Council.

At the same time the Council was to report annually on its activities to the General Assembly. In case of a conflict between the Council and the General Assembly, a specific procedure patterned after the parliamentary practice was proposed, which consisted in establishing a conciliation commission of four Powers and the same number of members of the General Assembly to elaborate a compromise settlement formula.

The Secretariat was in a more dependent position, which was imposed by the necessity to deprive this body of an opportunity to become a self-sufficing political structure. It was proposed therefore to choose the secretary and its deputies among the citizens of four great Powers. The staff of the Secretariat was also appointed by consent of the Council. The document efficiently outlines the future United Nations.

After the second front was opened in Europe, the contacts between the allies concerning the establishment of an international security organization became especially intensive. As it was agreed in Tehran, the relevant conference for elaboration of basic principles of its structure and charter was held in Dumbarton Oaks, Washington DC. It was attended by delegates from the USSR, USA and Great Britain and a representative of China to the later stage.

When determining the nature of the future international organization, the Soviet party paid paramount importance to the role and functions of the Council as well as the scope of its responsibilities. The directives adopted by the Polibureau of the Central Committee of the All-Union Communist Party (Bolsheviks) for the head of the Soviet delegation A.A. Gromyko stated that the "proposals related to the mandate of the governing body (Council) were of supreme priority". As to the aggression prevention and suppression, it was therein emphasized that "the Council should take the decisions by the majority of votes provided that the consent is given by the representatives of all permanent member states of the Council".

In the context of today the most important outcome of the conference of Dumbarton Oaks was the agreement of purposes, principles and main bodies of the international security organization. Moreover, on the initiative of the Soviet delegation, the draft Charter of the United Nations included reference to such terms as "aggression" and "disarmament".

The composition, main functions, powers and work procedure of the Security Council were also agreed by the conference. However, the Allies failed to reach an agreement on the voting procedure in the Security Council. Amazingly, even the top-level communication channel between Joseph Stalin and Franklin Roosevelt proved ineffective in this regard. Mutually acceptable solution to this problem was found only in February 1945, at the Crimea (Yalta) Conference of the USSR, the USA and Great Britain leaders.

The Soviet government argued that the original United Nations founding members should be the states that signed the United Declaration on January 1, 1942 or subsequent adherents, namely the USSR, the USA, Great Britain and allied states, participating in the war against the aggressor coalition. Moreover, the Soviet delegation suggested that all the Union Republics of the USSR be included as original members of the organization. The delegates of Western states maintained that the adherent nations included not only the states that had declared war to Germany, but also those who had ruptured diplomatic relations with it.

It turned out to be a difficult issue. Joseph Stalin addressed this issue in his letter to Franklin Roosevelt of September 7, 1944 pointing out that the matter of the Soviet Union republics'membership was of major importance. Finally, it was decided at Dumbarton Oaks that membership in the United Nations is open to "all peace-loving states". However, all the former Soviet Union republics joined the United Nations much later.

It is notable that Moscow did not dramatize the differences that had surfaced in Dumbarton Oaks. Speaking about the outcome of the Conference, Joseph Stalin remarked on November 6, 1944 that "the existence of differences was not surprising; what was surprising, in fact, that there were so few of them and that almost every time they were settled in the spirit of unity and conformity of actions of the three great Powers".

The Crimea Conference sealed the decision to establish the United Nations. It was then decided that with a view to preparing a charter for a general international organization for the maintenance of international peace and security the United Nations conference should be convened in San Francisco on July 25, 1945. The nations that were at war against their common enemy as of February 8, 1945 or would declare war to it by March 1, 1945 were invited to the conference. It had one item on its agenda, that is development and adoption of the United Nations Charter.

The discussion in San Francisco was built upon the proposals brought forth in Dumbarton Oaks, the Yalta Conference decisions and a few supplements thereto. Speaking at the Conference first plenary meeting on April 26, 1945, Vyacheslav Molotov, head of the Soviet Foreign Service, announced that the "our government sincerely and firmly supported the creation of a strong international security organization and would fully cooperate in fulfilling this great task with every government that was truly committed to this noble cause". The Soviet delegation took on active and constructive part in the following discussions.

Thus, amendments and proposals submitted by the Soviet delegation in the course of discussions on Chapter 1 of the charter Purposes and Principles served as the basis for including in the Chapter new important provisions to the effect: that peaceful settlement of international disputes should be brought about in conformity with the principles of justice and international law; that friendly relations among nations should be developed on the basis of respect for the principle of equal rights and self-determination of peoples; that international cooperation should be achieved in solving international problems of an economic, social, cultural, and humanitarian character and in promoting and encouraging respect for human rights and for fundamental freedoms for all without distinction as to race, sex, language, or religion …

Yet, the final agreement of the powers of the General Assembly and the Security Council in San Francisco was not easy to achieve. A number of countries sought to change the previously agreed relationship of those bodies insisting on equalizing the rights of the General Assembly and the Security Council and on subordinating the latter to the Assembly. Also, there were heated discussions at the conference on issues related to the powers and working procedures of the

Security Council, with the principle of unanimity among its permanent members being the central point. The Yalta formula eventually prevailed, defended by the Soviet the US and British delegations.

Of course, the world has become different in the last sixty years. The rapidly changing realities of the global community highlight the need to reform the United Nations which, in fact, was in the focus of attention of almost 170 heads of states or governments participating in the 2005 Summit just held in New York. But decisions to that end only confirm the everlasting value of the purposes and principles the United Nations Charter. The adoption of the outcome document of the Summit is, in itself, as sound evidence of the importance and relevance of that principal international organization in the modern world.

Russian historians continuously pay close attention to the creation and activities of the United Nations. A number of very interesting works on the subject have been published in the country, including those by a former representative of the USSR to the United Nations Security Council V. Zorin, a well known Russian political analyst V. Berezhkov and many others. A significant contribution to and assistance in the preparation of those works have been provided by the Department of History and Records of the Ministry of Foreign Affairs of Russia.

The Department has issued a number of publications containing an extensive collection of materials related to the creation and evolution to the United Nations. They included two volumes of personal correspondence between the leader of the USSR and US presidents and British Prime Ministers during the Second World War (1941–1945), volumes of materials on Soviet-British and Soviet-American relations in that period, comprehensive publication "The Soviet Union at the International Conferences During the Great Patriotic War" (Moscow, Teheran, Dumbarton Oaks, Yalta, San Francisco) (altogether 14 volumes).

There are also a lot of publications concerning our participation in the United Nations activities (more than 12 collections). And it is only due to technical problems that we have been unable to present here in Paris our new publication entitled "Statement by Heads of the USSR/Russian Federation Delegations at the sessions of the United Nations General Assembly".

Pierre Le Loarer[1] et Blandine Blukacz-Louisfert[2]

Les archives de la Société des Nations et des Nations unies

Sources de première importance pour l'histoire des relations internationales au XXe siècle

1. La Bibliothèque de l'Office des Nations unies à Genève

Créée en 1919, la Bibliothèque de la Société des Nations fut dotée en 1927 par John D. Rockefeller d'un fonds spécialement destiné à la construction d'une Bibliothèque qui serve « de centre de recherche internationale et d'instrument d'entente entre les peuples ». Cette Bibliothèque, qui occupait une aile du nouveau bâtiment de la Société des Nations à Genève, le Palais des Nations, fut inaugurée en 1936. Elle fut transmise – tout comme les archives de la Société des Nations – à l'Organisation des Nations unies en 1946.

Devenue aujourd'hui, la Bibliothèque de l'Office des Nations unies à Genève (ONUG), elle assume un triple mandat : être la Bibliothèque de l'ONU en Europe, assurer la coordination de la gestion des archives à l'ONUG et assurer la coordination des activités culturelles de l'ONUG. Ces trois fonctions, en raisons des synergies importantes qui existent entre elles, se renforcent l'une l'autre.

[1] Bibliothécaire en chef. Bibliothèque des Nations unies à Genève.

[2] Chef du Groupe de l'enregistrement et des archives. Bibliothèque des Nations unies à Genève.

2. Les archives des Nations unies : le cadre institutionnel et réglementaire

Les archives des Nations unies comprennent tous les matériaux documentaires (à l'exclusion des « documents des Nations unies »), indépendamment de leur caractère physique (support papier, fichiers électroniques, films cinématographiques, cartes, traités, journaux, photographies, enregistrements sonores, etc.), reçus ou créés par l'Organisation ou par les membres de son personnel, qu'il est nécessaire de conserver en raison de leur intérêt administratif, juridique, historique ou autre.

Telle est la définition des archives établie par la circulaire ST/AI/326 du 28 décembre 1984. Cette circulaire intitulée « Archives des Nations unies », qui fixe le cadre réglementaire de la gestion des archives de l'Organisation des Nations unies, a pour champ d'application :

- Le Secrétariat de l'ONU, composé du siège du Secrétariat à New York ; des Bureaux des Commissions économiques régionales à Addis Abeba, Bangkok, Beyrouth, Genève et Santiago ; des Bureaux du Secrétariat : Office des Nations unies à Genève (ONUG), Office des Nations unies à Vienne (ONUV) et Office des Nations unies à Nairobi (ONUN)
- Les Programmes et Fonds : UNCTAD, UNDP, UNICEF, etc.
- Les Missions de Maintien de la Paix et Tribunaux pénaux internationaux.

C'est la Section des Dossiers et des Archives du siège de l'ONU à New York (Archives and Records Management Section) qui a la responsabilité d'établir la politique générale et les procédures de gestion des archives, en matière de conservation, tri et classement, pour l'ensemble de ces entités.

Enfin, la circulaire ST/AI/326 définit les règles suivantes de communicabilité des archives au public : les documents qui n'ont pas été « classifiés » comme « strictement confidentiels » lors de leur création sont communicables après un délai de 20 ans ; les documents « classifiés » doivent faire l'objet d'une procédure spéciale de déclassification, au cas par cas, à l'issue du délai de 20 ans.

Le siège du Secrétariat à New York et l'Office des Nations unies à Genève ont des services d'archives dotés de salles de lecture ouvertes au public.

3. Les collections d'archives des Nations unies

Les archives de l'Organisation des Nations unies constituent une source de première importance pour qui veut faire l'étude de l'histoire des relations intergouvernementales depuis le début du XXe siècle. Elles sont un complément indispensable à l'étude des sources conservées par les institutions nationales.

3.1. Les archives du siège des Nations unies à New York[1]

Les fonds et collections relatifs à l'histoire des Nations unies depuis 1945 sont, pour leur majeure partie, conservés par la Section des Dossiers et des Archives du siège de l'ONU à New York. À commencer par le fonds du Secrétariat de la Conférence des Nations unies pour une Organisation Internationale, tenue il y a tout juste 60 ans, d'avril à juin 1945 et le fonds de la Commission Préparatoire des Nations unies, 1945-1946. Depuis lors, toutes les activités gérées par les différents départements du Siège et les nombreux échanges qui ont eu lieu avec les États membres par l'intermédiaire de leurs représentations permanentes n'ont cessé d'être documentés, grâce à un système très organisé et centralisé d'« Enregistrement » (« Registry ») couvrant la période 1946 à 1983. Les fonds de l'Enregistrement ont été complétés, puis remplacés, par des séries de dossiers émanant directement des départements, parmi lesquelles il faut citer les fonds du Cabinet du Secrétaire général, des Départements des Affaires juridiques, des Affaires économiques et sociales, de l'Information, des Territoires sous Tutelle, des Affaires politiques et du Conseil de Sécurité. Dans une autre catégorie, on trouve les fonds d'archives des Missions des Nations unies : Force d'intervention des Nations unies, 1956-1957 ; Organisation des Nations unies au Congo, 1960-1964 ; autres missions et commissions établies par l'Assemblée générale, le Conseil de Sécurité, le Conseil de Tutelle ou le Secrétaire général dans différentes régions des cinq continents. Sont également accessibles au Centre de Recherche des Archives de l'ONU : les fonds de l'UNICEF, du Programme des Nations unies pour le Développement, et de l'Agence des Nations unies pour la Reconstruction de la Corée.

[1] Seules des informations générales sur les différents fonds d'archives sont fournies ici. Pour plus de détails, consulter le site Web de la Section des Dossiers et des Archives : http://www.un.org/Depts/archives/ index.html.

3.2. Les archives de l'Office des Nations unies à Genève[1]

La Bibliothèque de l'Office des Nations unies à Genève conserve trois ensembles documentaires exceptionnels, qui couvrent l'histoire des relations internationales de la fin du XIXe siècle jusqu'à nos jours : les papiers des mouvements pacifistes de la fin du XIXe siècle, les archives et collections de la Société des Nations (1919-1946) et les archives de l'Office des Nations unies (1946-présent). Cet ensemble représente plus de 6 000 mètres linéaires de dossiers d'archives, documents imprimés, brochures et opuscules, photographies et documents iconographiques.

3.2.1. Les archives des mouvements pacifistes

– La Bibliothèque de la Société des Nations, puis de l'Office des Nations unies à Genève ont progressivement fait l'acquisition de très importants fonds liés à l'histoire des mouvements pacifistes depuis la fin du XIXe siècle, en particulier les archives de Bertha von Suttner (1843-1914) et d'Alfred Fried (1864-1921), ainsi que celles du Bureau international de la Paix (1892-1951). Les membres de cette première organisation internationale pacifiste d'envergure introduirent l'idée que la création d'une organisation intergouvernementale ou supra-nationale était nécessaire pour établir la paix, préparant ainsi le terrain à la fondation de la Société des Nations en 1919.

3.2.2. Les archives de la Société des Nations

– Les archives de la Société des Nations proprement dites sont constituées non seulement de documents originaux du Secrétariat de la Société des Nations (correspondance et documents reçus ou produits par les différentes sections ou les autres unités administratives du Secrétariat), mais aussi des fonds d'organes externes de la Société des Nations, concernant la reconstruction financière de l'Autriche et de la Hongrie, la Commission d'administration de la Sarre, la Commission mixte pour les échanges de populations grecque et turque, la Commission mixte pour la Haute-Silésie et les dossiers produits par la Section économique et financière du Secrétariat de la Société des Nations installée à Princeton durant la Seconde Guerre mondiale. Le Fonds mixte pour les réfugiés (« Fonds Nansen ») comprend des dossiers provenant du Secrétariat de la Société des Nations, de l'Organisation internationale du travail et d'organismes plus ou moins autonomes.

[1] La liste de tous les fonds et sous-fonds conserves à la Bibliothèque de l'ONUG figure en Annexe.

- On trouve aussi dans les archives de la Société des Nations les « papiers privés » de certains hauts fonctionnaires ou de personnalités marquantes, comme Sean Lester, Secrétaire général de 1940 à 1946.
- La collection des documents de la Société des Nations comprend les publications officielles (imprimées ou ronéotées), ainsi que les procès-verbaux, documents de travail et autres types de documents émanant des divers organes qui composaient la Société des Nations.
- Les collections iconographiques sont constituées des photographies de pacifistes et des cartes postales de mouvements pacifistes liées aux fonds d'archives ; des photographies de personnalités de la Société des Nations ou de délégués, ainsi que des photographies du Palais des Nations ; des caricatures et tout autre type de matériel iconographique comme des posters à caractère politique d'avant et d'après-guerre et des plans originaux de l'intérieur du Palais des Nations.

3.2.3. Les archives de l'ONUG

Les archives de l'Office des Nations unies à Genève, qui se sont constituées depuis 1945, documentent les activités aussi bien de l'Office lui-même (Direction, Administration, Division des Services de Conférences, etc.) que d'importantes institutions liées au Secrétariat des Nations unies présentes à Genève : Haut-Commissariat des Nations unies aux droits de l'homme, Département des affaires de désarmement, Bureau de la coordination des affaires humanitaires, Secrétariat de la Commission économique des Nations unies pour l'Europe, Conférence des Nations unies pour le commerce et le développement.

On distingue trois ensembles archivistiques, dont le détail est fourni en Annexe :

- le fonds de l'Enregistrement (Registry) de l'ONUG, première période (1946-1973)
- le fonds de l'Enregistrement (Registry) de l'ONUG, seconde période (1973 à nos jours) qui correspond à l'adoption vers 1973 d'un nouveau système de classification
- le fonds des Sections du Secrétariat (ARR Accessions of Retired Records) (1946 à nos jours) est constitué de toutes les archives, qui n'ont pas été traitées par le service de l'Enregistrement (Registry) de l'ONUG.

4. La bibliothèque de l'Office des Nations unies à Genève et sa politique de diffusion des archives auprès du public

Le service de l'Enregistrement et des Archives de l'ONUG s'est engagé depuis quelques années dans la voie d'une politique de mise à disposition plus large de ses fonds. Cette politique passait en premier lieu par la constitution d'un inventaire informatisé conforme à la norme internationale de description archivistique ISAD (G) (International Standard for Archival Description-General). Grâce à l'acquisition de scopeArchiv, système intégré de gestion des archives disposant d'un module de recherche par Internet, « l'État des Fonds » jusqu'au niveau des sous-séries a pu être mis à disposition des chercheurs sur le site Web de l'ONUG, à l'adresse suivante : http://biblio-archive.unog.ch/

Progressivement, la base de données continuera d'être alimentée jusqu'au niveau des dossiers, voire des documents pour certaines collections particulières. C'est précisément le cas pour les Papiers privés de Bertha von Suttner : pour marquer, en 2005, le centième anniversaire de l'attribution du Prix Nobel de la Paix à cette fameuse pacifiste autrichienne, l'inventaire complet de ses papiers privés a été rendu disponible en ligne.

Pour aller plus loin dans cette politique de diffusion et mettre directement à disposition du public les reproductions numériques des documents eux-mêmes, plusieurs projets de numérisation sont à l'étude. Les Papiers privés du dernier Secrétaire général de la Société des Nations, l'Irlandais Sean Lester devraient ainsi être accessibles électroniquement dans leur totalité d'ici à la fin de l'année 2006.

S'il est bien entendu peu réaliste d'envisager pour le moment une numérisation systématique de l'ensemble des six kilomètres linéaires d'archives conservées par la Bibliothèque de l'Office des Nations unies à Genève, des partenariats sont cependant envisagés avec diverses institutions, sur le modèle de projets déjà réalisés par le passé : c'est ainsi que le microfilmage d'une partie importante du Fonds Nansen pour les réfugiés (1919-1938) a pu être mené à bien entre 2000 et 2003 et que la collection de photographies de la Société des Nations, numérisée en 2001 par une équipe de l'Université de l'Indiana, États-Unis, est disponible en ligne à l'adresse suivante : http://www.indiana.edu/~league/

5. L'édition électronique des documents diplomatiques

Au terme de ce bref parcours dans l'univers archivistique de la Société des Nations et de l'Organisation des Nations unies, il convient de souligner combien l'informatisation du répertoire, c'est-à-dire la description informatisée des fonds d'archives, d'une part et la numérisation des documents d'archives, d'autre part, sont des tâches à la fois fondamentales et de longue haleine. Elles répondent à ce souci de faciliter la recherche historique et, au-delà, à celui de respecter le mandat originel de cette bibliothèque, mandat rappelé en début d'exposé : servir de « centre de recherche internationale et d'instrument d'entente entre les peuples ».

Dans cet esprit, la Bibliothèque de l'ONUG met en œuvre des projets de coopération concernant ses archives. Ces projets peuvent dans certains cas se heurter à des difficultés d'ordre logistique ou méthodologique. En effet, il est beaucoup plus aisé de décrire et même de numériser des fonds d'archives si l'on suit leur structuration archivistique. En revanche, la réalisation de dossiers d'archives selon un axe thématique, pour intéressante qu'elle soit, nécessite le plus souvent un travail de recherche et de sélection dans de nombreux dossiers différents et s'avère donc beaucoup plus longue et coûteuse. Les projets de coopération qui nous sont soumis sont donc analysés selon ces deux axes : l'intérêt thématique et archivistique par rapport à la charge de travail nécessaire à la bonne réalisation du projet.

L'édition de documents diplomatiques est aujourd'hui à la croisée des chemins avec, d'un côté, l'édition scientifique traditionnelle de très grande qualité réalisée sous forme de volumes imprimés couvrant le plus souvent des périodes historiques et, de l'autre, l'édition électronique qui permet de donner accès à un nombre bien plus important de documents (l'exhaustivité devient possible, ce qui n'est généralement pas le cas avec l'édition imprimée) et permet de bénéficier de critères de tri et de recherche beaucoup plus riches (recherche par mots, noms de personnes, dates, etc.), de renvois entre documents, etc.

Il ne s'agit pas ici d'opposer un mode de production éditoriale à un autre, mais plutôt d'indiquer en quoi ces approches peuvent être complémentaires. Dans un article intitulé « Le nouvel âge du livre »,[1]

[1] Robert Darnton, « Le Nouvel âge du livre », *Le Débat*, n° 105, mai-août 1999, p. 176-184, article initialement paru le 19 mars 1999 dans *The New York Review of Books*.

Robert Darnton développe l'idée d'un modèle en couches pyramidales qui permettrait d'offrir au lecteur différentes versions d'un travail de recherche : un premier niveau consisterait en un exposé concis du sujet qui serait présenté sous forme imprimée, les niveaux suivants permettraient de proposer des versions enrichies, étoffées de différents aspects propres à une étude, jusqu'à des versions qui offriraient des documents complémentaires mis en valeur par des essais d'interprétation, des extraits et des analyses de travaux antérieurs, voire des supports pédagogiques pour des discussions sur les thèmes de recherche. Au-delà du premier ou du deuxième niveau, le support électronique aurait l'avantage d'offrir des ressources inégalées aux chercheurs.

La question que nous pouvons donc nous poser aujourd'hui avec l'essor de la numérisation des documents et les outils qui permettent de créer d'immenses bases de données archivistiques et de documents, c'est dans quelle mesure ces changements permettraient de repenser ou bien d'enrichir l'édition de documents diplomatiques pour le plus grand bénéfice de la recherche en relations internationales.

ANNEXE

Liste des Fonds et Sous-fonds des archives de l'Office des Nations unies à Genève[2]

1) *Secrétariat de la Société des Nations (1919-1946)*
   - Bureau du Secrétaire Général
   - Section des commissions administratives et des questions de minorités
   - Section économique et financière
   - Section sociale, de la santé et de l'opium
   - Section d'information
   - Section juridique
   - Section des bureaux internationaux et de la coopération intellectuelle

2 Cet « État des Fonds » est consultable en ligne : http://biblio-archive.unog.ch/

- Section des mandats
- Section politique
- Section du transit et des communications
- Section du désarmement
- Bureau de liaison avec l'Amérique latine
- Plusieurs sections politiques ou techniques
- Administration financière
- Services intérieurs et du personnel
- Bibliothèque
- Services chargés des publications et des documents

2) *Fonds Mixte NANSEN (1919-1947)*
- Registry files
- Commission files
- Section files

3) *Commissions Extérieures de la Société des Nations (1920-1937)*
- Reconstruction financière de l'Autriche (Commissariat général à Vienne)
- Reconstruction financière de la Hongrie (Commissariat général à Budapest)
- Office autonome pour l'établissement des réfugiés grecs
- Commission mixte d'émigration gréco-bulgare
- Commission mixte pour l'échange des populations grecques et turques
- Commission de plébiscite de la Sarre
- Commission de gouvernement de la Sarre (Sarrebrück)
- Cour suprême de plébiscite de la Sarre
- Commission mixte de Haute-Silésie
- Tribunal arbitral de Haute-Silésie
- Commission électorale du Sandjak d'Alexandrette
- Bureau d'information de Berlin
- Bureau de Princeton
- Bureau de Londres
- Bureau de Washington

4) *Fonds de l'Enregistrement de l'Office des Nations unies, 1re Période (UNOG Registry 1st period)*[1] *(1946-1973)*

- G.I General and Miscellaneous
- G.IIA Administration – General
- G.IIB Administration – Property and Equipment
- G.III Finance
- G.IV Legal
- G.V Documents
- G.VI Information
- G.VII Library
- G.VIII Health
- G.IX Transports and Communications
- G.X Economics
- G.XI Social
- LEG Human Rights Legal Series/New York (1946-1956)
- SOA Human Rights/New York (1946-1957)
- SO Human Rights/New York (1956-1974)

5) *Fonds de l'Enregistrement de l'Office des Nations unies, 2e Période (UNOG Registry 2nd period)*[2]

- G/AD Administrative Services
- G/CON Contracts related to the use of outside expertise and professional services
- G/EC Office of the Director-General – Joint Economic/Social and Economic Questions
- G/ECE Economic Commission for Europe
- G/FI Budgeting/Finance
- G/LE Legal Matters
- G/OR Organization
- G/PE Personnel Administration
- G/PO Office of the Director-General – Political and Security Matters

[1] Le schéma de codification du « Registry » étant en langue anglaise, les titres des différentes sections ont été conservés en langue originale.

[2] *Idem.*

–	G/PU	Public Information
–	G/SO	Human Rights
–	G/TE	Technical Assistance – Fellowship Section
–	GB/AD	Consultative Committee on Administrative Questions
–	GB/OR	Co-ordination of Information Systems
–	GB/PO	Political and Security Matters
–	DIR G/SO	Office of the Director-General – Social, Human Rights and Narcotic Drug Questions

6) *Fonds des versements de l'Office des Nations unies (UNOG ARR : Accessions of Retired Records) par Département (1946-présent)*

– Administration
– Conference Services (CSD)
– Consultative Committee on Programme and Operational Questions (CCPOQ) / High Level Committee on Programmes (HLCP)
– Department for Development Support and Management Services (DDSMS)
– Public Information (DPI)
– Disarmament
– Economic Commission for Europe (ECE)
– Humanitarian Affairs (UNDRO, DHA, OCHA)
– Human Rights (CHR, OHCHR)
– International Bureau of Declarations of Death (IBD)
– League of Nations (LON)
– International Conference on the Former-Yugoslavia (ICFY)
– Joint Inspection Unit (JIU)
– Office of Internal Oversight Services (OIOS)
– Office of the Secretary-General Personal Representative for Human Assistance Relating to the Crisis between Iraq and Kuwait (UNIKOM)
– Office of the Director-General (ODG)
– Office of the Special Envoys of the Secretary General for the Balkans (UNOSEB)

- Pension Fund (UNJSPF)
- Sales and Marketing of Publication
- United Nations Conference for Trade and Development (UNCTAD)
- United Nations Institute for Training and Research (UNITAR)
- United Nations Technical Assistance Recruitment and Fellowships Office (UNDTCD)
- United Nations Research Institute for Social Development (UNRISD)
- United Nation/New York (UN/NY)
- World Food Council (WFC)
- World Refugees Year Secretariat (WRY)

7) *UN External Fonds*

- Association of Former International Civil Servants (AAFI/AFCIS)
- Federation of International Civil Servants Associations (FICSA/FAFI)

8) *Archives Privées*

- Aghnides, T.
- Arnhold, G.
- Association internationale des journalistes
- Association genevoise pour la SDN
- Avenol, J.
- Beyerli
- Boisseau, G.
- Chavichvili
- Claparède, R.
- De Vissher, Ch.
- Drexel, C.
- Drummond, E.
- Estonia/Selter
- Firouz, Prince
- Garcia-Palacios, C.
- Hill, Martin

- Hostie, Jan
- Union internationale des Associations pour la SDN
- Entretiens
- Joyce, James Avery
- Lecomte
- Lester, S.
- Loveday, A.
- Lyautey, L.
- Mantoux, P.
- Martin, W.
- Mayer, R.
- Moderow, W.
- Morgan, L. Puffer
- Pelt, A.
- Politis, N.
- Reymond, H.
- Sevensma, T.
- Silbernagel, A.
- Shepardson, W.
- Smelter Trail
- Tyler, R.
- Van Asbeck, F.M.
- Wurm

9) *Mouvements pacifistes (1843-1995)*
- Bureau international de la paix (1891-1951)
- Fonds Fried-Suttner (1843-1921)
- Deutsches Friedenskartell (Collection Quidde) (1919-1928)
- Collection Quaker (1920-1987)
- Women's International League for Peace and Freedom (1966-1995)

10) *Collections (1864-1997)*
- Traités et Conventions (SDN)
- Bulky enclosures (SDN)

- Documents imprimés (SDN)
- Brochures et Opuscules (SDN)
- Daily Synopsis of Official Correspondence (SDN)
- Woodrow Wilson Collection (SDN)
- Musée de la SDN
- Cartes et plans (SDN + ONUG)
- Documents figurés (SDN + ONUG)
- Archives sonores (SDN + ONUG)
- Archives audiovisuelles (SDN + ONUG)

CONCLUSION

Nous voici donc au terme de nos travaux, après des journées très riches d'informations grâce aux exposés de grande qualité que nous avons pu entendre.

Le thème historique que nous avions choisi cette année, celui des relations de nos pays avec les Nations unies, nous est apparu particulièrement pertinent alors même que nous célébrons le 60e anniversaire de la création des Nations unies. L'intérêt, aussi bien que la variété des exposés que nous avons entendus, témoignent de l'importance que vous aussi, vous accordez à cette organisation.

Souvent décriée, voire même vilipendée par certains, cette organisation est certes imparfaite, mais soyons conscients que ses imperfections sont d'abord les nôtres, et que ses défauts reflètent ceux des pays qui la composent et qui ne sont pas tous des modèles de vertu et de démocratie, loin s'en faut.

Toutefois aux yeux de la France, l'organisation des Nations unies est tout à fait irremplaçable et aisément perfectible pour peu que les pays membres en aient la volonté.

Irremplaçable parce que depuis 60 ans, elle est un forum incontournable, un lieu de rencontres exceptionnel pour tous les pays du monde et notamment pour ceux, trop jeunes ou trop pauvres, qui n'ont pas la possibilité d'entretenir un réseau de relations bilatérales aussi dense que celui des pays dont l'indépendance est ancienne et dont la présence dans l'histoire internationale remonte parfois à plusieurs siècles.

Irremplaçable aussi, parce que l'organisation des Nations unies est le creuset des valeurs universelles de paix, de démocratie, de liberté, de progrès social et de tolérance et qu'elle ne cesse d'œuvrer pour que ces valeurs soient respectées par tous.

Certes, la route est encore longue, trop nombreux sont les états où le droit ne prime pas sur la force, où les droits de l'homme sont bafoués, où les populations sont réduites au silence et maintenues dans l'ignorance faute de disposer des libertés essentielles, notamment celles de l'information et de la libre expression des opinions, mais aussi d'une éducation ouverte à tous – et particulièrement aux femmes –, de la liberté religieuse, du respect des autres, etc.

Ces soixante années ont vu nombre de dictatures tomber, à l'Est de l'Europe, comme en Amérique latine ou en Afrique, et les progrès économiques impressionnants accomplis par certains pays, particulièrement en Asie, laissent espérer que les progrès dans les domaines politiques et intellectuels suivront bientôt.

Car, de même que les philosophes des Lumières croyaient fermement que l'Homme est perfectible, que la connaissance et l'éducation lui ouvrent les chemins de la liberté et de la justice, la France est persuadée que l'Organisation des Nations unies elle aussi est perfectible si chaque pays contribue sincèrement aux réformes indispensables.

Nombreux sont les domaines où, selon les autorités françaises, les Nations unies peuvent apporter une contribution essentielle pour la solution des problèmes du monde. Le développement durable, l'environnement, la lutte contre les pandémies, la préservation de l'environnement, l'égalité des sexes, l'éducation, la prévention des conflits, la lutte contre le terrorisme, le renforcement du statut et de l'importance des droits de l'homme, et bien d'autres encore.

Les Nations unies constituent en effet une caisse de résonance sans pareille, un lieu d'échanges privilégié pour toutes les idées et les projets qui contribuent à renforcer la coopération et la solidarité internationales ainsi que l'efficacité de l'aide internationale.

Encore faut-il que la force des interdépendances et la montée des problèmes globaux conduisent les états à des attitudes plus coopératives et que l'ONU ne soit pas bloquée par le jeu des rapports de force et de la compétition que favoriseraient certains états afin d'assurer – en matière de sécurité nationale mais aussi dans le domaine de l'état de droit – une autonomie complète en matière de liberté de décision comme de capacités d'action.

L'évolution de l'Organisation des Nations unies, le maintien en son sein d'un équilibre à la fois fragile et nécessaire – entre les aspirations souvent contradictoires des pays membres –, continueront d'être des éléments essentiels de la relation qu'entretient chaque état membre avec l'Organisation des Nations unies.

En 60 ans, l'ONU est devenue un acteur incontournable de l'histoire internationale, une instance de légitimité d'une forme de gouvernance mondiale qui émet des résolutions qui sont contraignantes et qui, théoriquement, s'imposent à tous, même si elles sont loin d'être toujours suivies d'effets concrets, parce que l'organisation n'a pas toujours le goût, la volonté politique ou les moyens de les faire respecter.

L'histoire des relations bilatérales entre l'ONU et ses pays membres n'a que soixante ans, mais elle est déjà très riche, et ses archives constituent une source fondamentale pour la compréhension de l'histoire du XXe siècle – ce que vos exposés ont largement démontré.

L'émergence d'un monde multipolaire mais également globalisé rend désormais l'histoire de notre époque plus complexe et plus difficile à appréhender.

Devant la rapidité de la succession des évènements, qui occulte souvent leur compréhension, le rôle des archives s'avère pour l'avenir encore plus crucial que par le passé et je souhaite donc que nous puissions renforcer et élargir les publications de nos documents diplomatiques, et que d'autres pays se joignent à nous dans cette tâche essentielle pour la sauvegarde de notre mémoire collective.

MIREILLE MUSSO

Directeur des Archives du ministère des Affaires étrangères

PARTICIPANTS ET OBSERVATEURS

ALLEMAGNE

Professor Dr Horst Möller
Directeur de l'Institut für Zeitgeschichte

AUSTRALIE

Dr Moreen Dee
Executive Officer
Historical Publications and Information Section
Department of Foreign Affairs and Trade

AUTRICHE

Dr Klaus Koch
Head of Department
Documents on Austrian Foreign Policy
Österreichisches Ost- und Südosteuropa-Institut

BELGIQUE

Jean Salmon
Professeur à l'Université libre de Bruxelles

Jean-Luc De Paepe
Secrétaire de la Commission des Documents diplomatiques belges

BULGARIE

Boriana Ianéva
Chef de la direction Chancellerie et archives
Ministère des Affaires étrangères

Roumiania Kolarova
Chef du département Archives
Ministère des Affaires étrangères

CANADA

Dr Greg Donaghy
Head, Historical Section
Foreign Affairs

ÉTATS-UNIS

Dr Marc J. Susser
The Historian
Office of the Historians
US Department of State

Dr Edward C. Keefer
General Editor
Foreign Relations of the United States
US Department of State

Dr David H. Herschler
Deputy Historian
Office of the Historians
US Department of State

Dr Erin Mahan
Chief, Asia and Americas Division
Office of the Historians
US Department of State

FRANCE

Mireille Musso
Directeur des Archives du ministère des Affaires étrangères

Monique Constant
Adjoint au directeur des Archives du ministère des Affaires étrangères

Didier Gonzalez
Chargé de mission auprès du directeur des Nations unies et des organisations internationales
Ministère des Affaires étrangères

Jacques Bariéty
Conseiller historique du ministère des Affaires étrangères

Maurice Vaïsse
Directeur de publication, Documents Diplomatiques Français

Georges-Henri Soutou
Directeur de publication, Documents Diplomatiques Français

Jean-Claude Montant
Directeur de publication, Documents Diplomatiques Français

Christian Baechler
Directeur de publication, Documents Diplomatiques Français

André Kaspi
Directeur de publication, Documents Diplomatiques Français

Isabelle Richefort
Chef du département des Archives historiques
Direction des Archives
Ministère des Affaires étrangères

Marie Gallup
Responsable de la Bibliothèque
Direction des Archives
Ministère des Affaires étrangères

GRANDE-BRETAGNE

Patrick Salmon
Head of Historians
Information Management Group
Foreign and Commonwealth Office

Dr Alastair Noble
Historians
Information Management Group
Foreign and Commonwealth Office

GRÈCE

Georgios Polydorakis
Conseiller scientifique
Service des Archives diplomatiques et historiques
Ministère des Affaires étrangères

HONGRIE

Dr Gusztav D. Kecskés
Directeur de recherche
Institut d'histoire de l'Académie hongroise des sciences

Zoltan Garadnai
Archives nationales

IRLANDE

Dr Michael Kennedy
Executive Editor
Documents on Irish Foreign Policy

ISRAËL

Louise Fischer
Editor
Israel State Archives

ITALIE

Pietro Pastorelli
Président de la Commission pour la publication des documents diplomatiques

Ennio Di Nolfo
Vice-président de la Commission pour la publication des documents diplomatiques

Paola Olla Brundu
Membre de la Commission pour la publication des documents diplomatiques

JAPON

Akiyoshi Kamiyama
Editor in Chief
Documents on Japanese Foreign Policy
Member, Advisory Commission

Manabu Hamaguchi
Advisor

LETTONIE

Sarmīte Saveja
Chef de la division des Archives
Ministère des Affaires étrangères

MEXIQUE

Dr Mercedes de Vega
Directrice générale des Archives historiques
Ministère des Relations extérieures

PAKISTAN

Riaz Ahmed Syed
Directeur général de recherche
Ministère des Affaires étrangères

Amina Riaz

PAYS-BAS

Dr Marc Dierikx
Project Director
Development Cooperation Studies
Institute for Netherlands History

ROUMANIE

Costin Ionescu
Directeur des Archives diplomatiques
Ministère des Affaires étrangères

Daniela Zaharia
Institut diplomatique roumain,
Ministère des Affaires étrangères

Dr Preda Dumitru
Délégué permanent adjoint de la Roumanie auprès de l'UNESCO

RUSSIE

Alexandre Churiline
Directeur du département Histoire et archives
Ministère des Affaires étrangères

Alexandre Tchoubarian
Directeur de l'Institut de l'Histoire de Moscou

SLOVAQUIE

Andrej Michalec
Troisième Secrétaire
Ambassade de la République de Slovaquie en France

SLOVÉNIE

Mira Rančov
Directeur du département des Archives
Ministère des Affaires étrangères

Andreja Horvat
Conseiller
Ambassade de la République de Slovénie en France

SUISSE

Antoine Fleury
Université de Genève
Directeur du Groupe de recherche des Documents diplomatiques suisses
Département fédéral des Affaires étrangères

François Wisard
Membre de la Commission pour la publication des Documents diplomatiques suisses
Département fédéral des Affaires étrangères

Marc Perrenoud
Collaborateur du Groupe de recherche des Documents diplomatiques suisses
Département fédéral des Affaires étrangères

THAÏLANDE

Phisek Panupat
Deuxième secrétaire
Ambassade du Royaume de Thaïlande en France

VIETNAM

Tran Quang Thu
Conseiller
Ambassade de la République socialiste du Vietnam en France

UNION EUROPÉENNE

Jean-Marie Palayret
Directeur des Archives historiques de l'Union européenne

OFFICE DES NATIONS UNIES À GENÈVE

Pierre Le Loarer
Bibliothécaire en chef
Bibliothèque de l'Office des Nations unies à Genève

Blandine Blukacz-Louisfert
Chef du Groupe de l'enregistrement et des archives
Bibliothèque de l'Office des Nations unies à Genève

TABLE DES MATIÈRES

DEUXIÈME PARTIE

SYNTHÈSE DES RÉPONSES AU QUESTIONNAIRE

TROISIÈME PARTIE

COMMUNICATIONS HISTORIQUES